Y. 5545
7.o.a.6.

à conserver

C.

Comparés aux pp. 253-260
30 9bre 1866
Ry

Vf 4687

THÉATRE COMPLET

DE M.

EUGÈNE SCRIBE.

IMPRIMERIE DE H. FOURNIER,
RUE DE SEINE, N. 14.

THÉATRE COMPLET

DE M.

EUGÈNE SCRIBE.

Seconde Édition,

ORNÉE

D'UNE VIGNETTE POUR CHAQUE PIÈCE.

TOME SIXIÈME.

PARIS,

AIMÉ ANDRÉ, LIBRAIRE-ÉDITEUR,

RUE CHRISTINE, N. 1.

M DCCC XXXIV.

LA
CHAMBRE A COUCHER,

OU

UNE DEMI-HEURE DE RICHELIEU,

OPÉRA COMIQUE EN UN ACTE,

Représenté pour la première fois, à Paris, sur le théâtre royal de l'Opéra-Comique, le 29 avril 1813.

MUSIQUE DE M. GUÉNÉE.

PERSONNAGES.

Le duc de RICHELIEU.
Le maréchal de LA FERTÉ.
Mme de GUISE, sa nièce.
DUBOIS.

La scène se passe à Paris.

Le théâtre représente une chambre à coucher fort élégante; un lit à alcôve dans le fond, deux croisées avec des rideaux; une porte à gauche, deux à droite. Sur la cheminée, une pendule qui marque dix heures et demie; une toilette, une guitare.

MADAME DE GUISE,

OÙ PEUT-IL ETRE?
DITES LE MOI.

(La Chambre à Coucher Sc. XI.)

LA CHAMBRE A COUCHER,

ou

UNE DEMI-HEURE DE RICHELIEU.

SCÈNE PREMIÈRE.

RICHELIEU, *ensuite* DUBOIS.

RICHELIEU, sortant de la porte à gauche.

Je ne puis rester dans le salon; on y boit du punch et l'on fait un tapage... Impossible de joindre le maréchal, de lui parler un instant. En vérité, c'est un homme odieux, un homme que j'aime, que je révère, mais pas le sens commun. M'inviter à dîner quand sa nièce n'y est pas! Heureusement, il m'a dit de l'attendre ici : il va venir, et j'espère avoir un entretien avec lui. Je suis enchanté qu'il n'ait pas eu l'idée de me faire passer dans son cabinet; je préfère cet appartement, c'est celui de madame de Guise.

DUBOIS.

Monseigneur...

RICHELIEU.

Qu'est-ce? Que me veux-tu, Dubois?

DUBOIS.

Monseigneur avait demandé ses chevaux pour onze heures.

LA CHAMBRE A COUCHER.

RICHELIEU.

Non, j'ai changé d'idée. Tiens-toi dans l'antichambre, j'appellerai. (A Dubois qui sort par la porte à gauche.) Eh bien! où vas-tu? Ce n'est pas là l'antichambre.

DUBOIS.

Non, monseigneur. C'est le petit salon de compagnie où se tiennent les femmes de madame de Guise; et j'aimerais mieux attendre les ordres de monseigneur auprès de mademoiselle Lisette, que dans l'antichambre.

RICHELIEU.

Ah! tu as un faible pour mademoiselle Lisette, qui de son côté sans doute distingue M. Dubois?

DUBOIS.

Monseigneur, mademoiselle Lisette est une fille de goût.

RICHELIEU.

J'en vois la preuve. Va, Dubois, cultive l'amitié de Lisette, je ne m'y oppose pas. (A part.) Je puis en avoir besoin. Mais laisse-moi.

(Dubois sort.)

SCÈNE II.

RICHELIEU, *seul.*

(Il réfléchit quelque temps.)

Le maréchal ne vient pas. Je suis d'une impatience... Depuis huit jours, je suis de retour à Paris, et me voilà déja amoureux! Et de qui encore? d'une femme qui me dédaigne : la première peut-être en ma vie. C'est décidé, il n'y a que ce Paris pour les aventures extraordinaires. Madame de Guise me dédaigne, lorsque tant d'autres... Eh bien! après tout, elle a raison; et, si j'étais femme, je serais de son avis. J'ai une réputation détestable, et ma réputation vaut encore mieux que moi. Dans le monde, on me trouve charmant; mais au fond, je suis léger, étourdi, présomptueux. De tout temps cependant j'ai fait le projet d'être raisonnable; j'y ai quelquefois réussi; mais le moyen que cela dure avec l'amour et les femmes!

RÉCITATIF.

Pour être heureux, il n'est que la tendresse;
Pour être sage, il faut la fuir.
Belles, dites-moi donc lequel je dois choisir,
Du plaisir ou de la sagesse.

RONDEAU.

Si je vois
Un joli minois,
Mon cœur palpite;
Si j'entends une douce voix,
Il bat plus vite :
Tous mes sens brûlent à la fois
D'ardeur subite,
Et la raison fuit sans retour
Devant l'amour.

Pour nous le printemps vient d'éclore :
Je ne sais qui me dit soudain :
De nos jours égayons l'aurore;
La sagesse est pour le déclin,
Et d'être sage il n'est pas temps encore.

Et d'ailleurs,

Si je vois
Un joli minois,
Mon cœur palpite, etc.

Tant qu'auprès de femme jolie
On sent son cœur battre et frémir,
Tant qu'on sourit au doux plaisir,
La sagesse est une folie.

Si je vois
Un joli minois,
Mon cœur palpite, etc.

SCÈNE III.

RICHELIEU, LE MARÉCHAL.

LE MARÉCHAL.

Eh bien! mon ami, j'ai renvoyé tout le monde, et je suis à toi. Mais je crains qu'on ne nous dérange; ma nièce peut revenir.

RICHELIEU.

Tant mieux, sa présence ne nous sera pas inutile.

LE MARÉCHAL.

Voyons donc quelle est cette importante affaire pour laquelle il fallait à l'instant t'accorder un entretien.

RICHELIEU.

Mon ami, je vais bien vous surprendre. Je suis amoureux.

LE MARÉCHAL.

Cela ne me surprend pas du tout.

RICHELIEU.

Très amoureux. J'en perds la raison; il faut absolument me guérir, et pour cela je me marie.

LE MARÉCHAL.

C'est toi qui songes à te marier, mon ami; si j'étais Richelieu, je ne me marierais pas.

SCÈNE III.

RICHELIEU.

Bah! vous autres sages, vous réfléchissez trop; et à moins de se marier sans réflexion, on risque de ne jamais épouser. Ma future est charmante, c'est une veuve; elle est sage, vertueuse; vous la connaissez beaucoup, et elle vous aime.

LE MARÉCHAL.

Elle m'aime, dis-tu?

RICHELIEU.

Autant qu'une nièce peut aimer un oncle.

LE MARÉCHAL, étonné.

Comment! c'est Julie! et tu me fais ton confident? Je te remercie; je ne croyais pas que ton usage fût de demander le consentement des parens.

RICHELIEU.

Pouvais-je mieux choisir?

LE MARÉCHAL.

Non, et j'en suis enchanté. Cependant ton choix m'étonne. Julie est un peu prude, et tes aventures ont tant fait de bruit dans le monde... Enfin, puisque tout est arrangé entre vous...

RICHELIEU.

Ah! sans doute, tout est arrangé; il n'y a qu'une difficulté.

LE MARÉCHAL.

Laquelle?

RICHELIEU.

Si je vous le dis, vous ne me croirez pas.

LE MARÉCHAL.

Dis toujours.

RICHELIEU.

Non, vous dis-je, vous ne voudrez pas me croire; mais madame de Guise n'a pas pour moi... Tenez, tranchons le mot : je suis à peu près certain qu'elle ne m'aime pas du tout. Vous m'avouerez que c'est jouer de malheur! Il n'y a peut-être dans Paris qu'une femme qui n'aime pas les mauvais sujets, et c'est celle-là dont je tombe amoureux, et vraiment amoureux; car je ris, je plaisante, mais je suis désespéré; et pour un rien je me ferais sauter la cervelle.

LE MARÉCHAL.

Oh! je crois que tu peux trouver quelque moyen moins sentimental. Dans tous les cas, compte sur moi.

RICHELIEU.

Quelle reconnaissance!

LE MARÉCHAL.

Ce mariage réunit ce que j'ai de plus cher. N'es-tu pas mon ami, mon fils? et ne te souvient-il plus de Fontenoi? Je crois te voir encore m'arracher du milieu de la colonne anglaise; et, morbleu! il y faisait chaud. Mon ami, si je te dus la vie, la France te dut le gain de la bataille, et ce sera la plus belle page de ton histoire.

AIR

   Ces fiers guerriers de l'Angleterre,
   Devant nous je les ai vus fuir;
   Et leur sang a rougi la terre
     Qu'ils voulaient asservir.
   Déja leur phalange altière
   S'avance en bataillons épais;
   Déja la trompette guerrière
   Proclame leur prochain succès,

SCÈNE III.

Lorsqu'un héros ramène l'espérance
Parmi nos escadrons épars,
Et la victoire qui balance
D'Albion fuit les étendards.
Honneur à ce guerrier favori de Bellone !
Dans nos rangs il est apparu ;
Sur le centre de la colonne,
A sa voix l'airain tonne,
Et l'Anglais est vaincu.

Pardon, mais quand j'en parle, je crois encore y être. La vieillesse vit de souvenirs.

RICHELIEU.

Et la jeunesse d'espérances. Mais, moi, je n'en ai guère ; car, s'il faut vous le dire, hier au soir nous nous sommes presque brouillés ; j'étais fort piqué.

LE MARÉCHAL.

Je vous raccommode. Que lui as-tu dit ?

RICHELIEU.

Je lui ai fait entendre qu'elle était très coquette.

LE MARÉCHAL.

Je vous réconcilie.

RICHELIEU.

Qu'elle n'était pas belle.

LE MARÉCHAL.

Je ne m'en mêle plus. Fais comme tu l'entendras, car la voici.

SCÈNE IV.

Les précédens ; Mme de GUISE.

Mme DE GUISE.

Vous ici, messieurs ! C'est une surprise fort agréable : je ne m'attendais pas à trouver société chez moi.

LE MARÉCHAL.

Bah ! tu vas être bien plus étonnée ! Richelieu et moi nous parlons raison depuis une heure ; il est vrai que nous parlions de toi.

Mme DE GUISE.

Quoi ! c'est de moi que ces messieurs daignaient s'occuper ?

RICHELIEU, galamment, mais avec fatuité.

Fais-je jamais autre chose ? Je me plaignais d'avoir été privé de votre présence ; c'est une si sotte invention que celle des dîners en ville ! Que vous êtes bien comme cela ! Sérieusement, vous êtes belle avec excès !

Mme DE GUISE, gaîment.

Je suis donc bien changée depuis hier ?

RICHELIEU.

Comment nommez-vous cette étoffe ? elle est d'un goût exquis. Et votre santé ? Étourdi ! j'oubliais de m'en informer.

Mme DE GUISE.

A laquelle des deux questions voulez-vous que je réponde d'abord ? A celle de ma robe ou de ma santé ?

SCÈNE IV.

RICHELIEU.

Comme il vous plaira. Vous avez dîné chez la duchesse; qu'y faisait-on? quel monde y avait-il?

Mme DE GUISE.

Attendez. Ce qu'on y faisait? ce qu'on fait partout. On a beaucoup parlé et presque rien dit. Pour la société, la meilleure de Paris, car c'était la plus riche. Beaucoup de ces gros financiers qui, assis auprès d'une femme, ne font qu'ouvrir et refermer méthodiquement leur tabatière d'or; beaucoup de jeunes gens du meilleur ton, bien légers, bien brillans, qui vous parlent sans vous regarder, vous lorgnent sans vous voir, et vous adressent vingt questions sans attendre la réponse; ajoutez à cela quelques provinciaux bien simples, bien unis, et qui ont paru ridicules, parce qu'ils n'étaient qu'honnêtes et respectueux.

RICHELIEU.

Oui, on respecte beaucoup en province. Mais voilà une charmante réunion; elle a dû beaucoup vous divertir. Vous avez appuyé surtout avec une grace inexprimable sur certains portraits. Sans doute, vous seule étiez l'objet des hommages de ces jeunes gens du meilleur ton.

Mme DE GUISE, avec amabilité.

Non, on s'est beaucoup moins occupé de moi que de vous, monsieur.

RICHELIEU.

De moi?

Mme DE GUISE.

La préférence vous était due. Depuis que M. de

Richelieu est de retour à Paris, il est le sujet de toutes les conversations, l'objet de la curiosité générale : on cite déja de lui mille nouvelles aventures.

LE MARÉCHAL.

Et que dit-on entre autres ?

Mme DE GUISE.

Mon oncle, vous n'attendez pas, j'espère, que je vous en fasse le récit. Monsieur pourra vous mettre au fait bien mieux que moi.

LE MARÉCHAL.

Ne le dit-on pas amoureux ?

Mme DE GUISE.

Amoureux ! Monsieur ne l'est-il pas toujours ? Il aimerait tout le genre humain.

RICHELIEU.

Nomme-t-on l'objet de son amour ?

Mme DE GUISE.

Je n'ai entendu désigner personne.

LE MARÉCHAL.

Bon ! de la discrétion ? c'est qu'il aime réellement.

Mme DE GUISE.

Dites plutôt qu'il ne sait pas au juste la femme qu'il aime, très heureusement pour elle ; car elle serait déja la fable de toute la ville : en vain serait-elle sans reproche. Quand ces messieurs sont heureux, ils le disent ; quand ils ne le sont pas, ils mentent : cela revient au même.

RICHELIEU.

Est-ce à moi que ce discours s'adresse ?

Mme DE GUISE.

Eh, non ! Tout ce qu'on dit de vous est vrai, et

SCÈNE IV.

c'est encore pire; car vous avez pris sur notre sexe un ascendant que je n'ai jamais pu expliquer, et dont je rougis pour lui. Qu'on se rende aux vœux d'un amant soumis et respectueux, je le conçois; il est si doux d'être adorée! la reconnaissance est si naturelle! Mais vous! on voudrait vous aimer qu'on ne le pourrait pas; et il faut vous haïr malgré qu'on en ait. A Dieu ne plaise que je blâme le goût de nos femmes à la mode; mais pour moi, si jamais je donne mon cœur, voici à quelles conditions :

Air

Il est maints courtisans
Bien fats, bien suffisans,
Qui devant une glace
Se mirent avec grace;
Qui, riant aux éclats
A chaque impertinence,
Roucoulent une romance,
Et s'admirent tout bas.
Pour ceux-là, je n'en veux pas,
Non, non, je n'en veux pas.

Pour cet autre, au plaisir fidèle,
Qui, d'objet changeant tous les jours,
Va promenant de belle en belle
Ses banales amours :
En vain l'on vante à la ronde
Ses graces et son maintien,
L'amant de tout le monde
Ne sera pas le mien.

Mais s'il vient à paraître
Un amant sensible et galant,
Discret et toujours constant,
Si pourtant un homme peut l'être;

Triste quand il me plaît,
Joyeux quand je l'ordonne,
Jeune, et, quoique bien fait,
Point amoureux de sa personne.
Pour celui-là, je le sens bien,
Je ne voudrais jurer de rien.

Mais pour les courtisans, etc.

RICHELIEU, bas au maréchal.

Vous voyez bien que je suis son fait. Voilà le moment de me déclarer.

LE MARÉCHAL, bas à Richelieu.

Tu crois?

RICHELIEU.

J'en suis sûr. Un instant de conversation.

LE MARÉCHAL.

Ma chère Julie, j'ai un mot à écrire ce soir; puis-je passer dans ton boudoir?

Mme DE GUISE.

Vous trouverez ce qu'il vous faut sur mon secrétaire.

(La demie sonne à la pendule.)

RICHELIEU.

Onze heures et demie! Souffrez, madame, que je prenne congé de vous. (Bas au maréchal.) Retenez-moi.

LE MARÉCHAL, bas.

J'entends. (Haut.) Non, attends-moi un instant; c'est un mot dont je voudrais te charger pour le ministre. Toi, Julie, tu ne crains pas le tête-à-tête; tu ne fais pas à Richelieu l'honneur de le redouter, et d'ailleurs il est engagé. Il est amoureux. Je reviens dans la minute.

RICHELIEU.

Non, ne vous pressez pas.

(Le maréchal entre dans l'appartement à gauche.)

SCÈNE V.

Mᵐᵉ DE GUISE, RICHELIEU.

RICHELIEU.

Quoi! vous avez daigné oublier notre querelle d'hier au soir?

Mᵐᵉ DE GUISE.

Cela vous étonne! Vous me supposez donc un bien mauvais caractère?

RICHELIEU.

Mais je sais que vous faites si peu de cas de tous les hommes.

Mᵐᵉ DE GUISE.

Tous, c'est beaucoup ; j'en excepte quelques uns.

RICHELIEU.

Oui, exceptez-en les amans fidèles.

Mᵐᵉ DE GUISE.

Il en est si peu!

RICHELIEU.

Raison de plus pour ne pas les rebuter. Selon moi, on devrait leur élever des statues, ne fût-ce que pour encourager le public; et d'avance j'en réclame une.

Mᵐᵉ DE GUISE.

Vous, fidèle!

RICHELIEU.

Il suffit de vous voir pour le devenir.

Mᵐᵉ DE GUISE.

Je ne me crois pas capable d'opérer de tels miracles.

RICHELIEU.

C'est que vous seule ignorez le pouvoir de vos charmes; et vous ne voulez pas me croire lorsque je vous jure que vous êtes la plus aimable et la plus jolie femme de Paris.

Mme DE GUISE.

Et supposé que je voulusse le croire...

RICHELIEU.

Ah! si vous en étiez bien persuadée, vous me sauriez quelque gré de vous l'avoir fait observer. Mille autres, je le sais, ont déja dû vous le dire; mais personne ne l'a senti comme moi, personne ne vous aima jamais autant que je vous aime.

Mme DE GUISE, souriant.

Comment! à moi une déclaration! Peut-être est-ce sans le vouloir: vous avez tellement contracté l'habitude d'en faire.

RICHELIEU.

Je le vois, vous doutez de mon amour; mais exigez des preuves, des sacrifices...

Mme DE GUISE.

Quoi! c'est sérieusement! Eh bien, puisque votre tendresse est si vive, je demande le temps de l'éprouver.

RICHELIEU.

Quel temps demandez-vous?

Mme DE GUISE.

Oh! seulement quatre années.

RICHELIEU.

Madame, en quoi ai-je mérité une raillerie aussi cruelle? Quatre années!

SCÈNE V.

Mme DE GUISE.

Qui songe ici à railler? Si votre ardeur est sincère, pourquoi ne durerait-elle pas ce temps-là?

RICHELIEU.

Vous aimer en vain quatre années, croyez-vous qu'on le puisse sans mourir?

Mme DE GUISE.

Dès que je vous verrai en danger de mort, je promets d'adoucir ma sévérité, et même d'abréger le temps de l'épreuve.

RICHELIEU.

En danger de mort! oh! s'il ne s'agit que d'exposer sa vie, parlez; quels ennemis faut-il combattre?

Mme DE GUISE.

Doucement! nous ne sommes plus au temps des paladins, et l'on ne brise plus de lance en l'honneur des dames. J'entends par danger de mort, une bonne consomption, fruit d'une trop longue attente.

RICHELIEU.

Madame, on ne parle pas de ces choses-là en badinant.

Mme DE GUISE.

Aussi parlé-je fort sérieusement; et pour vous prouver que je suis compatissante, je vous laisse la liberté de commencer dès aujourd'hui votre noviciat.

RICHELIEU, avec dépit.

Vous ne persisterez point dans cette ridicule résolution.

Mme DE GUISE, piquée.

Ridicule!

RICHELIEU, vivement.

Oui, madame, ridicule et injuste.

Mme DE GUISE.

À présent, monsieur, terminons la conversation. Je ne souffre pas patiemment qu'on m'importune.

RICHELIEU.

Savez-vous, madame, que le vainqueur s'est quelquefois repenti d'avoir fait au vaincu des conditions trop rigoureuses?

Mme DE GUISE.

Cela peut être.

RICHELIEU.

Savez-vous que, d'esclave opprimé, je suis plus d'une fois devenu le maître à mon tour?

Mme DE GUISE.

Qui en doute? Mais soyez sûr que cette révolution n'aura jamais lieu entre monsieur de Richelieu et moi.

RICHELIEU.

Vous le croyez, madame? Eh bien! d'honneur, vous vous trompez : voulez-vous faire avec moi le pari que je parviens à vous réduire, et cela bientôt? Tenez-vous la gageure?

Mme DE GUISE.

Est-ce une plaisanterie? ou votre intention est-elle de me fâcher?

RICHELIEU.

Non, madame, ce n'est point une plaisanterie; et vous perdrez, je vous en avertis. D'autres vous demanderaient du temps, quatre années peut-être; moi, je ne veux qu'un instant, et demain vous m'épouserez. Qu'est-ce que je dis, épouser? le beau mérite! tous les jours on épouse sans amour; mais demain vous m'épouserez, vous m'aimerez; et si vous dites un mot, je vous condamne à m'adorer.

Mme DE GUISE, outrée.

Vous ne vous doutez point du bon office que vous me rendez, et je dois vous en remercier! Je ne vous aimais pas! (Vivement.) Non, certainement, je ne vous aimais pas encore; mais peut-être aurais-je eu la faiblesse de vous aimer. Je rougissais déja de ce que cela ne me semblait plus impossible. Mais, grace à vous, je viens d'ouvrir les yeux, et vous n'êtes plus pour moi que le plus indifférent de tous les hommes.

RICHELIEU, gaîment.

Indifférent! ah! d'honneur, vous ne le pensez pas, ni moi non plus.

Mme DE GUISE.

Ah! c'en est trop. Je vous prie, monsieur, de ne plus vous présenter chez moi. Et comme, dans ce moment, je ne puis vous empêcher d'attendre ici mon oncle, vous trouverez bon que j'abandonne la place jusqu'à ce que vous l'ayez quittée.

(Mme de Guise sort par la porte à gauche.)

SCÈNE VI.

RICHELIEU, DUBOIS.

RICHELIEU, se promenant avec agitation.

Ah! vous me défiez! Vous allez connaître Richelieu. Allons, redevenons moi. Un moyen... prompt... victorieux... (Frappant du pied.) Non, ce n'est pas cela; trop simple. Eh pourquoi? en pareille occasion, le plus simple est toujours le meilleur : on ne s'en défie pas; d'ailleurs mon étoile n'est-elle pas là? (Il prend des tablettes et écrit.) Dubois!

DUBOIS, sortant de la porte à droite, à moitié endormi, en apportant une redingote.

Monseigneur demande-t-il sa voiture?

RICHELIEU, écrivant.

Ce trait-là manquait à ma gloire.

DUBOIS.

Lisette n'y est plus, et je m'endormais.

RICHELIEU, écrivant.

En garde, Dubois, l'ennemi est là, de l'honneur à acquérir.

DUBOIS.

Vous m'éveillez.

RICHELIEU.

De l'argent à gagner.

DUBOIS, jetant la redingote sur une chaise.

Vive Dieu! je ne dors plus.

RICHELIEU.

Ce billet pour toi.

DUBOIS.

Bien!

RICHELIEU.

Cette bourse aussi.

DUBOIS.

Mieux, cela.

RICHELIEU.

Tu liras le billet.

DUBOIS.

C'est dit.

SCÈNE VII.

RICHELIEU.

Tu garderas la bourse.

DUBOIS.

C'est fait.

RICHELIEU.

Pars, ma lettre explique tout; songe-s-y, le plus profond silence, pas un mot à Lisette, rien qui puisse compromettre madame de Guise auprès de ses gens. Il y va de ta tête; quand mes ordres seront exécutés, reviens là, sous cette fenêtre. Un signal quelconque.. Tu frapperas. (Voyant qu'il veut emporter la redingote.) Non, laisse; elle me sera nécessaire.

SCÈNE VII.

LE MARÉCHAL, RICHELIEU.

LE MARÉCHAL.

J'ai vu rentrer Julie; elle était bien émue. Je n'ai pas osé l'interroger.

RICHELIEU, en confidence.

Elle vient de me faire une déclaration.

LE MARÉCHAL.

Comment! une déclaration d'amour?

RICHELIEU.

Non, de guerre. Elle me hait, me déteste, et me défend de reparaître devant ses yeux.

LE MARÉCHAL, étonné.

Ah! tu as obtenu tout cela?

RICHELIEU.

Ce n'est pas tout; elle est dans une colère épouvantable.

LE MARÉCHAL.

Tant pis.

RICHELIEU.

Tant mieux. Je crains moins la haine d'une femme que son indifférence.

LE MARÉCHAL.

Mais qu'as-tu fait pour irriter ainsi Julie contre toi?

RICHELIEU, froidement.

Presque rien. C'est une gageure que je lui proposais. J'ai parié avec elle que demain elle m'aimerait, m'adorerait, et m'épouserait.

LE MARÉCHAL.

Elle en a ri.

RICHELIEU.

Elle s'est fâchée, parce qu'elle a bien vu que je gagnerais, et que c'était peu délicat à moi de parier à coup sûr; je me suis fâché aussi, et nous nous sommes séparés.

LE MARÉCHAL.

Et la gageure tient-elle?

RICHELIEU.

Plus que jamais. Et je vous en avertis pour que vous ayez soin de tout préparer pour demain. Mon cher oncle, tous ces apprêts de noces, les billets de part, les publications, que sais-je? tout cela vous regarde : je vous connais; et grace à vos soins, vous aurez tous les embarras du mariage; nous n'en aurons que les plaisirs.

LE MARÉCHAL.

Mais, mon cher ami, tu es fou.

SCÈNE VII.

RICHELIEU, vivement.

Oui, je suis fou de joie, de bonheur. Ce soir l'aveu, demain le contrat; vous y signez, vous nous donnez la moitié de votre fortune.

LE MARÉCHAL.

Comment! comment!

RICHELIEU, toujours très vivement.

Eh! sans doute, vous avez cinquante ans; supposez que vous alliez jusqu'à cent, vous voilà à la moitié de votre carrière; vous n'avez plus besoin que de la moitié de votre bien.

LE MARÉCHAL.

Mais permets...

RICHELIEU.

Quoi! je vous donne jusqu'à cent, et vous n'êtes pas content! Ah çà, vous danserez à la noce?

LE MARÉCHAL.

Mais, écoute-moi donc!

RICHELIEU.

Etes-vous fâché de danser?

LE MARÉCHAL.

Au contraire, mon ami; mais avant d'être de la noce, veux-tu me permettre d'être de la gageure? Mille louis que tu ne réussis pas.

RICHELIEU.

Je les tiens. Mais c'est peu que la victoire soit décisive, il faut qu'elle soit prompte, et je ne vous demande qu'une demi-heure.

LE MARÉCHAL.

Qu'une demi-heure! et par quel moyen?

RICHELIEU.

Il est peut-être un peu extraordinaire; mais soyez sûr qu'il est conforme à l'honneur, sinon Richelieu ne l'emploierait pas.

LE MARÉCHAL.

Je demeure stupéfait. Ah çà, répète-moi donc un peu... Comment! aujourd'hui même, malgré sa colère!...

RICHELIEU.

Elle m'aimera; et dans une demi-heure vous en aurez la preuve.

LE MARÉCHAL.

Eh! quelle preuve encore?

RICHELIEU.

Parbleu! toutes celles que vous voudrez. Voulez-vous qu'ici même elle m'accorde un baiser?

LE MARÉCHAL.

Un baiser!

RICHELIEU.

Eh! pourquoi pas? à un époux... Et puis vous serez là.

LE MARÉCHAL.

Comment, je serai là!

RICHELIEU.

Sans cela, pouvez-vous croire que je me permettrais... Il faut que tout se passe sous vos yeux; est-ce qu'un mariage peut se faire sans témoin?

(La pendule sonne minuit.)

SCÈNE VII.
DUO.

RICHELIEU.

Regardez bien, voilà minuit.
(Il lui montre la pendule.)
Lorsque sonnera la demie,
Dans ce lieu rendez-vous sans bruit.

LE MARÉCHAL.

Allons, c'est une raillerie.

RICHELIEU, froidement.

Vous le verrez.

LE MARÉCHAL.

Je le verrai?

RICHELIEU, gaîment.

Vous le verrez, je gagnerai.
Tout cède à mon empire;
Comme César je pourrai dire:
Je suis venu,
J'ai vu, j'ai vaincu.

LE MARÉCHAL.

Mais son sang-froid finit par me confondre.
Ici... dans cet appartement!..

RICHELIEU.

Vous vous rendrez secrètement.

LE MARÉCHAL.

Ma foi, je ne sais que répondre.
Monsieur le conquérant,
Recevez mon compliment.

RICHELIEU.

Tout cède à mon empire, etc.

LE MARÉCHAL.

Puis-je confier à ma nièce
Qu'à son pari je m'intéresse?

RICHELIEU.
Eh non ! que tout reste entre nous ;
Cachons-lui notre intelligence.
Une pareille confidence
Accroîtrait encor son courroux.

LE MARÉCHAL.
Mais puis-je au moins passer chez elle,
Et lui souhaiter le bonsoir ?

RICHELIEU.
Mais surtout, à nos lois fidèle,
Ne lui laissez rien entrevoir ;
Et quand vous aurez dit bonsoir,
Vous gagnerez votre demeure.

LE MARÉCHAL.
Je regagnerai ma demeure...

RICHELIEU.
Et puis, dans une demi-heure...

LE MARÉCHAL.
Et puis, dans une demi-heure...

RICHELIEU.
Ici, dans cet appartement...

LE MARÉCHAL.
Ici, dans cet appartement...

RICHELIEU.
Vous vous rendrez secrètement.

LE MARÉCHAL.
Je me rendrai secrètement.

ENSEMBLE.
{
RICHELIEU.
Je reçois votre compliment.

LE MARÉCHAL.
Monsieur le conquérant,
Recevez-en mon compliment.
}

(Le maréchal entre chez Mme de Guisc.)

SCÈNE VIII.

RICHELIEU, *ensuite* DUBOIS.

RICHELIEU, seul.

Eh, vite! Pourvu que Dubois soit à son poste. Il est adroit, intelligent. Ma lettre lui a tout expliqué. Il a dû se pourvoir d'une échelle. (*On frappe en dehors.*) Bon, j'entends le signal! Bien, Dubois, je suis content de toi. Allons, à ta toilette; prends ma redingote, mets mon chapeau, mon épée : notre taille est la même; on s'y trompera.

DUBOIS.

Mais, monseigneur, que veut dire...

RICHELIEU.

Écoute à présent : on t'a déja vu sortir, on te croit dehors; tous les domestiques dorment ou jouent aux cartes.

DUBOIS.

Oui, monseigneur.

RICHELIEU.

Le visage caché par ton mouchoir, tu traverses le salon de compagnie, l'appartement du maréchal...

DUBOIS.

Oui, monseigneur.

RICHELIEU.

L'escalier, le vestibule; tu demandes le cordon.

DUBOIS.

Oui, monseigneur.

RICHELIEU.

Si on te découvre, ce sont des coups de bâton qui te reviennent.

DUBOIS.

Oui, monseigneur.

RICHELIEU.

Mais on ne te découvrira pas.

DUBOIS.

Oui, monseigneur.

RICHELIEU.

Tu fermes la porte cochère fort, très fort, et tu montes dans ma voiture. Lafleur est prévenu, n'est-ce pas? (Le rappelant.) Beaucoup de bruit dans la rue, mes chevaux au grand galop. (De même.) Ah! demain, de bon matin, cours chez ma marchande de modes, commande la corbeille de noce la plus élégante. Va. (Dubois sort, et Richelieu le suit des yeux.) Eh! non, pas ainsi, trop pesamment; une tournure plus leste, un air plus fat, un air de qualité : tu représentes Richelieu; mieux, beaucoup de mieux.

SCÈNE IX.

RICHELIEU, *seul.*

Il est un peu hardi, mon projet, un peu fou. Qu'importe! l'amour ne doit-il pas excuser les extravagances qu'il fait commettre?

SCÈNE IX.
RONDEAU.

Dieu de Cythère,
Si tant de fois
J'ai, sous tes lois,
Su vaincre et plaire;
Si ton secours
A de mes jours
Orné le cours;
A ma prière,
Viens, dieu puissant,
Dis-moi comment
Une cruelle
Peut s'enflammer
Et vous aimer
En dépit d'elle.
Beauté rebelle
Ris de nos coups;
Que ton courroux
Me venge d'elle.
En ma faveur
Touche le cœur
De la cruelle.
Viens, tu le dois :
Sa résistance
Brave à la fois
Et ta puissance
Et mes exploits.

Dieu de Cythère,
Si tant de fois
J'ai, sous tes lois,
Su vaincre et plaire;
Viens de nouveau,
Que ton flambeau
Luise et m'éclaire :
Entends ma voix,
Venge tes droits,
Dieu de Cythère.

Plus de bruit,
Tout ici
Respire le silence.
Douce espérance,
Tout me sourit.

Dieu de Cythère, etc.

Mais on vient; cachons-nous.

(Il entre par la première porte à droite, qui est censée celle d'un cabinet de toilette.)

SCÈNE X.

LE MARÉCHAL, Mme DE GUISE, RICHELIEU, *caché dans le cabinet.*

Dans toute cette scène, Mme de Guise doit avoir un ton de dépit bien marqué.)

Mme DE GUISE, parlant à la cantonade.

Lisette, vous direz à mes femmes que je n'ai pas besoin ce soir de leurs services; que tout le monde se retire, que le suisse ferme toutes les portes de l'hôtel, et qu'il monte les clefs chez mon oncle.

LE MARÉCHAL, étonné.

Comment! M. de Richelieu est sorti?

Mme DE GUISE.

Eh! sans doute. Voilà deux fois que vous me faites cette question. Il me semble qu'il est assez tard pour se retirer. Ne vouliez-vous pas qu'il passât toute la nuit ici?

LE MARÉCHAL, à part.

Ma foi, je m'y perds. Il est parti.

Mme DE GUISE.

Eh! oui. Lisette lui a vu traverser l'antichambre,

descendre l'escalier; on a fermé la porte sur lui, et vous venez d'entendre partir sa voiture. Mais que vous importe, après tout?

LE MARÉCHAL.

Oh! rien. (Regardant la pendule.) Déja dix minutes de passées!

Mme DE GUISE.

En effet, il est plus de minuit; vous ne vous couchez pas ordinairement si tard.

LE MARÉCHAL.

Je m'en vais. Dis-moi, tu détestes donc Richelieu?

Mme DE GUISE.

Je ne le verrai ni ne lui parlerai de ma vie.

LE MARÉCHAL.

Tu feras bien. Mais es-tu bien sûre qu'il n'obtiendra jamais rien de toi?

Mme DE GUISE.

Il n'obtiendra jamais que le plus froid dédain; (avec dépit) et je consens bien volontiers à l'épouser, si je lui accorde la moindre faveur, la moindre préférence.

LE MARÉCHAL.

Tant mieux, tant mieux; il est impossible qu'il gagne. Tu n'es donc pas femme à changer de résolution en une demi-heure?

Mme DE GUISE, avec dépit.

En une demi-heure! Mais en vérité, mon oncle, vous me faites d'étranges questions! Tout ce que j'entends est bien extraordinaire. Il semble qu'on prenne plaisir à me fâcher; et je ne vous ai jamais vu d'une pareille humeur.

LE MARÉCHAL.

Mais c'est que toi-même je ne t'ai jamais vue ainsi. Un rien t'irrite, tu parais agitée, émue.

Mme DE GUISE, avec agitation.

Émue! moi, je suis émue! Mais où voyez-vous cela? pourquoi le serais-je? qui aurait fait naître cette émotion? J'en suis fâchée pour votre discernement; mais jamais je n'ai été plus calme, plus tranquille.

LE MARÉCHAL.

Pardon, pardon; j'ai tort! (Regardant la pendule.) Le quart dans l'instant! Il faut qu'il ait renoncé..., ou qu'il ait perdu la tête : jamais je n'eus autant de curiosité. Mais patience; dans un quart d'heure... Bonsoir, ma chère Julie, bonsoir.

(Il l'embrasse et sort.)

SCÈNE XI.

Mme DE GUISE, RICHELIEU, *caché*.

Mme DE GUISE.

Je ne sais ce qu'il a aujourd'hui. (Elle s'assied en face d'une toilette.) Il paraît fort occupé de M. de Richelieu.

RICHELIEU, entr'ouvrant la porte.

Maudite serrure! on ne peut rien voir. Qu'elle est bien dans ce négligé! C'est charmant d'assister à la toilette d'une jolie femme!

Mme DE GUISE.

C'est un impertinent, un bien mauvais sujet.

RICHELIEU.

Comme elle s'occupe de moi!

SCÈNE XI.

Mme DE GUISE.

C'est qu'aussi les femmes le gâtent.

RICHELIEU.

Mais... pas toutes.

Mme DE GUISE.

Voilà donc l'homme qu'un moment j'aurais été tentée d'aimer. Je l'avoue, j'avais été séduite par ses brillantes qualités! Mais que de présomption! que de fatuité! que de défauts, dont il est impossible qu'il se corrige! (Avec douceur.) Impossible! pourquoi donc? S'il m'aimait réellement, ne pourrais-je pas le ramener à la vertu? lui faire sentir que les plaisirs ne sont pas le bonheur? qu'une femme qui nous aime vaut mieux que cent qui nous trompent? Mais, après tout, que m'importe? Je pourrais le rendre parfait, que je m'en soucierais aussi peu! Allons, je n'y dois plus penser. (Réfléchissant.) Je serais cependant curieuse de savoir par quels moyens il croit... Bon! c'est une plaisanterie que, dans son dépit... Non; il parlait sérieusement; et on le dit si téméraire! (Revenant à elle.) Eh bien! voilà que j'y pense encore. Mon Dieu! est-ce qu'il suffirait d'être impertinent avec nous pour fixer notre attention? Est-ce qu'il espérerait gagner son insolent pari? (Souriant.) Pourquoi pas? Malgré moi, je puis bien l'aimer, puisque malgré moi j'y pense déja. Allons, chassons ces folles idées. Jamais Richelieu ne troublera ma tranquillité. Je ne sais ce que j'ai ce soir; il me serait impossible de reposer. Voilà ma guitare; essayons ma nouvelle romance.

LA CHAMBRE A COUCHER.

ROMANCE.

PREMIER COUPLET.

L'Amour s'enfuit; dame Cypris
Va le chercher en tous pays;
Gnide, Paphos, Mars, Adonis,
Elle vous quitte pour son fils.
    Ce petit traître
    A fui ma loi,
    Où peut-il être ?
    Dites-le-moi.

DEUXIÈME COUPLET.

Sage Minerve, dans ta cour
N'aurais-tu pas caché l'Amour ?
Minerve dit : Sagesse, Amour
N'habitent pas même séjour.
    Viens-je à paraître,
    Il fuit d'effroi,
    Où peut-il être ?
    Dites-le-moi.

TROISIÈME COUPLET.

Lors chez l'Hymen se rend Cypris :
L'Amour est-il dans ce logis ?
Non, dit l'Hymen... moi seul j'y suis;
En vain, hélas ! j'attends ton fils.
    Chez moi le traître
    Plus ne se voit :
    Où peut-il être ?..

RICHELIEU, paraissant.

Auprès de toi.

Mme DE GUISE.

Ciel ! que viens-je d'entendre !

DUO.

RICHELIEU.

Calmez votre courroux.
C'est l'amant le plus tendre
Qui tombe à vos genoux.

SCÈNE XI.

Mme DE GUISE.

Téméraire,
Sortez;
Redoutez ma colère;
Éloignez-vous,
Évitez mon courroux.

Je vous le répète : Sortez, monsieur, ou je vais appeler mes gens.

RICHELIEU.

Ils ne vous entendront pas; vous venez de les envoyer coucher.

Mme DE GUISE.

J'appellerai mon oncle.

RICHELIEU.

Votre oncle? (A part.) Trompons-la. (Haut.) Je l'ai enfermé dans sa chambre. Mais pourquoi vous effrayer? Vous ne voyez ici qu'un amant timide et respectueux, auquel la crainte de mourir d'amour a fait hasarder une démarche désespérée. Aussi pourquoi me mépriser? Ne sont-ce pas vos mépris qui m'ont fait recourir à ce moyen téméraire? Je vous le demande, en quoi les avais-je mérités?

Mme DE GUISE.

En quoi! monsieur. En quoi! Vous me le demandez, quand vous osez encore vous présenter devant moi!

RICHELIEU.

Vous m'aviez banni, je le sais; mais je perdrais trop, si je ne voyais plus cette figure céleste, à laquelle la colère donne de nouveaux charmes. (Gaîment.) Est-il bien vrai, madame, que vous me haïssez autant que vous me le dites?

Mme DE GUISE.

Plus que je ne puis l'exprimer. Et voilà pourquoi je vous prie de sortir à l'instant.

RICHELIEU.

Je vous aime trop pour cela. La porte est fermée; les clefs sont chez votre oncle : et j'irais réveiller vos gens! causer une esclandre! vous compromettre! Moi, compromettre une femme! J'en suis incapable.

Mme DE GUISE.

Me compromettre! Quand je raconterai hautement par quelle trahison...

RICHELIEU.

Et qui persuaderez-vous? Moi seul avec vous, la nuit, dans votre appartement! Que ne dira-t-on pas? Le chapitre des conjectures est si étendu! Cependant, si vous le voulez absolument, quoi qu'il en puisse arriver, je vais vous obéir.

Mme DE GUISE, le rappelant d'une voix faible.

Monsieur...

RICHELIEU.

Eh bien! est-ce décidé? Je reste.

Mme DE GUISE.

Non, certainement! — Mais tenez, cette croisée n'est pas bien haute, on pourrait sans bruit...

RICHELIEU.

Ah! y pensez-vous? Du mystère! une croisée! C'est là le chemin de l'amant favorisé! L'amant dédaigné, méprisé, sort par la grande porte, et c'est le passage que je choisis. Adieu.

(Il va pour sortir.)

SCÈNE XI.

Mᵐᵉ DE GUISE, avec dépit.

Monsieur!

RICHELIEU.

Que me voulez-vous?

Mᵐᵉ DE GUISE.

Vous savez trop bien qu'il faut que je vous fasse rester. (Les larmes aux yeux.) Voilà donc en quoi consiste votre ascendant sur notre sexe! C'est donc là votre secret pour captiver le cœur des femmes! Il est merveilleux, et vous fait honneur! Convient-il à un homme délicat d'employer la violence, quand la vertu lui résiste?

RICHELIEU.

J'ai pu employer l'adresse, quelquefois même la surprise; mais avoir recours à la violence!!! Eh! qui le pourrait? L'homme le plus audacieux n'est plus auprès de vous qu'un esclave timide. Ne m'avez-vous pas vu cent fois tremblant, interdit à vos côtés? Du moment que je vous ai vue, nommez-moi une autre femme que j'aie honorée d'un regard. Si je n'ai pas rampé aussi servilement que beaucoup d'autres, pouvez-vous m'en faire un reproche? Devais-je avilir l'amant de Julie, et ce noble feu que la nature a mis dans mon cœur? Mais parlez; quel autre vous aima mieux que moi? Quel autre eut pour vous plus d'amour, plus de respect?

Mᵐᵉ DE GUISE.

Du respect! En effet! Croyez-vous que j'aie oublié l'insolent pari que vous avez osé me proposer?

RICHELIEU.

Oui, madame, je vous aimerai tant qu'enfin vous

serez touchée de mon amour; voilà le sens de la gageure.

Mᵐᵉ DE GUISE.

Eh bien! s'il est vrai que Julie vous soit chère, que vous ambitionnez son estime, accordez-lui ce qu'elle vous demande avec prière.

RICHELIEU.

Que demandez-vous?

Mᵐᵉ DE GUISE.

Je vous l'ai déja dit, que vous sortiez à l'instant.

RICHELIEU.

Qu'exigez-vous de moi? Puis-je renoncer à toutes mes espérances? sacrifier en un instant ce qui m'a tant coûté? Dois-je me livrer volontairement à votre colère et à votre froideur, peut-être à vos railleries?

Mᵐᵉ DE GUISE.

Non; je sais pardonner, oublier.

RICHELIEU, tendrement.

Moi, je jure de ne vous oublier jamais; mais puisque vous l'exigez, soit. Je veux vous prouver combien mon amour est sincère; je veux vous faire un sacrifice que je ne ferais à personne; mais ce sera, madame, à deux conditions.

Mᵐᵉ DE GUISE.

Qui sont?

RICHELIEU.

Promettez-vous de les accomplir?

Mᵐᵉ DE GUISE.

Je croyais vous avoir prouvé que la feinte m'était inconnue.

SCÈNE XI.

RICHELIEU, vivement.

Ainsi vous promettez?

Mᵐᵉ DE GUISE.

Que demandez-vous?

RICHELIEU.

Je demande que vous me permettiez de vous revoir, que vous me donniez l'espérance d'être mieux accueilli : le promettez-vous?

Mᵐᵉ DE GUISE, doucement.

Et votre seconde condition?

RICHELIEU.

Donnez avant tout votre consentement à la première. Voulez-vous que je la répète?

Mᵐᵉ DE GUISE.

Il n'est pas nécessaire. Le brillant Richelieu connaît trop bien son empire sur notre sexe pour ne pas donner à mon silence une interprétation favorable.

RICHELIEU.

Julie! adorable Julie!
(Il veut lui prendre la main.)

Mᵐᵉ DE GUISE, retirant sa main, mais sans colère.

Point de nouvelle offense! Votre seconde condition?

RICHELIEU.

Une seconde condition est une bagatelle pour vous, mais un trésor de bonheur pour moi. Je demande un baiser pour gage de votre parole, un seul baiser.

Mᵐᵉ DE GUISE.

Non, je n'accorderai point volontairement ce que j'ai su refuser à la témérité.

RICHELIEU.

Et pourtant vous me permettez d'espérer!

Mme DE GUISE.

D'espérer, mais non pas d'obtenir.

RICHELIEU, tendrement.

Le baiser...; ne fût-ce que le baiser de réconciliation.

Mme DE GUISE.

Ne mettez-vous pas, pour troisième condition, que je vous le porterai moi-même?

RICHELIEU.

Non; le prendre est aussi un bonheur.

(Il l'embrasse, et tombe à genoux.)

SCÈNE XII.

Les précédens; LE MARÉCHAL, *sortant du cabinet, un bougeoir et une montre à la main.*

LE MARÉCHAL.

La demi-heure à ma montre!

(La demi-heure sonne à la pendule, et Richelieu embrasse Mme de Guise; le maréchal étonné reste dans le fond.)

RICHELIEU, à genoux.

Je ne quitte plus cette attitude. Que sais-je! Cette bonté que vous daignez me montrer, si c'était une dissimulation qui cachât votre haine! Vous m'avez si souvent répété que vous me haïssiez, que le dernier des mortels vous plairait plus que moi : je suis au désespoir, si un mot de votre bouche ne me rend pas la vie.

Mme DE GUISE, le contrefaisant.

Ne me rend pas la vie. Levez-vous, hypocrite!

SCÈNE XII.

RICHELIEU, tendrement.

Est-ce une amie qui me pardonne?

Mme DE GUISE, soupirant.

Si c'est une amie, je crains bien qu'elle ne soit trompée. Qui peut se fier à vous?

RICHELIEU.

Je ne vous ferai point de serment; je sais un garant plus sûr de ma constance, c'est vous-même. Oui, pour m'enchaîner à jamais, recevez mon cœur et ma main. Je n'étais qu'égaré. Soyez mon guide, mon amie, et j'abjure toutes mes folles erreurs. Aimer Julie, n'est-ce pas déja aimer la vertu?

LE MARÉCHAL, riant.

Ah! ah! ah! Je consens à l'épouser, si jamais je lui accorde la moindre préférence.

Mme DE GUISE.

Ciel! mon oncle!

LE MARÉCHAL.

Fort bien, ma nièce; j'approuve ta prudence! tu dédaignes les amans, et tu leur donnes audience jusque dans ton appartement.

Mme DE GUISE.

De grace, écoutez-moi. Sachez...

LE MARÉCHAL.

Je sais tout.

Mme DE GUISE.

Mais vous verrez...

LE MARÉCHAL.

Parbleu, j'ai tout vu; et je trouve que l'heure est très bien choisie pour recevoir un amant.

Mme DE GUISE.

Mais monsieur n'est pas un amant ; c'est un époux.

LE MARÉCHAL.

Un époux !

RICHELIEU.

O bonheur !

Mme DE GUISE.

Que voulez-vous ? malgré moi, Richelieu a vu que je l'aimais. (Avec finesse.) Cette découverte-là serait trop dangereuse avec un amant. Et malheureusement il a trop obtenu pour ne pas tout obtenir.

LE MARÉCHAL.

A la bonne heure. Voilà parler. Soyez unis, mes enfans ; à demain le contrat. J'y signerai ; je danserai à la noce, et je payerai la corbeille de mariage.

RICHELIEU, bas au Maréchal.

J'en étais sûr ; je l'avais commandée d'avance.

LE MARÉCHAL.

Incorrigible !

CHOEUR.

O douce ivresse !
Heureux destin !
J'obtiens } sa tendresse
Il obtient }
Et sa main.

VAUDEVILLE.

Nous savons tous que, dans le mariage,
　Pour rien on se brouille soudain ;
　Pour rien on s'aigrit davantage ;
　Puis on boude soir et matin.
Ne suivez point cette triste méthode ;
　Si dans le jour on vient à se fâcher,
Qu'Amour le soir gaîment vous raccommode
　Dans la chambre à coucher.

SCÈNE XII.

RICHELIEU.

Dans chaque hôtel, on dit que l'insolence
    Est dans la loge du portier;
    La paresse et la médisance
    Dans l'antichambre et l'escalier;
Dans le boudoir est la coquetterie;
Dans le salon l'ennui vient nous chercher;
Mais le bonheur sans bruit se réfugie
    Dans la chambre à coucher.

Mme DE GUISE.

Dans tous les temps on craignit le parterre;
    Heureux qui peuvent l'égayer!
    Notre titre, un peu somnifère,
    N'invite que trop à bâiller.
Pour nous ce soir que l'indulgence veille!
Que la critique, au lieu de se fâcher,
Soit parmi vous la seule qui sommeille
    Dans la chambre à coucher!

FIN DE LA CHAMBRE A COUCHER.

LA NEIGE,

OU

LE NOUVEL ÉGINARD,

OPÉRA COMIQUE EN QUATRE ACTES,

Représenté pour la première fois, à Paris, sur le théâtre royal
de l'Opéra-Comique, le 9 octobre 1823.

EN SOCIÉTÉ AVEC M. C. DELAVIGNE.

Musique de M. Auber.

PERSONNAGES.

LE GRAND-DUC DE SOUABE.
LOUISE DE SOUABE, sa fille.
LE PRINCE DE NEUBOURG, prince souverain d'Allemagne.
LE COMTE DE LINSBERG, officier au service du duc.
LE MARQUIS DE VALBORN, chambellan du grand-duc.
Mlle DE WEDEL, fille d'honneur de la princesse.
LA COMTESSE DE DRAKENBACK, gouvernante des filles d'honneur.
WILHEM, jardinier du grand-duc.
UN VALET.
Plusieurs seigneurs et dames de la cour.

La scène se passe en Souabe, dans un des palais de plaisance du grand-duc.

LE GRAND DUC.

...QUE LINSBERG EST MON FILS.

(La Neige, Acte IV, Sc. XI.)

LA NEIGE,

OU

LE NOUVEL EGINARD.

ACTE PREMIER.

Le théâtre représente un riche salon góthique ; porte à droite et à gauche, porte au fond. A gauche du spectateur, une table recouverte d'un tapis, sur laquelle est tout ce qu'il faut pour écrire.

SCÈNE PREMIÈRE.

M. DE LINSBERG, Mlle DE WEDEL.

Mlle DE WEDEL.

Non, la princesse n'est pas visible, elle n'est pas encore remise de sa frayeur ; mais, savez-vous que moi qui vous parle, j'ai manqué mourir de joie et de surprise en vous apercevant? Comment, monsieur le comte, on vous croit à soixante lieues d'ici, occupé à vous battre, et tout à coup vous vous trouvez à nos côtés à cette partie de traîneaux, où sans vous...

M. DE LINSBERG.

Rien n'est plus simple à vous expliquer. Arrivé hier à minuit, j'apprends que toute la cour devait se rendre ce matin sur le grand lac, et qu'il y aurait une course de traîneaux. J'étais curieux d'y assister ;

mais, pour différens motifs, ne voulant pas qu'on fût instruit de mon retour, je m'étais glissé dans la foule, et j'étais placé au premier rang, lorsque j'aperçois le traîneau de la princesse qui était lancé de notre côté et qui se dirigeait vers un endroit où la glace était rompue! Je n'eus que le temps de me précipiter au-devant de son altesse et de l'arrêter. Je ne sais plus trop ce qui s'est passé. Je crois seulement que la violence du coup m'a renversé, car j'ai entendu en tombant un cri d'effroi, et j'ai cru reconnaître la voix de la princesse et la vôtre, ma chère baronne.

Mlle DE WEDEL.

Je le crois bien! j'étais derrière; comme fille d'honneur de son altesse, je suis obligée de la suivre partout; et voyez où le devoir de ma charge allait me conduire!... Eh, mon Dieu! vous revenez de l'armée et j'oubliais de vous demander des nouvelles. Vous avez battu l'ennemi, n'est-il pas vrai?

M. DE LINSBERG.

Oui, certainement.

Mlle DE WEDEL.

Ah! que vous avez bien fait! Nous nous intéressions tous à vos succès, jusqu'à la princesse elle-même, qui ne s'occupait jamais de géographie, et que j'ai surprise deux ou trois fois suivant sur la carte les mouvemens de l'armée. Aussi, dès que j'apprenais quelques nouvelles favorables, je courais vite les lui répéter.

M. DE LINSBERG, souriant.

Que vous êtes bonne! Ah! je savais bien que je

ACTE I, SCÈNE I.

pouvais compter sur l'amitié de mademoiselle de Wedel.

Mlle DE WEDEL.

N'est-ce pas bien naturel? Il n y a que vous dans cette cour avec qui je puisse m'entendre. Vous sans famille, moi sans fortune; exposés à toutes les attaques, à toutes les railleries, nous nous prêtions un mutuel secours; aussi je vous attendais. Ah!

M. DE LINSBERG.

Il y a donc du nouveau?

Mlle DE WEDEL.

Oh! beaucoup : je vais vous conter tout cela. D'abord un grand événement : la princesse, qui jusqu'ici paraissait insensible, aime enfin quelqu'un et va se marier.

M. DE LINSBERG, à part.

Ce qu'on m'avait dit était donc vrai, et mes soupçons n'étaient que trop fondés. (Haut.) Quoi! son altesse...

Mlle DE WEDEL.

Oui, son altesse la princesse Louise de Souabe va épouser le prince de Neubourg.

M. DE LINSBERG.

Le prince de Neubourg?

Mlle DE WEDEL.

Celui qui ce matin conduisait le traîneau de la princesse.

M. DE LINSBERG.

Eh bien, je l'aurais parié.

Mlle DE WEDEL.

Et moi aussi.

M. DE LINSBERG, étonné.

Quoi donc?

Mlle DE WEDEL.

Qu'il renverserait son altesse! Le prince de Neubourg est le plus maladroit des hommes. Élevé dans les camps, n'ayant aucun usage de la société, brusque, bizarre, il ne fait rien comme tout le monde, et avec tout cela il est difficile d'être plus aimable.

M. DE LINSBERG.

Vous voulez plaisanter?

Mlle DE WEDEL.

Non, il a une franchise, une bonhomie, qui font tout pardonner. Nul ne convient plus gaîment que lui de ses maladresses et ne s'entend mieux à les réparer. Du reste, il est vivement protégé par le grand-duc, par la comtesse de Drakenback, notre gouvernante, et par le petit chambellan Valborn, qui s'est fait votre ennemi mortel, je ne sais pourquoi, apparemment pour être quelque chose. Il croit que cela lui donne de la consistance.

M. DE LINSBERG.

Mon ennemi! il l'a toujours été, surtout depuis que j'ai obtenu cette place de capitaine des gardes, que madame de Drakenback sollicitait pour lui. Mais, dites-moi, la princesse...

Mlle DE WEDEL.

D'abord recevait le prince assez mal; mais depuis, grace à mes soins...

M. DE LINSBERG.

Vos soins, baronne?

Mlle DE WEDEL.

Oh, c'est charmant! c'est moi qui donne au prince

de Neubourg des leçons de galanterie : c'est mon élève.

COUPLETS.

PREMIER COUPLET.

Je suis fière de ses progrès
Pour la grace et la politesse ;
A peine je le reconnais ;
Mais il veut plaire à la princesse,
Et je crois qu'il a réussi.
(Linsberg fait un mouvement.)
Silence !.. C'est un grand mystère !
Mais vous êtes mon seul ami,
Et, de plus, vous savez vous taire.

ENSEMBLE.
LINSBERG.
Dieux ! que viens-je d'apprendre !
Cachons-lui mon tourment.
Mlle DE WEDEL.
Daignez encor m'entendre.
Ah ! ce n'est rien, vraiment.

Mlle DE WEDEL.

DEUXIÈME COUPLET.

Sur l'amour et sur son pouvoir,
Jusqu'ici j'ai peu de science ;
A part moi pourtant j'ai cru voir
Qu'on lui donnait de l'espérance ;
On aime à causer avec lui.
(Même mouvement de Linsberg.)
Silence !.. C'est un grand mystère !
Mais vous êtes mon seul ami,
Et, de plus, vous savez vous taire.

ENSEMBLE.
LINSBERG.
Dieux ! que viens-je d'apprendre !
Cachons-lui mon tourment.
Mlle DE WEDEL.
Oui, vous devez m'entendre.
N'en dites rien, vraiment.

M. DE LINSBERG.

C'est bien, je vous remercie. Je vais présenter mes hommages à la princesse; il faut que je la voie.

Mlle DE WEDEL, l'arrêtant.

Eh mais, vous oubliez qu'elle n'est pas visible et que le ministre vous attend en audience particulière.

M. DE LINSBERG, d'un air préoccupé.

Oui,... oui,... j'oubliais!... vous avez raison! j'y vais de ce pas! Adieu, baronne. Adieu, mademoiselle.

(Il sort par le fond.)

SCÈNE II.

Mlle DE WEDEL, seule.

Adieu, mademoiselle!... Qu'a-t-il donc? je ne le reconnais pas! sombre, inquiet. Le grand-duc avait bien besoin de l'envoyer à l'armée.

SCÈNE III.

Mlle DE WEDEL, LA PRINCESSE, Mme DRAKENBACK, sortant de la porte à gauche du spectateur.

LA PRINCESSE, à Mme Drakenback.

Eh! de grace, madame Drakenback, prenez moins d'inquiétude, je me trouve fort bien, et il me semble que je dois en savoir quelque chose. Mais comment vont ces dames?

LA COMTESSE.

Elles sont à peine remises de leur frayeur; car, excepté mademoiselle de Wedel, qui a toujours été du plus beau sang-froid, nous avons eu toutes les nerfs dans un état affreux.

Mlle DE WEDEL.

C'était de rigueur, votre altesse venait de se trouver mal! Mais, grace au ciel, la voilà rétablie, et la santé va redevenir à l'ordre du jour.

LA PRINCESSE.

Dites-moi, Mathilde, ma liste est-elle là?

Mlle DE WEDEL, la prenant sur une table.

Oui, madame, voici le nom de toutes les personnes qui sont venues s'informer de la santé de votre altesse.

LA PRINCESSE, prenant la liste et lisant.

Le baron de Waller, M. de Valborn, le comte de Linsberg...... Quoi! tout ce monde-là a eu la bonté d'envoyer.

Mlle DE WEDEL.

Oh! monsieur de Linsberg est venu lui-même, car je l'ai vu.

LA PRINCESSE, vivement.

Tu l'as vu? tu lui as parlé? n'avait-il rien? n'était-il pas blessé?

Mlle DE WEDEL.

Non, madame; mais je m'attendais à le voir joyeux et satisfait, et je ne sais d'où vient qu'il avait un air triste et malheureux.

LA PRINCESSE, avec intérêt.

Malheureux! et pourquoi donc? (Froidement). N'a-t-il pas demandé à me voir?

Mlle DE WEDEL.

Oui, mais je lui ai dit que vous n'étiez pas visible.

LA PRINCESSE.

Visible!... non certainement;... mais enfin... vous auriez dû penser...

SCÈNE IV.

Les précédens; UN DOMESTIQUE.

LE DOMESTIQUE, annonçant.

Monsieur le comte de Linsberg.

LA PRINCESSE, faisant un mouvement de joie, et se reprenant sur-le-champ.

Que me veut-il? Dites-lui que je ne peux en ce moment. (Rappelant le domestique.) Henri!... Demandez-lui ce qu'il me veut... Non, qu'il entre.

Mme DRAKENBACK, à part.

Encore ce M. de Linsberg que je ne puis souffrir!

LA PRINCESSE, à part.

Mon Ernest! mon époux! je vais donc te revoir!

(Entre le comte de Linsberg; il salue d'abord Mlle de Wedel qui reste dans le fond; et, s'approchant très près de la princesse, il la salue respectueusement.)

LA PRINCESSE, vivement et à voix basse.

Ah! mon cher comte.

M. DE LINSBERG, froidement et à voix haute.

Votre altesse me permettra-t-elle de lui adresser mes hommages?

LA PRINCESSE, à part.

Qu'a-t-il donc? (Après avoir regardé si mademoiselle de Wedel ne peut l'apercevoir.) Ernest, est-ce un époux! est-ce vous que j'entends?

LE DOMESTIQUE, annonçant de nouveau.

Monseigneur le prince de Neubourg et monsieur le chambellan de Valborn.

(La princesse s'éloigne précipitamment de Linsberg, et se rapproche de Mlle de Wedel. Quelques dames d'honneur entrent en ce moment, et se placent à côté de la princesse.)

SCÈNE V.

Les précédens; le prince de NEUBOURG, M. de VALBORN, la comtesse de DRAKENBACK, et quelques seigneurs et dames de la cour.

MORCEAU D'ENSEMBLE.

Mlle DE WEDEL, *bas au prince de Neubourg, qui salue la princesse.*
Un peu plus bas... c'est bien... très bien comme cela.

M. DE LINSBERG, *à part.*
Le prince de Neubourg!.. que je le hais déja!

LA PRINCESSE, *le présentant au prince de Neubourg.*
C'est monsieur de Linsberg.

LE PRINCE.
    J'en ai l'ame charmée.
Je ne le connaissais que par sa renommée;
Car chacun vante ici, d'une commune voix,
Et son dernier combat et ses derniers exploits!

Air :

J'honore avant tout le courage :
A mon rang je ne tiendrais pas
S'il ne me donnait l'avantage
D'être le premier aux combats.

Oui, d'être soldat je fais gloire :
Quand pourrons-nous, aux champs de la victoire,
Et, frères d'armes et rivaux,
Marcher sous les mêmes drapeaux ?
(*Détachant l'ordre de Neubourg.*)
Qu'en attendant, ce noble signe
De votre valeur soit le prix :
Aucun plus que vous n'en est digne.
Tous les braves sont mes amis.

Il le lui présente, et Linsberg, après avoir hésité un instant, l'accepte en s'inclinant.)

LE PRINCE DE NEUBOURG.

(Reprise de l'air.)

J'honore avant tout le courage :
A mon rang je ne tiendrais pas
S'il ne me donnait l'avantage
D'être le premier aux combats.

LA PRINCESSE.

Oh! pour moi quel bonheur extrême!
Voir honorer celui que j'aime!
Par ses exploits, par sa valeur,
Il mérite un pareil honneur.

Mlle DE WEDEL.

Ah! pour moi quel bonheur extrême!
J'en suis plus fière que lui-même.
Par ses exploits, par sa valeur,
Il mérite un pareil honneur.

M. DE VALBORN ET Mme DRAKENBACK.

Ah! pour moi quel dépit extrême!
Il séduit le prince lui-même.
Encor de nouvelles faveurs,
Sans cesse de nouveaux honneurs.

ENSEMBLE

M. DE LINSBERG.

Hélas! mon chagrin est extrême :
C'est en vain qu'il veut que je l'aime.
A celui qui fait mon malheur
Faut-il devoir un tel honneur!

LE PRINCE DE NEUBOURG.

Oui, par cette faveur extrême,
Ici je m'honore moi-même.
Par ses exploits, par sa valeur,
Il mérite un pareil honneur.

CHOEUR.

De ce guerrier, que chacun aime,
Célébrons le bonheur suprême,
Et le grand prince dont le cœur
Sait ainsi payer la valeur.

ACTE I, SCÈNE V.

Mlle DE WEDEL, bas au prince de Neubourg.

A merveille! Tous les jours de nouveaux progrès; mais vous n'avez pas encore pensé à demander des nouvelles de son altesse.

LE PRINCE, de même.

Étourdi que je suis! (Haut à la princesse.) Votre altesse ne s'est pas ressentie de l'accident de ce matin?

LA PRINCESSE.

Non; j'ai eu plus de peur que de mal. Mais comment tout cela s'est-il passé? et quel est donc mon libérateur?

LE PRINCE.

Je voudrais pouvoir dire que c'est moi; mais j'ai, au contraire, une peur horrible que cet accident-là ne soit de ma façon; et j'en suis d'autant plus désolé que j'avais promis à la baronne de Wedel de ne pas faire une seule gaucherie d'aujourd'hui. J'étais penché sur le traîneau de votre altesse que je conduisais; et dans le moment vous m'avez dit : Prince de Neubourg, j'ai besoin de vous voir et de vous parler.

M. DE LINSBERG, vivement.

Ah! son altesse vous disait...

LE PRINCE.

Ce sont ses propres paroles, et j'écoutais si attentivement que je n'ai plus pensé au traîneau, qui s'est dirigé tout seul; et, ma foi, sans monsieur de Linsberg...; car c'est lui, vous ne vous en doutiez pas, c'est lui qui a encore remporté tout l'honneur de cette expédition navale; ce qui est fort beau, surtout pour un général de cavalerie.

M. DE LINSBERG, regardant la princesse.

Je suis fâché, monseigneur, que cet accident ait interrompu votre conversation avec son altesse.

LA PRINCESSE.

Un pareil entretien n'avait rien de bien intéressant.

LE PRINCE.

N'est-ce pas? Et puis cela se retrouvera; vous me l'avez promis!

LA PRINCESSE, embarrassée.

Oh! certainement...; il est fort indifférent que ce soit... Mais qu'avez-vous, monsieur de Linsberg? vous paraissez souffrir; peut-être est-ce de ce matin.

M. DE LINSBERG.

Votre altesse est trop bonne de daigner s'en apercevoir; qu'importe?

LA PRINCESSE.

On ouvre chez le grand-duc. (A Linsberg, qui fait un mouvement pour sortir.) Ne venez-vous pas lui faire votre cour?

M. DE LINSBERG.

Oui, madame. (A part.) Je veux tout examiner, ne pas les perdre de vue! Fut-il jamais situation pareille à la mienne! être mari, être jaloux, et ne pouvoir se plaindre!

Mlle DE WEDEL, à qui le prince offre la main.

A quoi pensez-vous donc? La main à son altesse!

LE PRINCE DE NEUBOURG.

Dieux! quelle faute!

ACTE I, SCÈNE VI.

Mlle DE WEDEL.

Et de deux!

(Le prince de Neubourg se précipite vers la princesse, et lui offre sa main; en ce moment, Linsberg, qui présentait la sienne, la retire en s'inclinant respectueusement.)

M. DE LINSBERG, à part.

Jusqu'à l'étiquette qui conspire contre moi!

(Ils sortent tous par la porte à droite du spectateur.)

SCÈNE VI.

Mlle DE WEDEL, *seule, regardant sortir Linsberg.*

RÉCITATIF.

Des succès de Linsberg que mon ame est ravie!
Mais n'a-t-il pas déja trop de place en mon cœur?
Non, non, je ne serai jamais que son amie:
   Ce titre seul suffit à mon bonheur.

AIR

  Tendre amitié, ton flambeau tutélaire
Vaut mieux pour nous que celui des amours;
   Sans nous tromper il nous éclaire,
Et brille encor, même après nos beaux jours.

Combien de fois Linsberg sécha mes larmes,
   Dont personne n'avait pitié:
De mes plaisirs il augmentait les charmes,
De mes chagrins il prenait la moitié.

  Tendre amitié, ton flambeau tutélaire
Vaut mieux pour nous que celui des amours:
   Sans nous tromper il nous éclaire,
Et brille encor, même après nos beaux jours.
   Mais quand j'y pense, cependant,
Si mon ami devenait un amant...

Chassons cette vaine folie,
Reprenons ma gaîté chérie :
Sans lui, plus d'un adorateur
Déja se dispute mon cœur.
Coquette, légère et frivole,
Je veux que Linsberg soit puni ;
Tous les amans que je désole
Vont aujourd'hui payer pour lui.

SCÈNE VII.

Mlle DE WEDEL, LINSBERG, *sortant de chez le grand-duc, d'un air agité.*

Mlle DE WEDEL.

Eh, mon Dieu ! qu'avez-vous donc ?

M. DE LINSBERG.

Rien. Je vous quitte ; je m'éloigne !

Mlle DE WEDEL.

Qu'est-il donc arrivé ?

M. DE LINSBERG.

Je ne sais ; mais c'est un parti pris. Le prince de Neubourg ne quitte pas son altesse, il est sans cesse auprès d'elle. (A part.) Et ce monsieur de Valborn, qui semblait prendre plaisir à me le faire remarquer. (Haut.) Enfin, dans un moment où de nouveau la princesse lui présentait la main, je l'ai vu distinctement, il a osé la porter à ses lèvres !

Mlle DE WEDEL.

Au fait, c'est peu convenable ; mais on peut lui pardonner.

M. DE LINSBERG.

Lui pardonner ! Je me suis élancé vers lui...

Mlle DE WEDEL, vivement.

Hé! pourquoi donc, monsieur? Qu'est-ce que cela vous fait?

M. DE LINSBERG.

Qui? moi? je l'ignore. Mais enfin dans ce mouvement j'ai heurté par mégarde M. de Valborn, qui sans doute s'en est formalisé : je ne sais ce que je lui ai répondu ; mais c'est sur lui qu'est retombé mon ressentiment. Je n'étais plus à moi.

Mlle DE WEDEL.

O ciel! vous l'avez défié?

M. DE LINSBERG.

Je le crois.

Mlle DE WEDEL.

Devant des femmes! devant la princesse!

M. DE LINSBERG.

Devant le monde entier.

Mlle DE WEDEL.

Manquer à ce point de respect!

M. DE LINSBERG.

Je me suis aperçu de ma faute à l'air sévère du grand-duc, aux murmures des courtisans ; mais il était trop tard, la princesse m'avait donné l'ordre de sortir de sa présence.

Mlle DE WEDEL.

Pouvait-elle faire autrement?

M. DE LINSBERG.

Je le sais. (Regardant par le fond.) C'est monsieur de Valborn.

Mlle DE WEDEL.

Grand Dieu! qu'allez-vous faire?

M. DE LINSBERG.

Rien, je vous le promets; m'informer seulement de ce qui s'est passé.

SCÈNE VIII.

Les précédens; M. de VALBORN.

M. DE VALBORN.

Mademoiselle de Wedel, la princesse va se retirer dans son appartement, et vous a fait demander.

Mlle DE WEDEL.

Je me rends auprès de son altesse.

(Fausse sortie... Elle entre dans l'appartement à gauche, et reparaît de temps en temps.)

M. DE VALBORN.

Je suis désolé, monsieur le comte, d'avoir de mauvaises nouvelles à vous annoncer. Jamais, je crois, le grand-duc, dont vous étiez le favori, ne s'est montré aussi sévère. Mais sans doute la vue de sa fille...

M. DE LINSBERG.

Quoi! la princesse...

M. DE VALBORN.

Elle était tellement indignée, que j'ai vu des larmes dans ses yeux. Aussi le grand-duc, qui l'adore, a partagé son ressentiment; et, sans les instances de vos amis, peut-être n'eût-il pas borné à six mois d'exil...

M. DE LINSBERG.

Je vous entends; mais je m'étonne que ce soit vous, monsieur, qu'il ait chargé de me l'apprendre.

M. DE VALBORN.

Je suis venu de moi-même, monsieur; nous avions

à reprendre une conversation que la présence de son altesse a interrompue, et je suis maintenant aux ordres de monsieur de Linsberg.

M. DE LINSBERG.

Je compte ce soir-me promener dans le parc; aurai-je l'honneur de vous y rencontrer?

M. DE VALBORN.

Ce soir? non; vous savez que c'est la fête de son altesse, et qu'il y a un grand bal. Mon devoir m'oblige d'y paraître (avec intention), moi qui n'ai pas la même liberté que vous.

M. DE LINSBERG.

Il suffit. A demain donc le plus tôt possible.

M. DE VALBORN.

A demain. (Il sort.)

SCÈNE IX.

M. DE LINSBERG, Mlle DE WEDEL.

Mlle DE WEDEL.

Eh bien!...

M. DE LINSBERG.

Quoi! vous étiez encore là?

Mlle DE WEDEL.

Oui : parlez; que vous a-t-il dit?

M. DE LINSBERG.

Pendant six mois l'on m'exile de la cour.

Mlle DE WEDEL.

Ah! voilà ce que je craignais.

M. DE LINSBERG, à part.

Elle pleurait, et c'est moi qui l'afflige, qui l'outrage! mais partir sans la voir, sans me justifier! (Haut.) Baronne, conduisez-moi vers elle; il faut que je la voie, que je lui parle.

Mlle DE WEDEL.

Y pensez-vous? ne vous a-t-on pas donné l'ordre de vous éloigner?

M. DE LINSBERG.

Oui, sans doute : aussi je veux lui parler; mais à elle seule.

Mlle DE WEDEL, d'un air étonné.

Ernest, Ernest, vous n'y êtes plus. Un entretien particulier quand elle vous a banni de sa présence!

M. DE LINSBERG.

Oui, oui, vous avez raison; je ne sais ce que je veux.

RÉCITATIF.

O ciel! après trois mois d'absence...
Sans pouvoir lui parler, m'éloigner de ces lieux!
Et dévorer encor mes chagrins en silence!
Ah! plaignez-moi! je suis bien malheureux!

DUO.

Il faut partir,
Partir encore!
Hélas! j'ignore
Mon avenir.
(A part.)
Mais auprès d'elle
Mon cœur fidèle
Reste en ce lieu.
Adieu! adieu!

Mlle DE WEDEL.

Eh quoi! partir,
Partir encore!
Hélas! j'ignore
Notre avenir!

ACTE I, SCÈNE IX.

Mais un cœur tendre,
Pour vous défendre,
Reste en ce lieu.
Adieu! adieu!

M. DE LINSBERG.

Quoi! me bannir de sa présence!

Mlle DE WEDEL.

Qu'avez-vous fait? quelle imprudence!

M. DE LINSBERG.

Hélas! mon crime est bien plus grand.

(A part.)

O Louise! ô ma noble épouse!
J'ai pu, dans ma fureur jalouse,
Te soupçonner un seul instant;
J'ai mérité mon châtiment.

ENSEMBLE.

M. DE LINSBERG.

Il faut partir,
Partir encore!
Hélas! j'ignore
Mon avenir.
Mais un cœur tendre,
Pour me défendre,
Reste en ce lieu.
Adieu! adieu!

Mlle DE WEDEL.

Eh quoi! partir,
Partir encore!
Hélas! j'ignore
Notre avenir.
Mais un cœur tendre,
Pour vous défendre,
Reste en ce lieu.
Adieu! adieu!

Linsberg sort par le fond, et Mlle de Wedel par la gauche du spectateur.)

FIN DU PREMIER ACTE.

ACTE SECOND.

Même décoration.

SCÈNE PREMIÈRE.

WILHEM, GARÇONS JARDINIERS, DOMESTIQUES, HOMMES ET FEMMES DU CHATEAU, *entrant par le fond.*

CHOEUR.

De fleurs et de festons
Décorons ces salons ;
Pour cette auguste fête,
Amis, que tout s'apprête ;
Et que tout vienne offrir
L'image du plaisir.

WILHEM.

Du bal déja la salle est préparée ;
D'arbustes et de fleurs mes soins l'ont décorée.
Que ces grands seigneurs sont heureux !
Tous les plaisirs sont faits pour eux :
C' matin un' cours' magnifique,
Maint'nant des dans's, d' la musique.

(A voix basse.)

Mais écoutez-moi bien. Tantôt l'on a laissé
Des traîneaux sur le lac glacé,
Et nous pourrions, pendant la fête,
Nous donner en cachette
Un plaisir de grand seigneur.

TOUS.

Un plaisir de grand seigneur.

ACTE II, SCÈNE I.

WILHEM, à une des jeunes filles.

De vous conduir' j'aurai l'honneur ;
Ne craignez rien, jeune fillette,
Et comme dit la chansonnette...

TOUS.

Voyons, voyons : que dit la chansonnette?

COUPLETS.

WILHEM.

PREMIER COUPLET.

Lorsque l'hiver enchaîne les flots,
Jeunes beautés, avec audace,
Accourez à ces plaisirs nouveaux :
L'Amour peut guider vos traîneaux :
Nul danger ne vous menace.
Mais il est au printemps
Des périls bien plus grands :
Près de vous quand avec grace
Un danseur vient soudain
Vous présenter la main.
Ma Suzon,
Ma Lison,
Pour danser,
Pour valser,
Ne va pas te presser.
Il est plus dangereux de glisser
Sur le gazon que sur la glace.
Il est trop dangereux de glisser ;
Fillettes, craignez de danser.

DEUXIÈME COUPLET.

Quand, sur la glace, en traîneau brillant
Gaîment on passe et l'on repasse,
Si parfois arrive un accident,
On se relève promptement :
Sans danger l'on se ramasse.
Mais sur l'herbe, en dansant,
Ah ! c'est bien différent !

Du faux pas qui la menace,
Une fillette, hélas!
Ne se relève pas.
　　Ma Suzon,
　　Ma Lison, etc. etc.

TROISIÈME COUPLET.

Sans te troubler, laisse, vieux mari,
Ta femme courir sur la glace :
L'Amour n'est là qu'un enfant transi ;
Ailleurs il est plus dégourdi :
C'est au bois qu'il vous menace.
　　Qu'un tendron imprudent
　　Fasse un' chute en dansant,
　　Pour l'époux quell' disgrace!
　　Car c'est lui, tout à coup,
　　Qui r'çoit le contre-coup.
　　Ma Suzon,
　　Ma Lison, etc. etc.
Mais taisons-nous, faisons silence.
C'est le grand-duc qui s'avance.

CHOEUR.

C'est lui-même! c'est monseigneur!

WILHEM.

Vite à l'ouvrage, et tous avec ardeur.

REPRISE DU CHOEUR.

De fleurs et de festons
Décorons ces salons ;
Pour cette auguste fête,
Amis, que tout s'apprête ;
Et que tout vienne offrir
L'image du plaisir.

(Sur la ritournelle ils saluent le grand-duc qui entre, et qui de la main
leur fait signe de se retirer.)

(Ils sortent.)

SCÈNE II.

LE GRAND-DUC, LE PRINCE DE NEUBOURG, *qui sont entrés ensemble par la gauche du spectateur.*

LE GRAND-DUC.

Je vous le répète, prince de Neubourg, c'est contre mon gré ; mais puisque vous l'exigez...

LE PRINCE.

Oui, sans doute ; je me suis déja brouillé avec la princesse, et je crois, monseigneur, que j'aurais aussi le courage de me fâcher avec votre altesse, si elle me refusait la grace que je lui demande.

LE GRAND-DUC, souriant.

Je vois qu'il est bon d'être de vos amis : Linsberg restera. Qu'il vienne aujourd'hui seulement quand nous serons tous ici réunis, faire des excuses à ma fille, et que pendant huit ou dix jours il s'abstienne de paraître devant elle.

LE PRINCE.

Je vous remercie, monseigneur ; je n'attendais pas moins de votre altesse ; et la preuve, c'est que d'avance j'avais fait prévenir monsieur de Linsberg de se rendre ici auprès de moi.

LE GRAND-DUC, souriant.

A la bonne heure! Ce qui m'inquiète maintenant, c'est votre réconciliation avec ma fille : je crois cependant que ce n'est pas impossible, et qu'un simple billet, quelques phrases de galanterie...

LE PRINCE.

Des phrases de galanterie! Vous trouvez cela facile?

LE GRAND-DUC.

Pour vous, sans doute, qui êtes toujours d'une recherche, d'une attention!... Je n'en veux d'autres preuves que ce que je vois, (regardant autour de lui) des fleurs nouvelles! dans le mois de janvier! voilà qui est admirable!

LE PRINCE.

Vous trouvez?... J'en suis enchanté! C'est une idée de mademoiselle de Wedel; car pour moi je ne me serais jamais avisé de dévaster toutes les serres des environs pour offrir à ces dames des roses au milieu de l'hiver. J'avoue que j'aurais eu la patience et la bonhomie d'attendre le printemps.

LE GRAND-DUC.

Adieu, prince; à tantôt. Vous viendrez me prendre pour la fête; je vous attendrai.

(Il sort par la droite.)

SCÈNE III.

LE PRINCE, *seul, s'approchant de la table.*

Allons donc, puisqu'il le faut, essayons une épître de réconciliation; j'aimerais autant avoir à faire un traité de paix : il n'y a qu'à signer.

SCÈNE IV.

LE PRINCE, M. DE LINSBERG.

M. DE LINSBERG, à part dans le fond.

Quel peut être le motif du prince de Neubourg, en me priant de suspendre mon départ? aurait-il quelques soupçons? Eh bien, tant mieux! Je le connais assez brave pour ne s'en rapporter qu'à lui-même du soin de venger une offense; c'est tout ce que je demande.

LE PRINCE, déchirant une feuille de papier.

Je crois vraiment que je n'en viendrai jamais à bout. (Se levant et apercevant Linsberg.) Ah! c'est vous, mon cher comte! venez donc; j'ai de bonnes nouvelles à vous apprendre.

M. DE LINSBERG.

A moi, monseigneur!

LE PRINCE.

Vous ne quittez plus la cour,... vous nous restez, on a obtenu votre grace.

M. DE LINSBERG.

Et qui a donc osé la demander?

LE PRINCE.

Moi!

M. DE LINSBERG.

Vous! mon prince?

LE PRINCE.

Oh! ce n'est pas sans peine! J'ai eu une explication très-vive avec le grand-duc, et je suis sérieusement fâché avec la princesse.

M. DE LINSBERG, avec joie.

Il se pourrait!...

LE PRINCE.

C'est comme je vous le dis; mais j'ai déclaré que vous étiez mon ami, mon meilleur ami; que si vous partiez, je vous suivrais; et ma foi, mon cher, c'est arrangé, je reste, et vous aussi.

M. DE LINSBERG.

Comment, mon prince, il serait vrai! (A part.) Allons, il n'y a pas moyen de chercher querelle à un homme comme celui-là!

LE PRINCE.

On exige seulement que vous fassiez tantôt ici de légères excuses à son altesse, et que vous soyez huit ou dix jours sans vous présenter à la cour.

M. DE LINSBERG.

Grand Dieu! huit ou dix jours!

LE PRINCE.

Oui; ce n'est pas là le plus terrible, parce qu'il paraît que vous êtes comme moi, et que la cour ne vous amuse pas autrement. — Ainsi, c'est toujours ça de gagné. Nous irons à la chasse, nous passerons des revues, nous commanderons des manœuvres, enfin, vous ne me quitterez pas d'un moment; en revanche, mon cher ami, il faut que vous me rendiez un service. J'exige votre parole.

M. DE LINSBERG, vivement.

Je vous la donne, monseigneur. (A part.) Trop heureux de m'acquitter envers lui!

LE PRINCE.

Eh bien, mon cher, grâce à vous me voilà brouillé

avec la princesse; il faut qu'à votre tour vous nous raccommodiez.

M. DE LINSBERG.

Moi, monseigneur?

LE PRINCE.

Oui, mes conseillers ont pensé pour moi à ce mariage, qui est en effet fort avantageux, puisqu'il réunirait en ma personne la maison de Souabe à celle de Neubourg; mais, par malheur, on ne peut se marier sans faire sa cour... Moi, je n'y entends rien, et, sans la petite baronne de Wedel qui a bien voulu me donner des leçons...

M. DE LINSBERG.

Ah! la baronne de Wedel...

LE PRINCE.

Oui, elle me fait répéter; et, si vous voulez que je vous le dise, les répétitions m'amusent beaucoup plus que tout le reste! Mademoiselle de Wedel est peut-être la seule personne de la cour avec qui je sois à mon aise. J'arrive auprès d'elle triste, découragé; quand je la quitte, je suis toujours content de moi. Ses éloges m'enchantent, et j'ai même du plaisir à être grondé par elle... Ah! si c'était là la princesse, je ne serais pas embarrassé et mon mariage serait déjà fait, mais l'aventure d'aujourd'hui va encore me reculer de quinze jours; et, si vous ne venez pas à mon secours, il n'y a pas de raison pour que cela finisse.

M. DE LINSBERG.

En s'adressant à moi, votre altesse oublie que d'ici à dix jours je ne puis me présenter devant la princesse, qu'il m'est impossible de la voir, de lui parler.

LE PRINCE.

Aussi n'est-ce pas là ce que je vous demande. Le grand-duc m'a conseillé d'écrire; mais c'est une chose terrible que cette lettre! Écoutez; (en confidence) vous êtes homme d'esprit et homme d'honneur; on peut se fier à vous, et si vous le voulez, nous allons la composer ensemble.

M. DE LINSBERG, à part.

En vérité, voilà une amitié désespérante! (Haut.) Et comment d'ailleurs faire remettre ce billet à la princesse sans la compromettre?

LE PRINCE.

Dès que le grand-duc le permet, vous sentez qu'il y a mille moyens.

M. DE LINSBERG, inquiet.

Sans doute par mademoiselle de Wedel?

LE PRINCE.

Y pensez-vous? charger cet enfant d'un pareil message! Mettez-vous là, et écrivez; c'est tout ce que je demande.

M. DE LINSBERG, à part.

Comment le refuser? et que dira Louise en voyant cette écriture qu'elle connaît si bien?

(Il se met à la table.)

SCÈNE V.

LE PRINCE DE NEUBOURG; LINSBERG, *à la table, écrivant;* WILHEM, *entrant par une des portes du fond, et tenant une corbeille de fleurs.*

LE PRINCE.

Ah! c'est toi, Wilhem; attends-moi. (Allant à Linsberg.) Allez toujours, je suis à vous; surtout rien de langoureux, parce que ce n'est pas mon genre.

M. DE LINSBERG.

J'aimerais mieux que votre altesse daignât me dicter.

LE PRINCE.

Non : j'ai beaucoup plus de confiance dans vos talens que dans les miens. J'oubliais de vous dire que la princesse m'avait demandé ce matin un moment d'entretien.

M. DE LINSBERG.

Oui, je le sais.

LE PRINCE.

Vous pouvez lui rappeler cela. (A Wilhem.) Hé bien, mon garçon, mes ordres sont-ils exécutés?

WILHEM.

Vous le voyez, monseigneur; et certainement des bouquets comme ceux-là, dans cette saison, il y a de quoi faire de l'honneur à un jardinier.

LE PRINCE.

C'est toi qui es celui du château?

WILHEM.

Non, monseigneur, je ne suis encore que sousjardinier, et je venons demander à votre altesse s'il n'y a pas moyen de supplanter stila qui est en chef, et de me mettre à sa place.

LE PRINCE.

Ah! tu as de l'ambition?

WILHEM.

Oh! une ambition d'enragé! çà, je peux ben m'en vanter; j'en ai comme un chambellan; v'là pas plus de quinze jours que maître Pierre m'a fait entrer dans les potagers de son altesse, et je voudrais déja me pousser dans les jardins d'agrément, les cascades, les labyrinthes, parce qu'il n'y a que cela pour arriver.

LE PRINCE.

Oui, je vois que tu es pour les chemins tortueux; car il me semble que ce maître Pierre qui t'a fait entrer ici est celui que tu voudrais supplanter.

WILHEM.

Comme de juste! v'là quinze ans qu'il y est, et moi j'arrivons; c'est à mon tour.

TRIO.

M. DE LINSBERG, qui pendant tout ce temps a écrit, se lève, et présente la lettre au prince.

Voici ce que je viens d'écrire;
Monseigneur voudrait-il le lire?

LE PRINCE.

C'est bien; je m'en rapporte à vous :
Ces billets se ressemblent tous.

(Il prend le papier; et, au moment où il va y jeter les yeux, il aperçoit la corbeille de roses que tient Wilhem, et, comme frappé d'une idée soudaine, il dit à M. de Linsberg en lui montrant les roses :)

Eh mais!... voici, pour porter un message,
Un confident et galant et discret!

ACTE II, SCÈNE V.

M. DE LINSBERG.

Eh quoi! votre altesse voudrait...

LE PRINCE, vivement.

Ajoutez les phrases d'usage,
Et fermez vite ce billet.

M. DE LINSBERG, s'approchant de la table, et tournant le dos au prince.

Ah, grands dieux! quel projet!

ENSEMBLE.

M. DE LINSBERG.

Cet heureux artifice
Peut réussir, je croi.
O fortune propice!
Protége-moi.

WILHEM, au prince.

Pour que je réussisse
Il m' faut d' l'appui, je croi.
Ah! soyez-moi propice,
Protégez-moi.

LE PRINCE.

Ce galant artifice
Lui plaira, je le croi.
Amour, sois-moi propice,
Protége-moi.

(Après cet ensemble, M. de Linsberg déchire la lettre qu'il vient de faire, et écrit à la hâte quelques lignes sur une feuille de papier qu'il ploie, et à laquelle il met un pain à cacheter.)

LE PRINCE, à Wilhem.

Eh bien! sans déplacer personne,
Je veux, Wilhem, te rendre heureux

WILHEM.

Si c'est possibl'! J'ai l'ame bonne,
Et je ne demande pas mieux;
Aussi c'est sur vous que je compte;
Parlez, disposez de mes talens.

(M. de Linsberg s'approche, et remet la lettre au prince.)

LE PRINCE.
C'est à merveille. Mon cher comte,
Recevez mes remercimens.

ENSEMBLE.
M. DE LINSBERG, avant de sortir,
et regardant toujours la lettre.
Cet heureux artifice
Peut réussir, je croi.
O fortune propice !
Protége-moi.

WILHEM.
Pour que je réussisse
Il m' faut d' l'appui, je croi.
Ah ! soyez-moi propice,
Protégez-moi.

LE PRINCE.
Ce galant artifice
Lui plaira, je le croi.
Amour, sois-moi propice,
Protége-moi.

(Linsberg sort par le fond.)

SCÈNE VI.

LE PRINCE, WILHEM.

LE PRINCE, à Wilhem.

Écoute ce que je vais te dire : tu remettras à chacune des dames d'honneur de la princesse un de ces bouquets pour le bal de ce soir ; et celui-ci, cette touffe de roses, (cachant la lettre entre les fleurs) sera pour la princesse : tu m'entends bien ?

WILHEM.
Oui, monseigneur. Dirai-je de quelle part ?

LE PRINCE.
Eh, non ! (montrant la lettre en souriant) elle le verra bien. D'ailleurs, quel autre que moi oserait...

WILHEM.

Et y aura-t-il réponse?

LE PRINCE.

Réponse? je n'en sais rien. Eh mais! je n'y avais pas pensé. Il faut savoir ce que je demande. (Rouvrant la lettre.) Voyons. Hum! hum! Il me semblait d'abord qu'il y en avait plus long. (Lisant.) « Grace, grace, « madame; si vous saviez combien je vous aime, et « combien je suis malheureux de vous avoir déplu! » *De vous avoir déplu!* Voilà de ces phrases que je craignais, et dont je lui parlais tout à l'heure; ça ne dit rien, et ça ne va pas au fait. (Continuant.) « Si je ne « vous suis pas le plus indifférent des hommes, si « notre union ne vous est pas odieuse, daignez m'ac- « corder après le bal un instant d'entretien. » (Il s'arrête étonné.) Hein! moi qui lui reprochais d'être trop res- pectueux! il me semble, au contraire, qu'il me fait aller un peu vite. (Continuant.) « Si vous accueillez ma « demande, laissez tomber tantôt votre bouquet devant « moi, et je comprendrai que Louise me pardonne. »

Allons, allons, voilà qui est plus galant; parce qu'au fait, ce bouquet qui servira de réponse... C'est assez hardi, mais ce n'est pas mal, et je suis content de mon secrétaire. Après tout, qu'est-ce que je risque? La princesse m'avait demandé un entretien; c'est ce- lui-là que je lui indique; et si on me refuse; si, comme je le crois bien, le bouquet reste en place, nous serons aussi avancés qu'auparavant; nous en se- rons quittes pour continuer une guerre d'observa- tion. (Remettant la lettre dans le bouquet, et le donnant à Wilhem.) Le sort en est jeté! Tu attendras ici la princesse sur son passage, et tu lui remettras ce bouquet sans rien dire.

WILHEM.

Oui, monseigneur.

LE PRINCE.

Et il n'y a pas de réponse.

WILHEM.

Non, monseigneur. Et tenez, je croyons que v'là son altesse qui veniont de ce côté.

LE PRINCE.

Eh, mon Dieu! déja! Et le grand-duc qui m'attend; courons le rejoindre.

(Il sort par la porte à droite des spectateurs.)

SCÈNE VII.

WILHEM, *qui se tient à l'écart;* LA PRINCESSE, *en robe de bal et en grande parure;* LA COMTESSE DE DRAKENBACK, *qui reste derrière la princesse.*

LA PRINCESSE, à part.

L'ingrat! oser me soupçonner! lorsque j'ai tout sacrifié pour lui; et le plus cruel encore, il me force, moi, à l'éloigner, à le bannir.

WILHEM, s'avançant.

Je demandons bien des excuses à votre altesse si j'osons l'interrompre. Ce sont des fleurs que je venions lui offrir.

LA COMTESSE.

En effet, madame, des fleurs dans cette saison!

LA PRINCESSE.

Oui, elles sont fort belles.

WILHEM.

Oh! elles sont encore plus étonnantes que vous ne le croyez!

LA PRINCESSE.

Que veut-il dire avec ses signes?

WILHEM.

Et v'là un bouquet de roses dont votre altesse me dira des nouvelles.

LA PRINCESSE, apercevant la lettre qui est dans les roses.

Qu'ai-je vu? (A part.) C'est de lui! (Froidement, et prenant le bouquet.) C'est bien, je l'accepte, et je reconnaîtrai cette attention.

WILHEM.

C'est que votre altesse ne se doute pas...

LA PRINCESSE, l'interrompant.

C'est bon, c'est bon; pose là cette corbeille, et laisse-nous.

LA COMTESSE.

Hé bien! n'as-tu pas entendu son altesse?

WILHEM.

Il n'y a pas de doute; c'est au contraire son altesse qui ne m'entend pas. (A part.) Ça m'est égal; v'là toujours ma commission faite; arrivera ce qu'il pourra.

(Il sort.

SCÈNE VIII.

LA PRINCESSE, LA COMTESSE.

LA COMTESSE.
Voilà un jardinier fort extraordinaire.
LA PRINCESSE.
Il s'attendait à quelque récompense, que je lui enverrai plus tard.
LA COMTESSE.
Est-ce que votre altesse ne se dispose pas à passer dans la salle du bal?
LA PRINCESSE.
J'y vais. Avertissez mademoiselle de Wedel et ces dames.
LA COMTESSE.
Elles y sont déja.
LA PRINCESSE.
Ah! c'est bien. Donnez-moi un autre éventail et des gants; ceux-là ne me conviennent pas.

SCÈNE IX.

LA PRINCESSE, *seule; prenant la lettre, l'ouvrant vivement, et la parcourant tout bas.*

« ..... Malheureux de vous avoir déplu... » Il est malheureux, et moi donc! (Continuant à lire tout bas, et s'interrompant.) Non, non, certainement, je ne lui accorderai pas; il n'en est pas digne. Mais quelle imprudence! oser confier un pareil secret à ce jardinier! ah! je ne le reconnais pas là.

(Elle cache la lettre dans son sein.)

SCÈNE X.

LA PRINCESSE ; LA COMTESSE, *rentrant avec des gants et un éventail qu'elle remet à la princesse*

LA COMTESSE.

Votre altesse est-elle contente de sa toilette?

LA PRINCESSE, *mettant ses gants et arrangeant le bouquet à son côté.*

Oui, oui; c'est fort bien.

LA COMTESSE.

Votre altesse veut-elle que j'attache ce bouquet?

LA PRINCESSE.

Non, c'est inutile. On vient.

SCÈNE XI.

Les précédens; LE GRAND-DUC, M. DE VALBORN, LE PRINCE DE NEUBOURG, Mlle DE WEDEL, SEIGNEURS ET DAMES DE LA COUR.

CHOEUR.

C'est par vous, aimable princesse,
Que le bonheur règne en ces lieux.
Vous devez à notre tendresse,
Et ces hommages et ces vœux.

LE GRAND-DUC, à la princesse.

Oui, pour que la fête commence,
On n'attend plus que ta présence.

6.

LA PRINCESSE.

Mon père, je suis vos pas.
(Regardant autour d'elle avec inquiétude.)
Non, je ne le vois pas.
(Avec un mouvement de joie.)
C'est lui!..

SCÈNE XII.

Les précédens; M. DE LINSBERG.

M. DE VALBORN, bas à la comtesse.
Quoi! dans ces lieux, aux regards de son maître,
Le comte ose reparaître!

LA COMTESSE, de même.
Monseigneur l'a voulu... nous allons, sans pitié,
Voir son orgueil humilié.

ENSEMBLE.

LE PRINCE.
Je tremble... j'espère.
Ce projet téméraire
M'enchante aujourd'hui.

M. DE LINSBERG.
Je tremble... j'espère.
Ce projet téméraire
Peut nous perdre aujourd'hui.

LE GRAND-DUC, regardant le prince.
Je tremble... j'espère.
A ma fille s'il peut plaire,
Mon plan a réussi.

VALBORN ET LA COMTESSE.
Qu'il tremble... j'espère
Bientôt, par mon savoir-faire,
Perdre le favori.

M. DE LINSBERG, sur un signe du grand-duc, s'avançant respectueusement près de la princesse.
D'un insensé, d'un téméraire,
Daignez, princesse, accueillir la prière!

ACTE II, SCÈNE XII.

Excusez un instant d'oubli,
Dont son cœur est déjà puni.
(La princesse reste immobile et sans le regarder.)
Mais je vois, à votre silence,
Que vous ne sauriez pardonner;
Hélas! et de votre présence
Pour jamais il faut m'éloigner.

(Il fait un pas pour se retirer... La princesse détache doucement son bouquet avec sa main gauche, et le laisse tomber en ce moment.)

LE PRINCE, qui a suivi tous ses mouvemens.

Quel bonheur! elle y consent!
A mes vœux on daigne se rendre.

M. DE LINSBERG, à part.

Quel bonheur! elle y consent!
Cette nuit elle va m'entendre.

LA COMTESSE, qui au moment où le bouquet est tombé s'est précipitée pour le ramasser, le rend à la princesse.

Je l'avais dit; mais votre altesse
N'a pas voulu qu'on l'attachât.

LE PRINCE.

Oui, de cette fête, princesse,
Vos attraits vont doubler l'éclat.

LE MARQUIS ET LA COMTESSE.

ENSEMBLE.

Ah! pour moi, je suis d'une ivresse!
On éloigne le favori.

LINSBERG.

Ah! rien n'égale mon ivresse!
A me voir elle a consenti.

LE PRINCE.

Ah! rien n'égale mon ivresse!
Notre projet a réussi.

Mlle DE WEDEL.

Je n'ai jamais vu la princesse
Aussi sévère qu'aujourd'hui.

M. DE LINSBERG, à part.

Cette nuit!

LE PRINCE, de même.
Cette nuit!

LA PRINCESSE, de même.
Cette nuit!

LE PRINCE ET M. DE LINSBERG.
Ah! c'est charmant!

LA PRINCESSE.
Ah! mon cœur tremble en y pensant!

ENSEMBLE.

Mlle DE WEDEL.
Je tremble... j'espère.
Mais d'où vient la colère
Qu'elle a contre lui.

LE GRAND-DUC.
Je tremble... j'espère.
A ma fille il doit plaire.
Mon plan a réussi.

LA PRINCESSE.
Je tremble... j'espère.
Ce projet téméraire
Peut nous perdre aujourd'hui.

M. DE LINSBERG.
Je tremble... j'espère.
Ce projet téméraire
Peut nous perdre aujourd'hui.

LE PRINCE.
Je tremble... j'espère.
Ce projet téméraire
M'enchante aujourd'hui.

VALBORN ET LA COMTESSE.
Qu'il tremble... j'espère
Bientôt, par mon savoir-faire,
Perdre le favori.

(Le grand-duc donne la main à la princesse, le prince de Neubourg à Mlle de Wedel. Ils entrent tous par la porte à gauche, et M. de Linsberg sort par le fond.)

FIN DU SECOND ACTE.

ACTE TROISIÈME.

Le théâtre représente l'appartement de la princesse. Le décor est entièrement fermé. Tout le fond du théâtre est occupé par trois grandes croisées à vitraux gothiques. Au second plan, deux portes latérales; et à droite, sur le premier plan, une plus petite porte qui est censée celle d'un cabinet.

SCÈNE PREMIÈRE.

LA PRINCESSE, LA COMTESSE DE DRAKENBACK, PLUSIEURS FEMMES.

(La princesse est devant sa toilette, entourée de ses dames d'honneur, qui s'occupent à la déshabiller. La robe de bal que la princesse vient de quitter est étendue sur un fauteuil.)

LA PRINCESSE.

Je vous remercie, mesdames; que je ne vous retienne pas davantage. Il doit être tard, n'est-il pas vrai?...

LA COMTESSE.

Mais non, madame; minuit vient à peine de sonner.

LA PRINCESSE.

Minuit! il n'est que minuit!

LA COMTESSE.

Sans doute. A peine le grand-duc était-il rentré dans ses appartemens, que votre altesse a quitté la salle du bal... Une fête qui n'était donnée que pour elle...

LA PRINCESSE.

Il suffit, comtesse, il suffit; je ne me sens pas très bien, et vous me ferez plaisir de vous retirer.

LA COMTESSE.

Votre altesse n'y pense pas : mon devoir est de ne point la quitter, et je passerai la nuit auprès d'elle.

LA PRINCESSE.

Du tout, je ne le souffrirai pas; et, très sérieusement, ce serait me contrarier.

LA COMTESSE.

Puisque votre altesse l'exige, je rentre dans mon appartement; mais je ne me coucherai pas, et au moindre bruit...

LA PRINCESSE.

Mais voilà qui est encore pis, pour vous fatiguer, vous rendre malade; je vous défends de veiller, je veux que vous dormiez, entendez-vous, je le veux.

LA COMTESSE.

Dès que votre altesse l'ordonne... (Bas aux autres dames.) C'est égal, j'avertirai la baronne de Wedel, c'est elle qui doit être de service.

LA PRINCESSE.

Bonsoir, mesdames.

(La comtesse et les autres dames font la révérence, et sortent en emportant la robe de la princesse.)

SCÈNE II.

LA PRINCESSE, *seule, près de la porte.*

Bien, elles s'éloignent. J'entends ouvrir leurs appartemens; car c'est un fait exprès, ils donnent tous sur le corridor. Allons, elles causent encore! leurs bonsoirs n'en finissent pas. Grâce au ciel, toutes les

ACTE III, SCÈNE II.

portes se referment. Ah, mon Dieu! qu'on a de peine à être seule!

ROMANCE.

Dans ce palais on m'entoure, on m'adore :
De tant de soins comment me délivrer?
Le cœur chagrin, il faut sourire encore :
Fille de roi n'a pas droit de pleurer.

O toi! l'objet d'une ardeur légitime,
Cache-leur bien que tu m'as su charmer :
De mon amour ils te feraient un crime.
Fille de roi n'a pas le droit d'aimer!

Il va venir! mon ami! mon Ernest! Je vais donc te voir! mais à quel prix?... Il m'a fallu trahir mon secret, le confier à quelqu'un, et ce n'était pas à mon père! Pauvre baronne de Wedel! lorsqu'elle a appris que le comte de Linsberg était mon époux, quelle a été sa surprise! Oh! je le vois maintenant, et j'aurais dû m'en douter, elle était bien près de l'aimer. Chère Mathilde! avec quel zèle elle a promis de me servir!... Mais pourra-t-elle rejoindre le comte de Linsberg? pourra-t-elle lui faire parvenir cette clef? Et s'il était découvert? si on le voyait entrer ou sortir de mon appartement? Quelle imprudence! exposer à la fois mon repos, mon honneur, mon existence!... Oui, mais je vais le voir!... Il me semble qu'on marche dans ce corridor. Écoutons. Ah! comme mon cœur bat!... c'est lui! c'est Ernest! Courons lui ouvrir. (Elle ouvre la porte et s'écrie avec expression.) Ah! mon ami!... Ciel! mon père!...

SCÈNE III.

LA PRINCESSE, LE GRAND-DUC.

LE GRAND-DUC.

Je vois ta surprise; tu ne m'attendais pas à une heure semblable; mais j'ai aperçu de la lumière dans ton appartement, et comme je voulais te parler demain matin d'une affaire importante qui nous intéresse tous les deux, je n'ai pas eu la patience d'attendre.

LA PRINCESSE, à part.

Et lui, qui va venir!... Je suis perdue!...

LE GRAND-DUC.

Prends ce fauteuil... Oui... Comme tu me regardes!... Prends ce fauteuil... et causons de bonne amitié. (S'asseyant.) Sais-tu que je suis enchanté de mon idée? c'est une bonne fortune de pouvoir te parler librement et sans témoin; aussi je suis décidé à en profiter, et nous allons avoir une longue conférence... Eh bien! qu'as-tu donc?

LA PRINCESSE, assise et prêtant l'oreille du côté de la porte, à droite.

Rien. J'avais cru entendre...

LE GRAND-DUC.

Sois tranquille; qui veux-tu qui vienne ici à cette heure? Tu te doutes bien que je veux te parler du prince de Neubourg : il t'aime beaucoup, tu le sais. Ne serait-il pas convenable d'abréger le temps de son épreuve et de lui déclarer franchement tes sentimens?

ACTE III, SCÈNE III.

LA PRINCESSE, sans l'écouter, et regardant autour d'elle.

Oui... oui... certainement : je pense comme vous. (A part.) Ah, combien je souffre!

LE GRAND-DUC, souriant.

Comment, il serait vrai! Eh bien! je ne t'aurais pas crue aussi raisonnable, ni aussi disposée à m'obéir.

LA PRINCESSE, se levant de son fauteuil.

Moi! ah! croyez que désormais rien n'égalera ma soumission, mon obéissance.

LE GRAND-DUC.

Eh mais! je n'en ai jamais douté. (Se levant aussi.) Je craignais seulement que tu ne voulusses différer, demander du temps; mais puisque tu consens, demain je déclarerai publiquement ton mariage avec le prince de Neubourg.

LA PRINCESSE.

O ciel! que dites-vous?

LE GRAND-DUC.

Tu viens toi-même de m'y autoriser, et j'ai ta parole.

LA PRINCESSE.

Qui? moi! j'ai pu promettre!... Ah! si votre fille vous est chère, je vous prie, je vous supplie...

MORCEAU D'ENSEMBLE.

(Léger bruit indiqué par l'orchestre.)

LA PRINCESSE, écoutant.

O ciel!

LE GRAND-DUC.

Quelle frayeur t'agite?
Te voilà tremblante, interdite!
D'où vient le trouble où je te vois?

LA PRINCESSE, écoutant toujours.

C'en est fait... oui, oui, cette fois
Je ne me trompe pas, et tout mon sang se glace.
On vient... Ah! l'on vient! grace! grace!
Oui, mon père, quand vous saurez!..

LE GRAND-DUC.

Par la terreur vos traits sont altérés.
Parlez!

LA PRINCESSE.

C'est moi, c'est moi, mon père,
Qui mérite votre colère!

LE GRAND-DUC.

Que dites-vous?
(La porte à droite s'ouvre.)

LA PRINCESSE.
(A part.)
Apprenez... Dieux!
Ce n'est pas lui!

SCÈNE IV.

Les précédens ; Mlle DE WEDEL.

Mlle DE WEDEL.

Monseigneur en ces lieux!

LA PRINCESSE.
Quel destin tutélaire
L'envoie auprès de moi.
Ah! cachons à mon père
Mon trouble et mon effroi.

ENSEMBLE.

Mlle DE WEDEL.
Quel est donc ce mystère?
(A la princesse.)
Ne craignez rien, c'est moi!
Cachez aux yeux d'un père
Ce trouble et cet effroi.

ACTE III, SCÈNE IV.

LE GRAND-DUC.

Quel est donc ce mystère?

(Regardant Mlle de Wedel.)

Taisons-nous, je le doi;
Mais je saurai, j'espère,
D'où venait cet effroi.

(A Mlle de Wedel.)

Vous, baronne, chez la princesse!
Qui vous amène, à cette heure, en ces lieux?

Mlle DE WEDEL, au grand-duc.

Nous entendions du bruit chez son altesse.
Craignant pour ses jours précieux,
Notre gouvernante, éperdue,
Voulait venir, et je l'ai prévenue;
J'accourais...

LA PRINCESSE, à Mlle de Wedel.

Ah! quelle reconnaissance!

Mlle DE WEDEL.

Mais, par bonheur, je vois que ma présence
Est inutile, et je sors.

LE GRAND-DUC, la retenant.

Demeurez.

Adieu, ma fille, adieu, Louise.
Du trouble où je vous vois demain vous m'instruirez.

LA PRINCESSE.

Que voulez-vous que je vous dise?

LE GRAND-DUC.

Vous m'avez promis un aveu;
Je compte sur votre franchise.

LA PRINCESSE.

Mon père!...

LE GRAND-DUC.

Adieu, ma fille, adieu.

LA NEIGE.

ENSEMBLE.

LE GRAND-DUC.
Quel est donc ce mystère?
Taisons-nous, je le doi.
Mais je saurai, j'espère,
D'où venait cet effroi.

LA PRINCESSE.
Un trouble involontaire
Vient s'emparer de moi.
Ah! cachons à mon père
Mon trouble et mon effroi.

Mlle DE WEDEL.
Quel est donc ce mystère?
Comptez toujours sur moi;
Cachez aux yeux d'un père
Ce trouble et cet effroi.

(Le grand-duc sort.)

SCÈNE V.

LA PRINCESSE, Mlle DE WEDEL.

Mlle DE WEDEL, *le regardant sortir, et allant fermer la porte.*

Il s'éloigne.

LA PRINCESSE, *se jetant dans un fauteuil.*

Ah! Mathilde, j'ai cru que j'en mourrais.

Mlle DE WEDEL.

Ce n'est rien, madame; ce n'est rien. Rassurez-vous, l'orage est passé, et le beau temps va venir. Sans doute M. de Linsberg est ici?

LA PRINCESSE.

Non vraiment.

Mlle DE WEDEL.

Comment, non? Mais il devrait être arrivé depuis long-temps!

ACTE III, SCÈNE V.

LA PRINCESSE.

Je n'y conçois rien. Il faut que quelque heureux événement ait retenu ses pas, car sans cela il aurait rencontré mon père. Mais comment as-tu trouvé le moyen de lui faire parvenir cette clef?

Mlle DE WEDEL.

Allez, j'étais bien embarrassée! Moi, d'abord, et, contre mon habitude, je n'avais pas réfléchi. Je vous avais promis, en vous quittant, de le voir, de lui parler, de lui remettre cette maudite clef; parce que dans ce moment-là je ne pensais à rien qu'à vous rendre service, et à lui aussi. Mais comment faire? il était près de minuit, j'étais en costume de bal; le moyen de parvenir jusqu'à M. le comte de Linsberg, qui était sans doute retiré dans son appartement. En conscience, je ne pouvais pas le faire prévenir par son valet de chambre que la première dame d'honneur de son altesse désirait lui parler... Aussi je me désespérais, lorsque j'aperçois sous le vestibule, et près de la porte, Wilhem, ce garçon jardinier, qui aujourd'hui, à ce que vous m'aviez dit, vous avait déja remis un message. Écoute, lui dis-je, en lui glissant ma bourse dans la main, il faut ici du zèle et de la discrétion; remets cette clef à la personne qui tantôt t'a chargé de présenter un bouquet à la princesse. Je comprends, a-t-il dit, et il est parti.

LA PRINCESSE.

En effet, c'était le meilleur moyen. Ernest maintenant doit l'avoir reçue.

Mlle DE WEDEL.

Aussi je pense que M. le comte ne doit pas tarder à venir.

LA PRINCESSE.

Pourquoi ne dis-tu plus Linsberg, et ne l'appelles-tu que M. le comte?

Mlle DE WEDEL, troublée.

Je ne sais. (En souriant.) C'est peut-être depuis que votre altesse ne l'appelle plus qu'Ernest. Mais je vous vois troublée, inquiète.

LA PRINCESSE.

Oui. Il ne vient pas, et je crains que lui... que mon père... Ah! Mathilde, je suis bien malheureuse!

Mlle DE WEDEL, avec sentiment.

Malheureuse! pourquoi donc? puisqu'il vous aime? (Avec gaieté.) Allons, allons, ne pensons plus à cela, et ne soyons pas généreuse à demi. Je sais le moyen de calmer vos inquiétudes. (Elle va pour sortir.)

LA PRINCESSE.

Où vas-tu donc?

Mlle DE WEDEL.

Faire un ingrat, car je cours protéger son arrivée, et l'amener à vos pieds.

(Elle sort par la porte à droite.)

SCÈNE VI.

LA PRINCESSE, *seule, la regardant sortir.*

Bonne Mathilde! (Écoutant vers le fond.) Eh mais!... j'ai cru entendre du bruit; c'est vers ces croisées qui donnent sur le lac glacé. On frappe; qu'est-ce que cela veut dire? (Avec effroi.) Et Mathilde qui est partie! qui me laisse seule!

LINSBERG, en dehors, à voix basse.

Louise! Louise!

LA PRINCESSE.

Dieu! c'est sa voix!

(Elle court ouvrir, et Linsberg paraît enveloppé d'un manteau brun.)

SCÈNE VII.

LA PRINCESSE, M. DE LINSBERG.

LA PRINCESSE.

Quoi! c'est vous, mon ami! Comment arrivez-vous ainsi? On ne vous a donc pas remis la clef de ce pavillon?

M. DE LINSBERG.

Quelle clef?

LA PRINCESSE.

Celle que mademoiselle de Wedel vous a envoyée de ma part.

M. DE LINSBERG.

Du tout : je n'ai rien reçu, et je ne savais comment parvenir jusqu'à vous. Lorsque j'ai pensé que le froid excessif avait dû geler le lac qui s'étend jusque sous vos fenêtres, je me suis hasardé à le traverser, et je suis arrivé jusqu'ici sans accident, et sans que personne m'ait aperçu.

LA PRINCESSE.

Voyez donc, mon ami, quelle imprudence! Si la glace avait fléchi sous vos pas, si vous aviez couru le même péril que celui auquel vous m'avez arrachée ce matin! Ernest, promettez-moi de ne plus vous exposer ainsi.

M. DE LINSBERG.

Rassurez-vous, aucun danger; mais quand il y en aurait eu, que n'aurais-je pas bravé pour vous voir un seul instant, pour entendre de votre bouche mon pardon!

LA PRINCESSE.

Mon ami, que tout cela soit oublié; j'ai tant de choses à vous dire!

M. DE LINSBERG.

Oui, n'en parlons plus. Mais, convenez-en vous-même, Louise; ne m'avez-vous pas rendu bien malheureux?

LA PRINCESSE.

Et vous, n'avez-vous pas été bien injuste? Abuser de ma situation, me forcer devant toute la cour à vous dire des choses cruelles!... Oser me soupçonner, et bien plus, me le faire voir à moi qui ne peux me défendre, Ernest, est-ce généreux?

M. DE LINSBERG.

Mais encore pourquoi demander cette entrevue au prince de Neubourg?

ACTE III, SCÈNE VII.

LA PRINCESSE.

Ne prévoyant aucun moyen d'échapper à cet hymen, je voulais me confier à sa générosité, je voulais tout lui avouer. C'était le seul moyen de nous en faire un protecteur, un ami.

M. DE LINSBERG.

Quoi! c'était là votre motif?

LA PRINCESSE.

Oui, mais maintenant il n'en est plus temps : le grand-duc vient de m'annoncer que demain mon mariage serait déclaré publiquement à la cour.

M. DE LINSBERG.

Demain! grand Dieu!

LA PRINCESSE.

Oui, c'est demain. Quel parti prendre? Abandonner mon père, le priver de sa fille! jamais, Ernest, je ne pourrai m'y résoudre. Mais lui faire un aveu qui doit attirer sur vous sa colère...

M. DE LINSBERG.

Ah! s'il n'exposait que moi!

LA PRINCESSE.

Silence! Ernest!... n'entends-tu pas marcher?

M. DE LINSBERG.

Oui, j'entends dans le corridor les pas de plusieurs personnes.

SCÈNE VIII.

Les précédens ; Mlle DE WEDEL.

Mlle DE WEDEL.

Madame, madame, voici M. de Linsberg. (Apercevant Ernest.) Dieu! c'est lui. J'ai cru qu'il me suivait.

M. DE LINSBERG.

Que dites-vous?

Mlle DE WEDEL, lui faisant signe de la main.

Calmez-vous : c'est moi, moi seule, qui suis cause de tout! Empêchons du moins qu'on ne nous surprenne. Fermons cette porte. (Elle va fermer la porte qui est à droite des spectateurs, sur le second plan; et, en redescendant le théâtre, elle se trouve entre la princesse et M. de Linsberg.) Au milieu de l'obscurité, j'avais cru vous reconnaître dans le premier vestibule. Vous paraissiez incertain sur le chemin qu'il fallait prendre, et je vous avais indiqué à voix basse les moyens d'arriver jusqu'ici.

LA PRINCESSE.

Taisons-nous, on est près de la porte.

Mlle DE WEDEL.

Heureusement on n'entrera pas.

M. DE LINSBERG.

Si vraiment; j'entends le bruit d'une clef; quel est le téméraire?

Mlle DE WEDEL, montrant à la princesse la porte à gauche.

Rentrez, madame.

M. DE LINSBERG.

Oui, je veillerai sur vous.

Mlle DE WEDEL, *le poussant de l'autre côté.*

Non pas vous, mais moi. Si son honneur vous est cher ne vous montrez pas et laissez-moi faire. (Linsberg entre dans le cabinet à droite, sur le premier plan.) La porte s'ouvre... Allons, du courage.

SCÈNE IX.

Mlle DE WEDEL, *se jetant dans le fauteuil et prenant un livre sur la toilette;* LE PRINCE DE NEUBOURG, *entrant avec précaution par la porte à droite qui est sur le second plan.*

LE PRINCE.

Maudite serrure! J'ai cru qu'elle ne s'ouvrirait jamais.

Mlle DE WEDEL.

Que vois-je! le prince de Neubourg!

LE PRINCE, à part.

C'est une singulière chose qu'un rendez-vous! Il me semble presque que j'ai peur. Oui, parbleu, car je tremble. Allons, rassurons-nous et avançons. (Apercevant mademoiselle de Wedel dans le fauteuil.) C'est la princesse! Cette lecture l'occupe tellement qu'elle ne m'a pas entendu. (Toussant légèrement.) Hem.

Mlle DE WEDEL, *affectant la surprise, et laissant tomber son livre à terre.*

Ah! mon Dieu! Qui va là?

LE PRINCE, étonné.

Mademoiselle de Wedel!

Mlle DE WEDEL.

Quoi! c'est vous, monseigneur; comment vous trouvez-vous ici? Chez moi, à une heure pareille!

LE PRINCE.

Il se pourrait? je suis chez vous?

Mlle DE WEDEL.

Oui, sans doute, et je vous trouve bien hardi...

LE PRINCE.

Ne vous fâchez pas, baronne, je vous en prie.

Mlle DE WEDEL, à part.

Il tremble, prenons courage. (Haut.) Enfin, je vous le répète, comment vous trouvez-vous dans mon appartement?

LE PRINCE.

Tenez, baronne, si vous voulez que je vous le dise, je n'en sais rien. Mais tout ce qui m'arrive aujourd'hui est si extraordinaire que je me crois sous quelque maligne influence. Imaginez-vous qu'un jardinier du château m'apporte, il y a quelques heures, une clef de ce pavillon, de la part d'une dame d'honneur dont il ne peut me dire le nom.

Mlle DE WEDEL, à part.

Allons, Wilhem fait bien ses commissions.

LE PRINCE.

Oh! ce n'est rien encore, et vous allez voir les malheurs qui me sont arrivés; d'abord je rencontre à la porte extérieure un factionnaire sur lequel je ne comptais pas, et il m'a fallu, par le froid qu'il fait, attendre pendant une heure qu'il voulût bien s'endormir. Enfin, il s'y est décidé.

Mlle DE WEDEL, à part.

Voyez un peu comme les dames d'honneur sont gardées!

LE PRINCE.

Mais, arrivé dans un vaste vestibule où je voyais à peine, deux galeries se présentent; laquelle prendre? J'allais choisir au hasard, lorsque je crois entendre le bruit d'une robe, et une femme, légère comme une sylphide, passe rapidement à côté de moi en me disant à voix basse : « la galerie à gauche, la porte en face. » Et déja elle était disparue devant moi comme pour m'indiquer le chemin. Mais le plus étonnant, il est vrai que dans ce moment, baronne, je pensais à vous, c'est qu'un instant j'ai cru reconnaître votre voix.

Mlle DE WEDEL, vivement.

A moi, monseigneur?

LE PRINCE.

Mon Dieu, apaisez-vous! je dis que j'ai cru reconnaître... Comment voulez-vous que j'aille supposer... D'ailleurs la personne était beaucoup plus grande. Je vois que vous riez de mon aventure, mais il n'en est pas moins vrai que c'est d'après les avis de cette dame mystérieuse que je suis arrivé jusqu'ici.

Mlle DE WEDEL.

A la bonne heure! Mais tout cela ne m'apprend pas quels étaient vos desseins, et chez qui vous croyiez être dans ce moment.

LE PRINCE.

Chez qui? Ah! par exemple, baronne, vous qui souvent me donnez des leçons, vous me permettrez de vous dire que c'est une indiscrétion, à vous, de me faire une pareille demande. (Prenant un fauteuil et faisant le geste de s'asseoir.) Non pas que vous ayez toute ma confiance; mais vous sentez qu'il est impossible...

Mlle DE WEDEL.

Eh bien! n'allez-vous pas vous asseoir, vous établir ici? J'espère, monseigneur, que vous allez vous retirer, et vous devez vous estimer trop heureux que je ne parle pas à la princesse de vos promenades nocturnes.

LE PRINCE.

Oh! vous le pouvez; je crois que cela ne lui fera rien.

Mlle DE WEDEL, regardant autour d'elle.

Oui, je le crois aussi.

LE PRINCE, étonné.

Et pour quelles raisons?

Mlle DE WEDEL, à part.

Quelle idée! (Haut, et d'un air négligent.) Oh! pour des raisons qui vous fâcheraient peut-être si vous les connaissiez. Et puis ce serait trop long à vous expliquer.

LE PRINCE.

Si ce n'est que cela, je ne suis pas pressé. (S'asseyant tous deux.) Parlez, je vous en prie; je me trouve si bien ici.

Mlle DE WEDEL.

Eh bien donc, depuis quelque temps j'ai fait une découverte fort importante; (le prince rapprochant un peu son fauteuil) et comme je vous ai promis de vous dire la vérité...

LE PRINCE.

Oui, morbleu, et je vous montrerai que je suis digne de l'entendre.

Mlle DE WEDEL.

Eh bien! j'ai à peu près acquis la preuve (hésitant) que la princesse ne vous aime pas.

LE PRINCE.

Vous croyez?

Mlle DE WEDEL, d'un ton affirmatif.

A n'en pouvoir douter.

LE PRINCE.

Eh bien! je l'aurais parié : je me le suis dit vingt fois; mais enfin mes soins, ma complaisance, l'affection que j'aurai pour elle lui tiendront peut-être lieu de l'amour qu'elle n'a pas pour moi; et qu'importe, après tout, si je fais son bonheur?

Mlle DE WEDEL.

Son bonheur! non, car j'ai fait encore une autre observation : (le prince rapproche encore son fauteuil, et se trouve tout près d'elle) c'est que vous ne l'aimez pas non plus.

LE PRINCE.

En êtes-vous bien sûre?

Mlle DE WEDEL.

Je puis vous le jurer! je vous vois galant auprès d'elle, mais jamais le désir de la voir ne vous a fait manquer une partie de chasse.

LE PRINCE.

C'est vrai.

Mlle DE WEDEL.

Jamais son arrivée subite ne vous a troublé.

LE PRINCE.

C'est encore vrai.

Mlle DE WEDEL.

Jamais les hommages qu'on lui rendait n'ont excité votre émotion.

LE PRINCE, avec tendresse.

C'est bien étonnant; tout ce que vous dites là, je le ressens auprès de vous!

LA NEIGE.

RÉCITATIF.

Mlle DE WEDEL.

O ciel! que dites-vous? ma surprise est extrême.

DUO.

LE PRINCE.

Oui, je le vois, oui, je vous aime;
Depuis long-temps je m'en doutais,
Et cependant je n'ai jamais
Osé vous le dire à vous-même!

Mlle DE WEDEL, souriant.

D'un tel amour comment avoir pitié
Quand tout à l'heure, et près d'une autre belle,
Ce rendez-vous...

LE PRINCE, vivement, et se frappant le front.

Ce mot me le rappelle;
(Tendrement.)
Auprès de vous je l'avais oublié.

Mlle DE WEDEL.

Monseigneur veut rire, je gage.

LE PRINCE.

Quel sacrifice, quel hommage
Pourraient vous prouver mon amour?

Mlle DE WEDEL.

Un seul me plairait en ce jour.

Mlle DE WEDEL.

ENSEMBLE.

Mais, je vous en préviens d'avance,
Ah! monseigneur, pensez-y bien:
Ne concevez nulle espérance;
Songez que je ne promets rien.

LE PRINCE.

Ah! parlez, j'y souscris d'avance.
Grand Dieu! quel bonheur est le mien!
J'obéirai sans récompense,
Et mon cœur ne demande rien.

Mlle DE WEDEL.

Eh bien! si vous alliez vous-même
Au prince déclarer demain

ACTE III, SCÈNE IX.

Que vous renoncez à la main
De sa fille.

LE PRINCE.

O bonheur suprême !
Et vous croirez alors que je vous aime ?

Mlle DE WEDEL.

Non, je vous l'ai dit; songez bien
Que mon cœur ne promet rien.

LE PRINCE.

N'importe; au moins par mon obéissance
Mes feux vous seront prouvés.
Vous le voulez; je romps cette alliance,
Et puis vous m'aimerez après, si vous pouvez.

Mlle DE WEDEL.

C'est bien.

LE PRINCE.

N'avez-vous pas d'autre ordre à me prescrire ?

Mlle DE WEDEL.

Un seul.

LE PRINCE.

Et c'est ?

Mlle DE WEDEL.

De partir à l'instant.

LE PRINCE.

Je vous entends; je me retire.
Mais vous me promettez pourtant...

Mlle DE WEDEL.

Non, je vous en préviens d'avance.
Ah ! monseigneur, pensez-y bien,
Ne concevez nulle espérance;
Songez que je ne promets rien.

ENSEMBLE.

LE PRINCE.

Croyez à ma reconnaissance.
Grand Dieu ! quel bonheur est le mien !
J'obéirai sans récompense,
Et mon cœur ne demande rien.

(Il sort, et on l'entend fermer la porte en dehors.)

SCÈNE X.

Mlle DE WEDEL, LA PRINCESSE, M. DE LINSBERG.

TRIO.

LA PRINCESSE ET M. DE LINSBERG, allant à Mlle de Wedel.

O toi! notre ange tutélaire,
Nous devons tout à tes bienfaits.

M. DE LINSBERG.

Tu me rends celle qui m'est chère.

LA PRINCESSE.

Tu romps un hymen que je hais.

Mlle DE WEDEL.

Soyez heureux, je le suis à jamais.

LA PRINCESSE, à Linsberg.

Mais craignons, par une imprudence,
De détruire notre espérance.

M. DE LINSBERG.

Quoi! déja s'éloigner?

LA PRINCESSE ET Mlle DE WEDEL.

Oui, partez; il le faut.

M. DE LINSBERG.

A demain.

LA PRINCESSE et Mlle DE WEDEL.

A demain. Oui, nous nous verrons bientôt.

ENSEMBLE.

Que l'amour favorise
Notre entreprise;
Qu'il soit avec nous de moitié!
Oui, prenons pour devise:
L'amour et l'amitié

LA PRINCESSE va ouvrir la fenêtre du milieu. Mlle de Wedel ouvre en même temps la première fenêtre à gauche. L'on aperçoit les arbres qui sont chargés de neige et le lac qui s'étend à perte de vue.

Grand Dieu! que le ciel nous protége!
Le jardin et le lac, tout est couvert de neige.

ACTE III, SCÈNE X.

M. DE LINSBERG, *voulant partir.*

Qu'importe?

LA PRINCESSE, *l'arrêtant.*

Eh! vous n'y songez pas!
Mes femmes et moi seule habitons cette enceinte;
Et si l'on voit demain la trace de vos pas,
  Tout est perdu.

M. DE LINSBERG.

          Je conçois votre crainte.
Mais que faire? Essayons pourtant.
Je courrai si légèrement!...

Mlle DE WEDEL, *mettant son pied à côté de celui de M. de Linsberg.*

Oui, voyez en effet comme on peut s'y méprendre.
(Allant à la porte par laquelle le prince de Neubourg est sorti.)
Peut-être ce soldat dort-il encore. O ciel!
Nous sommes enfermés!

TOUS TROIS.

          O contre-temps cruel!

LA PRINCESSE.

Que résoudre et quel parti prendre?
Amour, daigne nous seconder:
Toi seul ici peux nous guider.

ENSEMBLE.

  Tendre amour, favorise
    Notre entreprise;
  De nous le sort aura pitié,
  Car nous avons pour devise:
    L'amour et l'amitié.

Mlle DE WEDEL, *qui a été ouvrir la dernière croisée.*

  Que vois-je sous cette fenêtre?
  Un traîneau que l'on a laissé:
  C'est un de ceux qui, ce matin peut-être,
  Sillonnaient le lac glacé.
  Quelle idée il m'inspire!
         (A la princesse.)
  Comme moi vous allez souscrire
    A ce joli projet.

M. DE LINSBERG ET LA PRINCESSE.
Mais quel est-il ?

Mlle DE WEDEL.
C'est mon secret ;
Mais à l'espoir mon cœur se livre.
Vite une écharpe.

M. DE LINSBERG, cherchant dans sa poche, et en tirant un large ruban bleu.
Non ; c'est l'ordre de Neubourg !

Mlle DE WEDEL, prenant une écharpe qui est sur la toilette de la princesse.
Voilà qui me suffit. Bientôt, par son secours,
D'esclavage je vous délivre...

M. DE LINSBERG ET LA PRINCESSE.
Mais quels sont vos projets ?

Mlle DE WEDEL.
Vous les saurez après ;
(Les entraînant.)
Il faut d'abord me suivre.
Venez, venez !

ENSEMBLE.

Que l'amour favorise
Notre entreprise ;
Qu'il soit avec nous de moitié !
Marchons, marchons sous la devise
De l'amour et de l'amitié.

(Pendant la ritournelle de ce morceau, ils descendent par la porte vitrée du fond, et un instant après, par cette porte et les deux croisées qui sont restées ouvertes, on aperçoit dans le lointain M. de Linsberg enveloppé de son manteau et assis dans un traîneau. Mlle de Wedel est devant qui le traîne par l'écharpe qu'elle y a attachée. La princesse est derrière, appuyée sur le traîneau qu'elle semble pousser. Ils marchent avec précaution et d'un air craintif pendant que l'orchestre reprend en sourdine le motif de l'air précédent. La toile tombe.)

FIN DU TROISIÈME ACTE.

ACTE QUATRIÈME.

Même décoration qu'au premier acte.

SCÈNE PREMIÈRE.

M. DE LINSBERG, *seul.*

RÉCITATIF.

Enfin voici le jour ! Grace à nos soins, j'espère,
Nul témoin indiscret ne m'aura vu sortir;
Mais chez moi, si matin, n'osant pas revenir,
J'errais depuis l'aurore en ce lieu solitaire,
Doucement occupé d'un tendre souvenir.

Air :

Ce deuil de la nature,
Et ces tristes bosquets,
Ces arbres sans verdure,
Ont pour moi des attraits.
En vain soufflait la bise;
Au milieu des frimas
Je pensais à Louise,
Et me disais tout bas :
   Le printemps,
   En tout temps,
   Aux amans
   A su plaire.
   Je préfère
Les sombres autans.
  Moi, l'hiver
  M'est plus cher.
  Oui, l'hiver,
  Quand on aime,
  Vaut lui-même
   Le temps
   Du printemps.

Cette blanche neige
Me dira toujours
Que le ciel protége
Nos amours.
Le printemps,
En tout temps, etc.

SCÈNE II.

M. DE LINSBERG, WILHEM.

WILHEM, à part.

Jarni! si je pouvions trouver quelqu'un à qui dégoiser ça. (Apercevant M. de Linsberg.) M'est avis que voilà un de nos seigneurs, stilà même qui est le favori du prince : je ne pouvions pas mieux tomber.

M. DE LINSBERG, à part.

Eh mais, c'est ce garçon jardinier, le messager du prince, et le mien sans qu'il s'en doute. (Haut.) Te voilà, Wilhem? tu es bien matinal, presque autant qu'un amoureux.

WILHEM, d'un air d'importance.

Dam! quand on n'est encore que premier jardinier adjoint, faut se donner de la peine pour arriver.

M. DE LINSBERG.

Ah! tu es premier jardinier?

WILHEM.

D'hier au soir. Il paraît que le prince de Neubourg, qui est un digne seigneur, en a touché deux mots à l'intendant des jardins; car celui-ci m'a annoncé que je partagerions l'emploi en chef avec maître Pierre, qui se fait déja vieux.

ACTE IV, SCÈNE II.

M. DE LINSBERG.

De sorte que te voilà bien content?

WILHEM.

Au contraire; depuis ce moment-là, ça me tracasse, parce qu'il n'est pas agréable d'être deux, et que je voudrions être seul pour avoir mes coudées franches.

M. DE LINSBERG, à part.

Allons, c'est fini! voilà un pauvre diable à qui l'ambition fera tourner la tête.

WILHEM.

Eh! si vous vouliez tant seulement me faire parler à notre gracieux souverain, j'ai une nouvelle qui vaut son pesant d'or.

M. DE LINSBERG.

Toi, maître Wilhem?

WILHEM.

Oui; c'est une manigance que j'ai découverte, et qui me fait l'effet d'un complot.

M. DE LINSBERG.

Un complot! parle vite...

WILHEM.

Non pas, parce que, si je vous l'apprenions, ce serait vot' nouvelle et non pas la mienne.

M. DE LINSBERG, souriant.

C'est juste; allons, je te ferai parler au prince.

WILHEM.

Oui; mais faudrait se dépêcher, parce que si un autre le découvrait avant moi, ou si le guignon voulait que ça n'eût plus lieu, tout serait perdu!

M. DE LINSBERG.

Je comprends; et en cas de réussite, quelles sont tes prétentions?

WILHEM.

Dam! ce qu'on voudra; moi je ne demande qu'à aller, le plus haut s'ra le mieux, et pour ça il ne faut qu'une bonne occasion et du tact; car enfin vous que v'là grand seigneur, on dit que quand vous êtes venu à la cour, on ne savait pas qui vous étiez et d'où vous sortiez.

M. DE LINSBERG, souriant.

Oui, mais pour parvenir je tâchais d'éviter les maladresses, et il n'en faudrait qu'une comme celle que tu viens de faire pour ruiner la fortune la mieux établie.

WILHEM.

Ah, mon Dieu! est-ce que j'aurais lâché quelque sottise?

M. DE LINSBERG.

A peu près; et avec tout autre que moi...

WILHEM.

Eh bien! c'est sans le vouloir; et je suis capable, sans m'en douter, d'en détacher de pareilles devant son altesse!... Si vous vouliez être assez bon pour m'avertir, ou me faire seulement un signe, parce que, voyez-vous, je ne suis pas bête et je comprends à demi-mot.

M. DE LINSBERG.

Eh! bien, par exemple! (A part.) Au fait, pourquoi le rebuter! je suis si heureux aujourd'hui, il faut que tout le monde le soit. (A Wilhem.) Écoute bien,... en parlant au prince, tu auras toujours les yeux fixés sur moi, et dès que tu auras commencé une phrase ou un mot peu convenable, je porterai la main à ma collerette; de cette manière-là, comprends-tu?

WILHEM.

Pardi! dès que la collerette ira, je m'arrêterai, et je prendrons par une autre route.

M. DE LINSBERG.

C'est bien; j'entends le prince, tiens-toi à l'écart, je t'appellerai quand il faudra paraître.

(Wilhem sort.)

SCÈNE III.

M. DE LINSBERG, LE GRAND-DUC.

LE GRAND-DUC.

C'est vous, mon cher Linsberg, je suis enchanté de vous voir.

M. DE LINSBERG.

Il est donc vrai que votre altesse a daigné oublier...

LE GRAND-DUC.

Sans doute, hier même j'ai peut-être été un peu sévère; mais il s'agissait de ma fille, et porter atteinte au respect qu'on lui doit, c'est me blesser dans ce que j'ai de plus cher.

M. DE LINSBERG.

Moi, monseigneur, jamais.

LE GRAND-DUC.

J'en suis certain.

M. DE LINSBERG.

Votre altesse a-t-elle quelques ordres à me donner pour aujourd'hui?

LE GRAND-DUC.

Non, mon cher comte; mais puisque nous sommes seuls, il faut que je vous consulte sur une aventure dont j'ai été le témoin et qui m'intrigue au dernier point. Cette nuit, je venais d'avoir avec ma fille une conversation qui m'avait un peu agité, et je ne pouvais dormir. Je me mis à ma fenêtre, et tout à coup sur le grand lac qui était entièrement couvert de neige, je crois apercevoir un homme en traîneau.

M. DE LINSBERG, à part.

Grand Dieu!

LE GRAND-DUC.

Conduit par deux femmes qu'il m'était impossible de reconnaître, mais dont je distinguais la taille élégante, les poses gracieuses et le vêtement blanc. Leur démarche était craintive, elles avançaient lentement et prêtaient l'oreille au moindre bruit. Arrivé à l'autre bord, le cavalier sort légèrement du traîneau, met un genou en terre, embrasse ses deux guides et disparaît.

M. DE LINSBERG.

Et vous n'avez point reconnu...? (A part.) Ah! je respire!

LE GRAND-DUC.

Mais je vous le demande, mon cher comte, qu'en pensez-vous?

M. DE LINSBERG.

En vérité, monseigneur, je suis fort embarrassé, et ce sera sans doute quelqu'un de vos pages...

LE GRAND-DUC.

C'est probable; mais comment se fait-il que...?

ACTE IV, SCÈNE IV.

M. DE LINSBERG, à part.

Changeons la conversation. (Haut.) Pendant que j'étais à attendre le lever de votre altesse, un de vos jardiniers m'a demandé la faveur d'être admis en sa présence et j'ai osé lui promettre.

LE GRAND-DUC.

Vous avez bien fait, et je l'écouterai avec plaisir.

M. DE LINSBERG, à part.

Le voici.

SCÈNE IV.

LES PRÉCÉDENS; WILHEM.

TRIO.

M. DE LINSBERG.

Entre, Wilhem; parle sans peur.

(Bas au grand-duc.)

D'un complot il veut vous instruire.

LE GRAND-DUC, à Wilhem.

Eh bien donc! que veux-tu me dire?

WILHEM, regardant de temps en temps M. de Linsberg, et parlant au grand-duc.

Je disais donc à monseigneur,
Vrai comm' je suis son serviteur,
Qu' j'étais chez nous la nuit dernière
Sans pouvoir fermer la paupière,
Vu qu', par un' faveur singulière,
Je n' dormons plus ni nuit, ni jour,
D'puis que j' suis jardinier d' la cour.

(Regardant M. de Linsberg qui reste immobile.)

C'est bon, c'est bon; g'nia rien encore.

LE GRAND-DUC.

Après, après.

WILHEM, de même.

V'là que soudain,
A part moi, je me remémore
Que votre altesse, hier matin,
M'ordonna d'attacher d' ma main
Les traîneaux qui restaient encore
Sur le lac et dans le jardin.

LE GRAND-DUC.

Des traîneaux !

WILHEM.

Oui, voilà le fait.

(Apercevant M. de Linsberg qui fait un léger mouvement.)

Vot' grac', c'est-à-dir' vot' altesse,
N' m'en voudra pas si j' lui confesse
Que j' l'avais oublié tout net.
Allons, je m' dis, point de paresse,
Et, tout en soufflant dans mes doigts,
J'en avais déjà fixé trois
Quand d' l'autr' côté du lac je vois
S'ouvrir la f' nêtre d' la princesse.

M. DE LINSBERG, portant rapidement sa main à sa collerette.

O ciel !

WILHEM, l'apercevant et se troublant.

Du tout ; c'est une erreur.

LE GRAND-DUC.

Sa fenêtre !

WILHEM.

Non, monseigneur.

LE GRAND-DUC.

Mais tu disais...

WILHEM, regardant toujours M. de Linsberg, qui continue ses signes.

Non pas, vraiment ;
Je me serai trompé, peut-être,
Et quand je dis une fenêtre,
C'était la porte apparemment.

ACTE IV, SCÈNE IV.

M. DE LINSBERG.

Ah! rien n'égale mon martyre!
C'est fait de nous, je le crains bien.
De mon secret il va l'instruire :
Comment rompre cet entretien?

WILHEM.

ENSEMBLE.

Ah! quel tourment! ah! quel martyre!
Qu'ai-je donc fait? je n'en sais rien;
Mais j'ai peur de ne pas bien dire :
Prenons garde, observons-nous bien.

LE GRAND-DUC.

Mais qu'a-t-il donc? que veut-il dire?
Il se trouble; je le vois bien.
Allons, achève de m'instruire;
Allons, achève et ne crains rien.

WILHEM.

Je disais donc à monseigneur
Que, sans me vanter, j'eus grand'peur.
J' veux d'abord crier : Au voleur !
Mais derrière un traineau, je pense,
Qu'il vaut mieux rester, par prudence,
Et j'aperçois distinctement,..
J'aperçois d'abord une femme.

LE GRAND-DUC.

Une femme!

WILHEM, voyant le geste de M. de Linsberg.

Non, non, vraiment.

LE GRAND-DUC.

Une femme!

WILHEM.

Non, sur mon ame.
Souvent la peur peut nous troubler.
C'est une façon de parler,
Quand j' dis un' femm', c'était un homme.

LE GRAND-DUC.

Un homme qui sortait de cet appartement!

VILHEM, voyant M. de Linsberg dont les signes redoublent.

Permettez; j' n'en fais pas serment.
Pour la franchise on me renomme,
Et, monseigneur, certainement...

LE GRAND-DUC.

Enfin, réponds : c'était un homme?

WILHEM.

Je n'ai pas dit que c'en fût un;
Mais pour de vrai, c'était un manteau brun.

LE GRAND-DUC.

Réponds, ou bien crains ma fureur.

WILHEM.

Je disais donc à monseigneur...

LE GRAND-DUC.

C'est un homme?

WILHEM, regardant toujours de Linsberg.

Non, monseigneur.

LE GRAND-DUC.

Une femme?

WILHEM.

Non, monseigneur.

LE GRAND-DUC.

Un manteau brun?

WILHEM.

Non, monseigneur.
Je n'ai rien vu, sur mon honneur;
Mais vous sentez bien que mon zèle,
Et ma place de jardinier...
Enfin, v'là le récit fidèle
Que je voulais vous confier.

ACTE IV, SCÈNE IV.

M. DE LINSBERG.

Ah ! rien n'égale mon martyre !
C'est fait de nous, je le crains bien,
De mon secret il va l'instruire :
Comment rompre cet entretien ?

WILHEM.

ENSEMBLE.

Ah ! quel tourment ! ah ! quel martyre !
Qu'ai-je donc fait ? je n'en sais rien ;
Mais j'ai peur de ne pas bien dire :
Prenons garde, observons-nous bien.

LE GRAND-DUC.

Mais qu'a-t-il donc ? que veut-il dire ?
Il se trouble ; je le vois bien.
Allons, achève de m'instruire ;
Allons, achève et ne crains rien.

WILHEM, s'essuyant le front.

Ouf ! les gouttes d'eau ! (Regardant M de Linsberg.) La collerette en est toute chiffonnée. Je n'aurions jamais cru que ce fût aussi fatigant de parler à un seigneur.

LE GRAND-DUC, regarde Wilhem pendant quelque temps, et s'adressant à M. de Linsberg.

Qu'en pensez-vous ? Cet homme-là a perdu la tête, ou il a voulu se jouer de moi : vous veillerez sur lui.

WILHEM, à part.

Ah, mon Dieu ! j'aurai lâché quelque sottise, et me v'là coffré. Chienne d'ambition ! J'avions bien besoin de nous lancer, nous qui avions déjà une si bonne place !

LE GRAND-DUC.

Comte de Linsberg, avertissez l'officier de service de venir s'assurer de lui. Allez, et le plus profond silence sur tout ceci.

M. DE LINSBERG.

Oui, monseigneur. (A part.) Grand Dieu, protége-nous !

(Il sort en faisant signe à Wilhem de garder le silence.)

SCÈNE V.

WILHEM, LE GRAND-DUC.

WILHEM, à part.

Nous v'là seuls. Mon Dieu, mon Dieu, qu'est-ce que ça va devenir ?

LE GRAND-DUC.

Approche. La frayeur ou quelque autre considération que je ne puis deviner t'a empêché tout à l'heure de parler; mets-toi dans la tête qu'avec moi l'on ne risque rien en disant la vérité, et tout en me trompant.

WILHEM, tremblant.

Oui, monseigneur.

LE GRAND-DUC.

Réponds maintenant. Tu as vu cette nuit un homme en traîneau, conduit par deux femmes, je le sais.

WILHEM.

Alors, monseigneur, si vous le saviez, faites bien attention que ce n'est pas moi qui le dis.

LE GRAND-DUC.

Et tu es bien sûr que la fenêtre qui s'est ouverte est celle de l'appartement de ma fille ?

WILHEM.

Ah ça, je le jure devant votre altesse !

LE GRAND-DUC.

Et quelle a été ton idée ?

ACTE IV, SCÈNE V.

WILHEM.

Que c'était, sauf vot' respect, quelques honnêtes voleurs qui s'entendiont avec quelques femmes de chambre, et qui s'introduisiont la nuit pour voler dans ces riches appartemens.

LE GRAND-DUC.

C'est aussi la vérité, et tu avais raison.

WILHEM.

Comment, j'avions raison! A la bonne heure; au moins avec lui ça va tout seul.

LE GRAND-DUC.

Et tu n'as rien entendu ?

WILHEM.

Si fait!... Au moment où l'on a passé près de moi, j'ons entendu des phrases que je n'ons pu comprendre.

LE GRAND-DUC.

Mais encore ?...

WILHEM.

L'une des femmes disait à voix basse : *Ah! je ne crains que pour mon époux!*

LE GRAND-DUC, à part.

Son époux !...

WILHEM.

L'autre alors a dit : *Partout on peut nous voir; de quel côté prendrons-nous ?* Et la première a répondu : *Par celui-ci, il n'y a que mon père.*

LE GRAND-DUC, à part.

Grand Dieu!

WILHEM, continuant.

Et il vaut mieux tomber entre les mains de mon père que dans celles des autres.

LE GRAND-DUC, avec émotion.

Elle a dit cela?

WILHEM, tirant de sa poche un ruban bleu.

Oui, monseigneur; après je n'ai plus rien entendu. Au bout de quelques instans la croisée s'est refermée, et c'est en me relevant que j'ai aperçu sur la neige ce brimborion de ruban dont j'avais envie de ne pas parler, parce que cela ne faisait rien à la chose.

LE GRAND-DUC, prenant le ruban et le regardant.

Une croix de diamant! l'ordre de Neubourg! serait-ce le prince! Quelle idée!... Cependant cet ordre dont il est ordinairement décoré, et que lui seul dans ma cour a le droit de porter...

SCÈNE VI.

Les précédens; mademoiselle DE WEDEL.

LE GRAND-DUC.

Ah! c'est vous, baronne. (A Wilhem.) retire-toi, et sur ta tête ne parle à personne de ce que tu m'as dit.

WILHEM.

Votre altesse peut être tranquille. (A part.) Si on m'y rattrape maintenant!..... Je verrais bien emporter le château que je ne dirions rien.

(Il sort.)

SCÈNE VII.

LE GRAND-DUC, MADEMOISELLE DE WEDEL.

MADEMOISELLE DE WEDEL, à part.

Linsberg m'a tout confié..... Tâchons de savoir si l'on a des soupçons. (Haut.) Je venais de la part de la princesse demander des nouvelles de votre altesse.

LE GRAND-DUC.

Je vous remercie, j'allais faire prier ma fille de passer chez moi, car j'ai à lui parler, et surtout à vous, baronne.

MADEMOISELLE DE WEDEL.

Grand Dieu! quel ton sévère!

LE GRAND-DUC, lentement.

Il est un mystère que je n'ai encore pu pénétrer.

MADEMOISELLE DE WEDEL, à part avec joie.

Il ne sait rien.

LE GRAND-DUC.

Et j'attends de vous... Eh! mais, qui vient nous interrompre?

SCÈNE VIII.

LES PRÉCÉDENS; LE PRINCE DE NEUBOURG.

LE PRINCE.

C'est moi, monseigneur, qui venais demander à votre altesse un moment d'audience. (Bas à mademoiselle de Wedel.) Vous voyez que je tiens ma parole.

LE GRAND-DUC.

Je suis prêt à vous entendre.

(Il fait signe à mademoiselle de Wedel de se retirer.)

LE PRINCE, la retenant.

Non ; mademoiselle de Wedel peut rester.

LE GRAND-DUC.

Je crois en effet que sa présence nous sera nécessaire. (Au prince.) D'abord je dois vous rendre cette croix de diamant qui vous appartient, et qu'un de mes jardiniers a trouvé ce matin sur le lac glacé. Vous devez me comprendre?

LE PRINCE.

Non, cette décoration ne m'appartient pas : c'est celle que j'ai donnée hier à M. de Linsberg.

LE GRAND-DUC, vivement.

Comment? M. de Linsberg!

MADEMOISELLE DE WEDEL, à part.

L'imprudent!

LE PRINCE.

Et aujourd'hui de grand matin je lui en avais envoyé le brevet. Mais M. de Linsberg n'était pas chez lui, et ses gens ont même assuré qu'il n'y avait point passé la nuit.

LE GRAND-DUC, à part.

Grand Dieu!

MADEMOISELLE DE WEDEL, à part.

Tout est perdu.

LE PRINCE, les regardant d'un air étonné.

Eh bien! qu'est-ce? Qu'y a-t-il donc? ai-je eu tort d'honorer un brave et fidèle serviteur?

LE GRAND-DUC.

Vous avez raison; le devoir d'un prince est de récompenser la fidélité, et de punir la trahison. Mais je vous en prie, plus tard nous reprendrons cet entretien. Dans ce moment j'ai besoin d'être seul.

MADEMOISELLE DE WEDEL, prête à se retirer, regardant le grand-duc d'un air suppliant.

Ah! monseigneur!

LE GRAND-DUC.

Laissez-moi! baronne, retirez-vous dans cet appartement, et n'en sortez point sans mes ordres.

MADEMOISELLE DE WEDEL.

J'obéis. (A voix basse au prince.) Ah! qu'avez-vous fait?

(Elle sort.)

LE PRINCE, la regardant avec surprise.

Je n'y conçois rien. Mais je vois que suivant mon habitude... Allons, suivons mademoiselle de Wedel, et avant de connaître ma faute cherchons du moins les moyens de la réparer.

(Il salue le grand-duc et sort.)

SCÈNE IX.

LE GRAND-DUC, seul.

Plus de doute, c'est Linsberg, marié secrètement!... Les ingrats! c'est donc ainsi qu'ils reconnaissent mes bienfaits! (Avec colère.) Je me vengerai! (S'arrêtant avec douleur.) Mais de qui? et comment? le mal n'est-il pas irréparable? N'importe, leur faute ne restera pas impunie; ils trembleront du moins sur les suites que pouvait avoir leur coupable imprudence! Oui, ma vengeance ne durera qu'un instant, mais elle sera terrible; elle sera égale à leur crime! (Se retournant, et apercevant la princesse.)

C'est ma fille ! (Appelant.) Holà! quelqu'un ! (Au domestique.) Cherchez M. de Linsberg, et qu'il vienne me parler à l'instant.

SCÈNE X.

LE GRAND-DUC, LA PRINCESSE.

LA PRINCESSE.

Je ne voyais pas revenir mademoiselle de Wedel; et j'étais d'une inquiétude... Votre altesse a-t-elle bien reposé ?

LE GRAND-DUC, sans lui répondre, la prend par la main, et l'amène lentement au bord du théâtre.

J'ai senti, d'après notre conversation d'hier, que j'avais des reproches à me faire...

LA PRINCESSE.

Vous, des reproches !

LE GRAND-DUC.

De très grands. Cette nuit tu voulais en vain me le cacher. J'ai vu que, malgré ton obéissance, ton mariage avec le prince de Neubourg te rendrait malheureuse ; et tu sais si jamais j'ai voulu ton malheur!

LA PRINCESSE.

Ah! mon père!

LE GRAND-DUC.

Calme-toi, ce n'est pas de cela qu'il s'agit. Apprends donc que depuis long-temps je te cachais un secret important, un secret d'où dépend mon bonheur. Je vois ton étonnement; c'était mal à moi, je le sens... A qui devais-je ma confiance, si ce n'était à ma fille, à mon amie? (*Apercevant Linsberg qui entre.*) Ah! vous voilà, Ernest! Approchez, vous n'êtes pas étranger à notre conversation.

SCÈNE XI.

Les précédens; M. DE LINSBERG.

LA PRINCESSE.
Grand Dieu! que va-t-il me dire?

TRIO.

LE GRAND-DUC, prenant la main de la princesse.
Je veux savoir si dans ton cœur
Ernest eut jamais quelque place?

LA PRINCESSE.
Que dites-vous?

M. DE LINSBERG.
Ah! monseigneur, de grace...

LE GRAND-DUC.
Réponds.

LA PRINCESSE.
J'ai toujours fait des vœux pour son bonheur.

LE GRAND-DUC, à M de Linsberg, lui prenant aussi la main.
N'avez-vous pas, à votre tour,
Un peu d'amitié pour ma fille?

M. DE LINSBERG.
Ah! pour votre auguste famille
Vous connaissez mon respect, mon amour.

LE GRAND-DUC.
Que je rends grace au sort prospère!
Tous deux apprenez un mystère
Que personne ne soupçonnait :
Écoutez-moi.

LA PRINCESSE.
Nous écoutons, mon père.

ENSEMBLE.

LE GRAND-DUC.

Ah! je vois leur trouble secret.

LA PRINCESSE, M. DE LINSBERG.

Mais quel peut être son secret?

LE GRAND-DUC.

Ernest, je t'ai chéri de l'amour le plus tendre ;
Je t'ai comblé de mes faveurs :
Tant de bienfaits et tant d'honneurs
A ton cœur n'ont-ils rien fait comprendre?

LA PRINCESSE, M. DE LINSBERG.

Ah, grand Dieu! quel soupçon m'agite malgré moi!
D'où vient qu'en l'écoutant mon cœur frémit d'effroi?

LE GRAND-DUC.

Inconnu dans ma cour, sans parens, sans naissance,
Tous ces soins paternels donnés à ton enfance,
Tout ne vous dit-il pas?...

LA PRINCESSE.

Achevez.

M. DE LINSBERG.

Je frémis.

LE GRAND-DUC.

Que Linsberg m'appartient ; que Linsberg est mon fils.

M. DE LINSBERG.

Votre fils !

(La princesse pousse un cri et se jette aux genoux de son père ; M. de Linsberg se cache la tête entre les mains. Le grand-duc les regarde un instant en silence, puis en souriant avec bonté il leur prend la main et les relève lentement.)

LE GRAND-DUC.

D'où vient l'effroi qui vous agite?
Louise, Ernest, mes enfans, levez-vous.

LA PRINCESSE.

Votre fils !

LE GRAND-DUC.

Et pourquoi cette frayeur subite?
Sans doute il est mon fils, puisqu'il est ton époux.

ACTE IV, SCÈNE XII.

M. DE LINSBERG ET LA PRINCESSE.

O ciel! que dites-vous ?
O céleste Providence !
Tu nous rends l'innocence
Ainsi que le bonheur !

LE GRAND-DUC.

Oui, calmez votre frayeur,
Je savais tout le mystère.
Ingrats, vous redoutiez un père
Qui se venge en vous unissant.

ENSEMBLE.

O clémence! ô bonté tutélaire !
Et que notre crime était grand !
Hélas! nous redoutions un père
Qui se venge en nous unissant.

LE GRAND-DUC.

On vient; silence !

SCÈNE XII.

Les précédens ; LE MARQUIS DE VALBORN, mademoiselle DE WEDEL, LA COMTESSE DE DRAKENBACK, toute la cour.

LE GRAND-DUC.

Mes amis, j'ai voulu que vous fussiez les premiers à offrir vos hommages à l'époux de ma fille.

LE MARQUIS.

Ce sera pour nous un véritable bonheur. (Bas à la comtesse.) Enfin, voilà le mariage déclaré.

LE GRAND-DUC, prenant M. de Linsberg par la main.

Vous pouvez donc faire vos complimens à M. le comte de Linsberg, à mon gendre.

LE MARQUIS.

O ciel! serait-il possible?

LA COMTESSE.

Et que dira le prince de Neubourg?

LE PRINCE, qui est entré pendant les derniers mots du grand-duc.

Très bien, monseigneur; très bien. Instruit de la vérité par mademoiselle de Wedel, je venais vous rendre votre parole, et solliciter pour eux. La clémence de votre altesse a rendu ma démarche inutile.

MADEMOISELLE DE WEDEL, bas au prince.

C'est égal; je suis très contente.

LE PRINCE, à M. de Linsberg, en lui tendant la main.

Prince, je vous offre mes félicitations et mon amitié; mais je ne vous prendrai plus pour mon secrétaire.

M. DE LINSBERG.

Quoi! monseigneur, vous saviez...

LE PRINCE.

Vous ne pouviez pas faire autrement, c'est moi qui ai eu tort; aller justement m'adresser au mari! Vous ne m'en voulez pas, n'est-il pas vrai! et pour me le prouver, vous daignerez travailler à mon mariage, et parler en ma faveur à mademoiselle de Wedel; à moins qu'en vous en priant je ne fasse encore une imprudence.

MADEMOISELLE DE WEDEL, souriant.

Cela se pourrait bien.

CHOEUR FINAL.

Quel bonheur! quelle ivresse!
Désormais à la cour
Les plaisirs, la tendresse
Vont fixer leur séjour.

FIN DE LA NEIGE.

CONCERT A LA COUR,

ou

LA DÉBUTANTE,

OPÉRA-COMIQUE EN UN ACTE,

Représenté pour la première fois, à Paris, sur le théâtre royal
de l'Opéra-Comique, le 5 mai 1824.

EN SOCIÉTÉ AVEC M. MÉLESVILLE.

Musique de M. Auber.

PERSONNAGES.

FRÉDÉRIC, prince allemand.
VICTOR, jeune peintre.
ADÈLE, cantatrice française.
ASTUCIO, surintendant de la musique.
CARLINE, sa femme.
SEIGNEURS DE LA COUR.
VALETS.

La scène se passe à Stuttgard.

Le théâtre représente un riche salon; porte au fond et deux latérales. A gauche du spectateur, une table ronde couverte d'un tapis vert, et cinq sièges autour. A droite, vers le fond, un piano.

ADÈLE,

AH, MON DIEU! EST-CE QUE VOUS SERIEZ DU COMITÉ?...

Le Concert à la Cour (Sc. VIII)

CONCERT A LA COUR,

ou

LA DÉBUTANTE.

SCÈNE PREMIÈRE.

VICTOR, SORTANT DE LA PORTE A GAUCHE.

Ma foi, fasse antichambre qui voudra, pour moi j'y renonce; au bout de deux heures d'attente, m'annoncer qu'on est sorti! il fallait donc le dire de suite, j'en aurais fait autant, et de grand cœur; car si j'implore leur protection, si je sollicite leur faveur, ce n'est pas pour moi, c'est pour toi, mon Adèle!

RÉCITATIF.

Orpheline, et sans espérance;
Riche des seuls trésors que donnent les talens,
Elle a dans sa noble indigence
Aux plus brillans partis préféré nos sermens.

Air :

Heureux celui
A ses lois asservi !
Plus heureux celui
Qu'elle a choisi !
La souffrance
De l'absence
Double mes feux, je le crois,
Et mon cœur, mon Adèle, est toujours avec toi.

> Des arts elle est la gloire;
> Ses accens séducteurs,
> Et ses chants de victoire,
> Font tressaillir nos cœurs.
> Mais quand sa voix plus tendre
> Veut chanter les amours,
> Celui qui peut l'entendre,
> Jure d'aimer toujours.
>
> Heureux celui, etc.

Mais, je le vois, il faudra, pour l'obtenir, chercher quelque autre moyen de fortune, car je renonce au métier de solliciteur. Dieu! que de peine pour arriver à un refus! Parlez au concierge, parlez à l'huissier, parlez au valet de chambre; il paraît qu'ici on parle à tout le monde, excepté aux gens dont on a besoin... Allons, sortons.

SCÈNE II.

VICTOR, CARLINE.

VICTOR.

Quelle est cette jolie dame? serait-ce une compagne d'infortune? une solliciteuse?

CARLINE.

En croirai-je mes yeux! monsieur Victor, ce jeune peintre!

VICTOR.

L'aimable, la charmante Carline.

CARLINE.

Un Français, un compatriote dans le palais de Stuttgard!

SCÈNE II.

VICTOR.

Je ne m'attendais guère à vous rencontrer. Aussi a-t-on jamais vu partir de Paris sans prévenir ses amis, et surtout sans leur donner de ses nouvelles, à moi, le plus dévoué, le plus constant de vos adorateurs; car vous n'avez point oublié, Carline, que vous fûtes ma première inclination.

CARLINE.

Eh! mon Dieu! monsieur, taisez-vous donc, si mon mari vous entendait.

VICTOR.

Quoi! vous êtes mariée?

CARLINE.

Eh! mais sans doute! pourquoi pas? Pendant que nous étions à Paris à étudier, vous la peinture et moi la musique, je rencontrai dans un concert le signor Astucio, un Italien. Je chantais un grand air quand il me vit pour la première fois, et soudain,

COUPLETS.

PREMIER COUPLET.

Comme il me lançait une œillade,
Une cadence le charma;
Et ce fut par une roulade
Que tout à coup il s'enflamma!
Il me parlait de son martyre,
Jurait de m'aimer constamment;
Il fallait bien le laisser dire;
Pouvais-je, hélas! faire autrement?

DEUXIÈME COUPLET.

Il était riche, il était tendre;
Mais sévère et cruel pour lui,
Mon cœur ne voulut rien entendre
Que de la bouche d'un mari!

Alors il m'offrit, pour me plaire,
Sa main, son cœur et son argent.
Par vertu je le laissai faire;
Pouvais-je, hélas! faire autrement?

VICTOR.

Je sens bien qu'il fallut accepter.

CARLINE.

Sans doute. Pour une jeune personne, pour une artiste, un établissement sérieux... c'est si rare! Je vins donc me fixer ici avec le signor Astucio, mon mari, qui occupe au palais une place distinguée : surintendant de la musique, rien que cela.

VICTOR.

Ah, mon Dieu! s'il pouvait me protéger.

CARLINE.

Mais très volontiers; je vous offre son crédit et le mien. Croyez-vous donc parce qu'on est à la cour qu'on oublie ses anciens amis? non, monsieur, on s'en souvient; on les aime encore, même quand ils sont ingrats ; car vous l'avez été.

VICTOR.

Moi!

CARLINE.

Oui, oui, ne parlons plus de cela. En quoi puis-je vous être utile? Qui vous amène à la cour de Stuttgard?

VICTOR.

Le désir de m'avancer, de me faire connaître, et d'obtenir celle que j'aime.

CARLINE.

Comment, monsieur, vous êtes amoureux, et depuis quand, s'il vous plaît?

SCÈNE II.

VICTOR, vivement.

Depuis votre départ. Il fallait bien chercher des consolations ; et puis, si vous la connaissiez...

CARLINE.

Ah! je devine, toutes les perfections; c'est de rigueur ; et cette tendre passion, où est-elle ?

VICTOR.

Hélas! pour des artistes, ce n'est pas tout que de s'aimer, il faut encore vivre, et pour tirer parti, elle de sa voix délicieuse, moi de mes modestes pinceaux, nous avons quitté la France.

CARLINE.

Ensemble?

VICTOR.

J'eusse été trop heureux; mais elle ne l'a pas voulu, elle est partie pour l'Italie avec une de ses parentes; moi je parcours l'Allemagne, et le premier de nous deux qui aura fait fortune...

CARLINE.

Doit prévenir l'autre, n'est-il pas vrai?

VICTOR.

Hélas! oui, mais jusqu'à présent, je n'ai pas encore reçu de ses nouvelles.

CARLINE.

J'espère que bientôt c'est vous qui pourrez lui en envoyer d'excellentes. Le grand-duc Frédéric, notre jeune prince, adore les arts et les artistes; vif, aimable, galant, sa cour est une des plus brillantes de l'Europe.

VICTOR.

Et qui me fera connaître à lui?

CARLINE.

Qui? mon mari, le signor Astucio.

VICTOR.

Vous croyez qu'il agira en ma faveur?

CARLINE.

Certainement; on dit que les Italiens sont intrigans par intérêt; pure calomnie; mon mari, s'il le fallait, exercerait, en amateur, pour le seul plaisir de l'intrigue et pour les progrès de l'art. Moi qui vous parle je suis son élève, et je commence à me former; il est vrai que j'ai tant d'occasions, quand on est à la fois ici et au théâtre...

VICTOR.

Quoi! vous seriez...

CARLINE.

Cantatrice italienne au grand opéra, Astucio m'a fait recevoir; je tiens l'emploi seule et sans partage, d'abord parce que j'ai du talent, et puis mon mari empêche tous les débuts, et quand on est seule, on devient la meilleure; mais tenez, j'entends ce cher Astucio; je vais vous présenter.

SCÈNE III.

Les précédens; ASTUCIO.

ASTUCIO.

Ze dis que c'est oune horreur, oune injustice, et qu'il n'y a que des intrigans capable per faire de pareilles suppositions.

CARLINE.

Eh! mon Dieu, mon ami, qu'avez-vous donc?

SCÈNE III.

ASTUCIO.

Vi voilà, ma chère, ze zouis d'oune colère! si zamais maintenant ze rends service à quelqu'un.

CARLINE.

A qui en avez-vous donc?

ASTUCIO.

A notre chef d'orchestre, un malheureux que z'ai comblé de mes bontés, ze l'ai comblé, il me prie de solliciter pour lui auprès de son altesse, une gratification de deux cents florins; moi z'y vas, perche ze souis trop bon! Son altesse le refouze; ze vi le demande, est-ce ma faute?

CARLINE.

Non, sans doute; et c'est pour cela qu'il est furieux?

ASTUCIO.

Si Signora, et par une fatalité où ze souis innocent, il se trouve que son altesse accorde, ce matin, cette malhourouse gratification, à qui?... à moi, son servitor umilissime, qui souis, par ma place, dans oune position à ne pouvoir refuser; il m'a donc fallu accepter, et les voilà : ze vous le demande, est-ce ma faute?

CARLINE.

C'est bien, c'est bien; plus tard nous parlerons de cela.

TRIO.

Souffrez qu'ici je vous présente
Un peintre que partout on vante :
Un Français, un ancien ami!

ASTUCIO, le saluant.

Monsieur, vous me voyez ravi.

VICTOR, saluant

Monsieur, votre bonté m'honore.

ASTUCIO, à part, le regardant.

Il me paraît bien zeune encore,
Surtout pour un ancien ami.

CARLINE, à Astucio.

J'espère qu'au prince, aujourd'hui,
Vous voudrez bien parler pour lui.

ASTUCIO.

Quoi! vous voulez que ze le serve?

CARLINE, d'un air caressant.

Eh! oui, vraiment! oui, mon ami!

ASTUCIO.

Qui? moi! que le ciel vous conserve!
Pour les protéger en tous temps,
Vous avez touzours en réserve
Une collection de petits zeunes gens!

VICTOR.

Son accueil est d'un triste augure;
Je vois à sa mauvaise humeur
Qu'il me faut, dans cette aventure,
Chercher un autre protecteur.

CARLINE.

ENSEMBLE.

Qu'ici votre cœur se rassure!
Oui, malgré sa mauvaise humeur,
Ne craignez rien, je vous le jure;
Il sera votre protecteur.

ASTUCIO.

Ceci m'est d'un fâcheux augure!
Qui, moi? parler en sa faveur!
Non pas! il peut bien, ze le jure,
Chercher un autre protecteur.

CARLINE, à Astucio.

A mes vœux montrez-vous sensible.

ASTUCIO, à Victor, d'un air embarrassé.

Oui, monsieur, croyez que bientôt...
Enfin, ze ferai mon possible.

SCÈNE III.

CARLINE.
Ce n'est pas là ce qu'il me faut,
Car je connais votre manière.
Vous n'employez jamais ce mot
Que quand vous ne voulez rien faire.
Ainsi vous parlerez pour lui !

ASTUCIO.
Ma signora...

CARLINE.
Dès aujourd'hui ?

ASTUCIO.
Ma songez donc...

CARLINE.
A l'instant même !

ASTUCIO.
Si vous saviez...

CARLINE.
C'est entendu !
A son altesse, qui vous aime,
Vous parlerez, c'est convenu,
(A voix basse.)
Ou je lui parlerai moi-même !

ASTUCIO, effrayé.
Vous-même ! il suffit, il suffit.
Allons, z'essairai mon crédit ;
Obéissons, puisqu'il le faut ;
Eh ! che diavolo è questo ?

ENSEMBLE.

CARLINE.
Vous le voyez, j'en étais sûre ;
Oui, malgré sa mauvaise humeur,
Qu'ici votre cœur se rassure ;
Il sera votre protecteur.

VICTOR.
Ceci m'est d'un meilleur augure ;
Oui, malgré sa mauvaise humeur.
Votre crédit, qui me rassure,
Me servira de protecteur.

ASTUCIO.

Ceci m'est d'un fâcheux augure !
Qui ? moi parler en sa faveur !
Il ne risque rien, ze le jure,
S'il n'a pas d'autre protecteur.

CARLINE, à Victor.

C'est une affaire arrangée, courez à votre hôtel, rapportez-nous des dessins, des esquisses; mon mari qui, quand il le veut, fait les choses de la meilleure grace du monde, les mettra tantôt sous les yeux du prince, et comme son altesse s'y connaît, je suis tranquille, vous êtes sûr de réussir.

VICTOR.

Ah ! je devrai tout à votre amitié !

(Il sort)

SCÈNE IV.

ASTUCIO, CARLINE.

ASTUCIO.

Ah ça, signora, parlons sérieusement : dites-mi un poco d'où vient que vi voulez que ze sois sans cesse honnête et obligeant avec tout le monde, que vi me compromettez à chaque instant.

CARLINE.

Je vous ai dit que c'était un ami à qui je voulais rendre service.

ASTUCIO.

Ma vi savez bien qu'ici, ma chère, il n'y a point d'amis, point de services; per celui-ci, ze vi ai promis, ze parlerai (A part.) mais bien bas. (haut.) Eh ! per Dio ! que ce soit le dernier.

SCÈNE IV.

CARLINE.

A la bonne heure; il me semble cependant que quand on a du crédit, il faut s'en servir.

ASTUCIO.

Vi êtes dans l'erreur, perche en s'en servant on peut l'user, et on n'en a jamais trop pour soi-même! Savez-vous dans ce moment quel danger vous menace? le chef d'orchestre, qui est devenu mon ennemi mortel, veut faire débuter dans votre emploi une cantatrice charmante, exprès per vi prendre votre place!

CARLINE.

Me prendre ma place!

ASTUCIO.

Oui, oui, une place de dix mille florins! ze vous dis que c'est une horreur; ma vi êtes trop bonne.

CARLINE.

Non pas, et je vous montrerai que je sais défendre mes intérêts. Quand doit débuter cette rivale?

ASTUCIO.

Zamais, si je le pouis; ma nos adversaires, qui ont remué ciel et terre, ont dézà obtenu qu'elle serait entendue par le comité.

CARLINE.

Vous vous y êtes opposé, j'espère.

ASTUCIO.

Ze m'en serais bien gardé; il aurait toujours fallu en venir là. Alors z'ai brusqué les évènemens, et z'ai prévenu la jeune débutante que c'était ici, au palais, dans la salle des concerts, et aujourd'hui même, que l'examen aurait lieu.

CARLINE.

Ah, mon Dieu!

ASTUCIO.

Pour dézouer la calomnie et faire les choses régulièrement, z'ai convoqué tout le comité, qui, comme vi savez, est composé de cinq membres ayant voix délibérative. Z'ai envoyé une lettre aux deux chambellans du prince.

CARLINE.

Eh! mais, ils sont à la campagne.

ASTUCIO.

Ze n'en sais rien, la lettre elle est envoyée, une autre au maître de zappelle.

CARLINE.

On dit qu'il est dangereusement malade.

ASTUCIO.

Je l'ignore, le billet il est envoyé; le quatrième il est pour moi qui suis le président, et le cinquième est touzours per le premier sujet du théâtre, la prima dona: c'est donc à vous qu'il est adressé. Ainsi voilà le comité légalement formé et convoqué, tant pis pour ceux qui ne viendront pas. Ze souis en règle.

CARLINE.

Tiens, c'est drôle, c'est donc devant nous deux qu'elle chantera.

ASTUCIO.

Oui, signora, et c'est nous qui prononcerons. J'en suis désolé, mais il est des circonstances où l'homme honnête et tranquille est obligé de biaiser per aller droit son chemin. Tenez, voici deux heures : (montrant les fauteuils) vite à votre poste.

SCÈNE V.

CARLINE.

Mais, mon ami...

ASTUCIO.

Ah ça, n'allez-vous pas répliquer? Songez à ce que je vous ai dit, et tâchez que votre bulletin soit fait en conscience.

SCÈNE V.

LES PRÉCÉDENS; UN DOMESTIQUE EN LIVRÉE.

LE DOMESTIQUE.

Une jeune dame qui vient de la part de monsieur le chef d'orchestre demande si le comité peut la recevoir.

ASTUCIO.

Oui, sans doute. (Au domestique.) Rodolphe, ces trois messieurs sont-ils arrivés?

LE DOMESTIQUE.

Non, monsieur.

ASTUCIO, regardant sa montre.

Ces pauvres amis, ils sont bien en retard aujourd'hui. N'importe, l'heure elle est sonnée; la séance elle est ouverte. Faites entrer.

(Rodolphe sort, Astucio se mettant près de la table qui est à-gauche. Carline et lui s'asseyent)

SCÈNE VI.

Les précédens ; ADÈLE, tenant a la main plusieurs papiers de musique en rouleau et noués par un ruban.

(Adèle s'avance timidement et leur fait deux profondes révérences ; ils se lèvent à la seconde, et la lui rendent ; ils se rasseyent.)

ASTUCIO.

Approchez, approchez, madamigelle, et rassurez-vous ; le comité il est peu nombreux auzourd'hui, ainsi tout se passera en famille et comme chez nous.

ADÈLE.

Combien je vous remercie de votre bonté, car je vous avoue que je suis toute tremblante.

ASTUCIO.

Et perche dunque vi avez peur, ze vi le demande? remettez-vous, ma zère ; nous ne voulons point que l'émotion puisse nuire à vos moyens, le comité il est trop juste pour cela. Vous êtes Italienne?

ADÈLE, hésitant.

Mais, faut-il dire la vérité?

ASTUCIO.

Sans doute, et touzours.

ADÈLE.

Je me présente comme cantatrice italienne, mais je suis Française.

ASTUCIO, secouant la tête.

Ah! diavolo! c'est fâcheux pour vous. Mais enfin c'est pas sa faute, cette pauvre petite. Votre nom?

SCÈNE VI.

ADÈLE.

J'ai pris celui de la signora Zerlina.

ASTUCIO.

Zerlina... c'est très bien.

ADÈLE.

Quand vous voudrez, monsieur, je suis à vos ordres. Voici plusieurs morceaux.

(Elle lui donne sa musique.)

ASTUCIO, la prenant.

C'est bien, ma per que nous puissions mieux zuger de votre beau talent que tout le monde il dit enchanteur, il faut prendre un air qui réunisse plusieurs genres.

ADÈLE.

Celui-ci, monsieur, c'est un air vénitien, une description du carnaval.

ASTUCIO, posant les papiers sur la table.

C'est bien, vous pouvez commencer, nous sommes là pour vous applaudir.

RÉCITATIF.

ADÈLE.

Entendez-vous au loin l'archet de la folie ?
Venise dans ses murs voit la foule accourir ;
La raison elle-même en ce moment s'oublie ;
   Le carnaval vient de s'ouvrir.

Air :

Voyez, que cette marche est belle !
C'est Cassandre donnant la main
A la séduisante Isabelle,
Qui gaiment lorgnait Arlequin.
Puis vient Pierrot poursuivant Colombine :
M'aimeras-tu, beauté divine ?
   « Qui, moi ? Pierrot,
   « Je t'aime trop ! »

CONCERT A LA COUR.

Plus loin, le beau Léandre,
La guitare à la main,
Soupirant d'un air tendre
Un amoureux refrain.
Mais taisez-vous, faites silence ;
Je vois venir un signor charlatan ;
Suivi par la foule, il s'avance
En vendant ses chansons et son orviétan.

(Contrefaisant le charlatan.)

Povera
Signora
A des migraines ;
Povera
Signora
Gémit tout bas !
Ah ! ah ! ah ! ah !
J'ai pour cela des recettes certaines ;
Je crois savoir ce qui cause vos peines !
Ah ! ah ! ah ! ah !
Voulez-vous
Des bijoux,
Un cachemire ?
Voulez-vous
Des bijoux ?
Ils sont à vous !
Ah ! ah ! ah ! ah !
Mais, je le vois, cela ne peut suffire,
Et votre cœur tout bas encor soupire !
Ah ! ah ! ah ! ah !
Voulez-vous
Un époux ?
Je vous vois rire :
Voulez-vous
Un époux
A vos genoux !
Ah ! ah ! ah ! ah !
Vite un mari pour guérir cette belle ;
C'est un mari que veut mademoiselle ;
Ah ! ah ! ah ! ah !

SCÈNE VI.

CARLINE, se levant.

Brava! l'on ne peut mieux chanter.

ASTUCIO, la faisant rasseoir.

Tais-toi donc! (Haut.) Songez donc, ma bonne,
Qu'on est au comité! (Bas.) Ze crois, Dieu me pardonne,
Qu'elle s'avise d'écouter!

ADÈLE, continuant l'air.

Voici venir sur leurs riches nacelles
Les gondoliers, qui rament en chantant;
Ils ont à bord gentilles pastourelles,
Dont les cheveux flottent au gré du vent.
 Mais j'entends soudain
 Le gai tambourin;
 Courez, courez vite,
 La danse vous invite.
 Voyez dans leurs yeux
 Quel tendre délire;
 Sur leurs fronts joyeux
 La gaîté respire!
Entendez-vous? quel tintamarre!
La mandoline et la guitare,
Du galoubet le son bruyant,
Tous à la fois, ah! c'est charmant.

ASTUCIO, à la fin de l'air, applaudissant légèrement.

Brava, brava! les plus heureuses dispositions; ma, nous vous demandons la permission d'en délibérer et d'aller aux voix.

(Il se lève, et a l'air de parler bas à Carline.)

ADÈLE, à part.

Ah, mon Dieu! voilà qu'ils se consultent! que vont-ils décider?

ASTUCIO, bas à Carline, qui a l'air d'insister.

Y pensez-vous? Dio me pardonne, elle la recevrait!

ADÈLE, à part.

Je ne sais, mais ce monsieur surtout m'a si bien accueillie, que j'ai bon espoir.

ASTUCIO, *quittant Carline, et s'approchant d'Adèle.*

Madamigelle, l'avis ounanime dou comité est que vi donnez les piu belles espérances, et que vi ferez un zour un talent très distingué.

ADÈLE, *à part avec joie.*

Ah, quel bonheur!

ASTUCIO.

Ma, il faut que le temps et l'étude perfectionnent ces heureuses qualités; oui, ma zère amie, nous avons besoin d'étudier beaucoup, beaucoup, et le comité pense que vi devez point songer à vous produire avant deux ou trois ans.

ADÈLE.

Comment! vous me refusez donc?

ASTUCIO.

Per le moment, et dans votre intérêt; ma par la suite, nous verrons, et vi trouverez touzours dans le comité le désir de vous êtes agréable et utile. Z'ai bien l'honneur de vous saluer. (A Carline, lui prenant la main.) Allons faire notre rapport.

(Ils sortent.)

SCÈNE VII.

ADÈLE, seule.

Ah, mon Dieu, mon Dieu! quel malheur! me voilà refusée! adieu toutes mes espérances. Étrangère dans ce pays, seule et sans protecteur... (Pleurant.) Ah! je suis bien à plaindre!

SCÈNE VIII.

ADÈLE; FRÉDÉRIC, HABILLÉ FORT SIMPLEMENT : ON APERÇOIT SEULEMENT SOUS SON HABIT UNE LARGE DÉCORATION.

FRÉDÉRIC, gaîment.

Dieu soit loué! le conseil est fini, je ne suis plus prince, et j'ai maintenant congé pour toute la journée. A demain les affaires sérieuses; aujourd'hui, tout aux plaisirs, pourvu que le ciel veuille bien m'en envoyer. Eh! mais, que vois-je? une jeune fille en ces lieux! une jeune fille qui pleure, et que peut-être je peux consoler! Allons, le ciel m'a entendu, et ma journée commence bien. (S'approchant d'Adèle.) Qu'avez-vous, ma belle enfant?

ADÈLE.

Ah, mon Dieu, monsieur, je vous demande pardon, je ne vous avais pas aperçu; mais ce n'est pas de ma faute : j'avais tant de chagrin!

FRÉDÉRIC.

Vous, des chagrins! et quelle en peut être la cause?

PREMIER COUPLET.

Pourquoi pleurer?
La candeur en vos traits respire;
Les Graces ont su vous parer;
Et l'Amour semble vous sourire:
Pourquoi pleurer?

DEUXIÈME COUPLET.

Pourquoi pleurer?
Que ceux qui vous rendent les armes
A vos pieds viennent soupirer;
Mais vous! vous qui causez leurs larmes,
Pourquoi pleurer?

ADÈLE.

Pourquoi, pourquoi? ce serait trop long à vous raconter, et puis vous n'y pouvez rien.

FRÉDÉRIC.

Bah! qui sait? Je ne dis pas que je fasse ici tout ce que je veux, mais quelquefois j'y ai du crédit.

ADÈLE.

Ah, mon Dieu! est-ce que vous seriez du comité?

FRÉDÉRIC.

Quel comité?

ADÈLE, à part.

Il ne sait seulement pas ce que c'est; (haut.) le comité de réception présidé par le signor Astucio. C'est devant lui qu'il faut se faire entendre quand on veut débuter au grand Opéra; mais le moyen de réussir quand on est étrangère, quand on est Française?

FRÉDÉRIC.

Comment, une cantatrice française! il me semble que voilà des titres, surtout, mon enfant, lorsqu'on est, comme vous, jeune et gentille; et puis, une débutante, c'est si intéressant! moi, j'ai toujours aimé les débuts.

ADÈLE.

Eh bien! le signor Astucio n'est pas comme vous. (Pleurant.) Vrai, monsieur, ce n'est pas par amour-propre; mais je vous jure que je n'ai pas trop mal chanté, on vous le dira. Pourtant, on ne veut pas me recevoir, et on m'a ajournée à trois ans.

FRÉDÉRIC.

Ne vous faire débuter que dans trois ans, cela n'a pas le sens commun.

SCÈNE VIII.

ADÈLE.

N'est-ce pas, monsieur? Tandis que maintenant mon sort en dépendait, je me disais : Si je puis paraître au grand Opéra, si le prince peut m'entendre, il cultive les arts, il s'y connaît, il faut croire que lui ne se laissera pas influencer par l'intrigue.

FRÉDÉRIC.

Ah, vous disiez cela!

ADÈLE.

Oui, monsieur; j'espérais qu'il me protégerait, qu'il me ferait recevoir. Moi reçue! ah! que j'eusse été heureuse! j'assurais mon existence et celle de ma pauvre vieille tante, (baissant les yeux) et puis encore d'autres idées, d'autres espérances dont il est inutile de vous parler; mais c'était là qu'était tout mon bonheur.

FRÉDÉRIC.

Eh bien, mon enfant, rassurez-vous; j'ai idée que le prince s'intéressera à votre sort.

ADÈLE.

Est-ce que cela se peut, puisque je suis refusée? (A part.) car il ne m'a pas seulement comprise. (Haut.) Comment voulez-vous que le prince puisse me juger sans m'entendre?

FRÉDÉRIC.

C'est juste; mais si l'on vous obtenait une lettre de recommandation?

ADÈLE.

Il serait possible!

FRÉDÉRIC, écrivant sur ses tablettes.

Holà, quelqu'un! (un domestique paraît; à part) Ce mot

à Astucio suffira : c'est un ordre de début qui va le contrarier un peu, mais il faudra bien qu'il obéisse sur-le-champ. (Au domestique.) Tenez, portez ce billet à Astucio, qui est là, (montrant la droite) dans l'appartement voisin.

(Le domestique sort.)

ADÈLE.

Et vous croyez que, par ce moyen, je pourrai débuter ce soir.

FRÉDÉRIC.

Je l'espère, du moins.

ADÈLE.

Dans la Molinara?

FRÉDÉRIC.

Dans la Molinara.

ADÈLE.

Et le prince m'entendra?

FRÉDÉRIC.

Probablement. Moi, d'abord, j'y assisterai, et je lui en rendrai compte.

ADÈLE.

Ah! quel honnête seigneur que ce monsieur-là!

FRÉDÉRIC, à part.

C'est qu'elle est charmante ma petite protégée, et je serais désolé qu'elle n'eût pas de talent; car, vrai, je crois que maintenant je m'intéresse autant qu'elle à son succès. Adieu, mon enfant; à ce soir.

(Il sort.)

SCÈNE IX.

ADÈLE, SEULE.

Ah! que je suis heureuse! courons vite prévenir ma tante du bonheur qui m'arrive. Ah! et ma musique que j'oubliais.

(Elle va près de la table à gauche, et rassemble sa musique pour la remettre en rouleau.)

SCÈNE X.

ADÈLE, VICTOR, ENTRANT PAR LA DROITE.

VICTOR, à la cantonade, et sans voir Adèle.

Ma foi, qu'ils s'en tirent comme ils pourront, je n'y suis pour rien. Je viens de laisser notre brave Italien méditant contre la débutante de ce soir la plus belle cabale : eh! mais quelle est cette jeune fille ?

ADÈLE, se retournant.

On a parlé.

VICTOR, courant à elle.

C'est Adèle!

ADÈLE.

C'est Victor.

DUO.

O doux instant! bonheur suprême!
Du sort quelque soient les rigueurs,
Je te revois, ô toi que j'aime!
Je puis braver tous les malheurs.

VICTOR.

Mais que j'apprenne de ta bouche
Quel sort nous réunit ainsi.

ADÈLE.

ENSEMBLE.

Tu le sauras; mais aujourd'hui
Un soin plus important me touche;
Que Victor me réponde ici.
Suis-je toujours celle qu'il aime?

VICTOR.

Je n'ai jamais aimé que toi.

ADÈLE.

Ton cœur est-il toujours le même?

VICTOR, *lui mettant la main sur son cœur.*

Ah! qu'il te réponde pour moi!

O doux instant! bonheur suprême!
Du sort quelque soient les rigueurs,
Je suis aimé de ce que j'aime;
Je puis braver tous les malheurs.

ADÈLE.

ENSEMBLE.

Mais toi-même, daigne m'apprendre
Par quel bonheur je te revoi.

VICTOR.

Tu le sauras; un soin plus tendre
M'inquiète, hélas! malgré moi:
A ton tour ici réponds-moi.
Ai-je retrouvé mon Adèle?

ADÈLE.

Je n'ai jamais pensé qu'à toi.

ENSEMBLE.

VICTOR.

Ton cœur m'a-t-il été fidèle?

ADÈLE, *lui mettant la main sur son cœur.*

Ah! qu'il te réponde pour moi.

SCÈNE X.

ENSEMBLE.

O doux instant! bonheur suprême!
Malgré le sort et ses rigueurs,
Je suis aimé de ce que j'aime;
Je puis braver tous les malheurs.

VICTOR.

Chère Adèle! long-temps je n'ai rencontré que des obstacles, et je désespérais de la fortune lorsqu'enfin elle a daigné me sourire; j'ai trouvé ici quelques protections.

ADÈLE.

Eh bien, mon ami, c'est comme moi! depuis notre séparation, j'ai parcouru l'Italie, mais sans succès. A peine si l'on daignait m'entendre; mais en Allemagne, c'est bien différent. Un seigneur de la cour que je ne connais pas, que je n'avais jamais vu, m'a donné une lettre de recommandation et je débute ce soir.

VICTOR.

Comment, que dites-vous?

ADÈLE.

Jugez de mon bonheur, si je puis réussir! c'est moi, Victor, qui serai la plus riche; c'est moi qui serai la cause de notre mariage.

VICTOR.

Dites-moi, Adèle, vous êtes bien sûre que c'est vous qui débuterez ce soir; c'est qu'on m'avait pourtant parlé de la signora Zerlina.

ADÈLE.

Précisément, c'est moi-même, c'est un nom italien qu'on m'a conseillé de prendre.

VICTOR.

Grand Dieu!

ADÈLE.

Qu'avez-vous donc?

VICTOR.

C'est fait de vous, vous avez des ennemis qui ont juré votre perte.

ADÈLE.

Moi, des ennemis.... non, non, rassurez-vous; à qui ai-je fait du mal, et qui pourrait m'en vouloir?

VICTOR.

Je vous dis qu'il y a un complot contre vous, j'en suis certain; tout à l'heure j'apportais au signor Astucio des esquisses qu'il m'avait demandées, il m'a à peine écouté tant il était furieux : il venait de recevoir pour la signora Zerlina un ordre de début, et pour ce soir même.

ADÈLE.

C'est bien cela.

VICTOR.

Alors, ne pouvant l'empêcher, il veut organiser contre vous une conspiration de main de maître; si vous le connaissiez, toute la salle est à lui.

ADÈLE.

Ah! mon Dieu, que je suis malheureuse? voilà encore notre mariage retardé.

SCÈNE XI.

Les précédens ; FRÉDÉRIC.

ADÈLE, apercevant Frédéric.

Ah ! monsieur, vous voilà. Il y a de jolies nouvelles.

FRÉDÉRIC, souriant.

N'est-il pas vrai ? j'étais sûr que ma lettre produirait un bon effet.

ADÈLE.

Ah bien oui ! ça va plus mal qu'auparavant.

FRÉDÉRIC.

Qu'est-ce que vous me dites là ?

ADÈLE.

Oui, monsieur, vous ne le croiriez jamais, apprenez qu'il y a ici des cabales.

FRÉDÉRIC, souriant.

Vraiment !... eh bien ! c'est ce que tout le monde dit, et pourtant je ne m'en suis jamais aperçu. Rassurez-vous, ma chère, on a voulu vous effrayer. Je voudrais bien voir qu'on se permît...

ADÈLE.

Oui, on n'oserait pas ! Victor lui-même en a la preuve.

FRÉDÉRIC.

Heim ! Victor, qu'est-ce que c'est que Victor ?

ADÈLE, baissant les yeux.

C'est lui dont je n'avais pas osé vous parler ce matin, et je ne sais pourquoi, car nous sommes du même pays ; nous avons été élevés ensemble. C'est un artiste, un peintre distingué ; il aurait droit plus que tout autre à la protection du prince.

FRÉDÉRIC, à part.

Je comprends ; c'est un amoureux : et moi qui bonnement croyais... (Se reprenant.) Eh bien! qu'est-ce que je fais donc, ne vais-je pas me fâcher du bonheur de M. Victor! Allons, allons, point d'intérêt personnel, obligeons-les en prince et sans faire payer mes services. (Gaîment.) Eh bien, voyons, mon enfant : nous disons que M. Victor a découvert quelque trame formée contre vous.

VICTOR.

Oui, monsieur, je puis vous l'attester.

FRÉDÉRIC.

Vous croyez qu'à nous trois, en nous entendant et en nous réunissant, nous ne pourrions pas jouter?

VICTOR.

Oh! non, nous ne serions pas de force; songez donc que nous avons contre nous le seigneur Astucio, le surintendant de la musique.

FRÉDÉRIC.

Lui, Astucio! qui a un air de douceur et de franchise! Je l'aurais cru le meilleur homme du monde. (A part.) Parbleu! s'il en est ainsi de tous ceux qui m'entourent, il paraît que je les connais bien. (Haut.) Nous verrons, et si vous voulez me seconder, je me sens le courage de lutter par dessous main contre le signor Astucio lui-même. (A part se frottant les mains.) Je ne suis pas fâché de cabaler, moi, cela m'amusera.

VICTOR.

Eh! que voulez-vous faire? comment empêcher les gens de siffler quand ils l'ont résolu?

SCÈNE XI.

FRÉDÉRIC.

Que me dites-vous là?

VICTOR.

Que ce signor Astucio doit remplir la salle d'ennemis intrépides et déterminés, et que le prince lui-même, quand il le voudrait, n'y pourrait rien.

FRÉDÉRIC.

C'est juste, c'est trop juste, il ne peut pas empêcher ses sujets de siffler, il est trop bon prince pour cela; mais si à notre tour nous avions recours à des auxiliaires bénévoles; si nous opposions une masse applaudissante!

ADÈLE, vivement.

Et moi je n'en veux pas, ce serait voler un succès.

VICTOR.

Elle a raison; c'est par son talent seul qu'elle doit réussir.

FRÉDÉRIC, leur prenant la main.

C'est bien, c'est très bien! (A part) ce sont de braves jeunes gens, de vrais artistes... (Haut.) Pardon, mes amis, c'est moi qui ai tort. (Montrant Adèle.) Il faut qu'on l'entende, il faut, comme vous le disiez tout à l'heure, qu'elle doive tout à elle-même et rien à la faveur, et j'imagine un moyen permis et légitime qui pourra embarrasser le signor Astucio lui-même.

VICTOR.

Quoi! vous espérez...

FRÉDÉRIC.

Je suis curieux de savoir comment il se tirera de là. Vous, ma chère enfant, allez repasser vos plus beaux morceaux et apportez votre musique.

ADÈLE, sortant.

Ah! monsieur, que vous êtes bon et généreux!

FRÉDÉRIC, la regardant sortir.

Généreux! (A part.) oui, oui, et j'ai du mérite à l'être. Allons, allons, je vais m'occuper de notre grand projet, j'y mets de l'amour-propre, et je veux voir qui l'emportera de moi ou du signor Astucio.

(Il sort par la porte à droite du spectateur.)

SCÈNE XII.

VICTOR, SEUL.

Il a beau dire, sa confiance ne me rassure pas; j'ignore ce qu'il médite en notre faveur; mais je crains toujours les ruses de ce maudit Italien. Et quand je pense que j'ai pu être protégé par lui... Non, non, je ne veux plus de ses services, j'aime mieux lui chercher querelle et lui déclarer que s'il ose tenter le moindre complot, je le fais sauter par la fenêtre du palais. Oui, c'est là le meilleur moyen : justement le voici. Eh mon Dieu! quel air sombre et soucieux!

SCÈNE XIII.

VICTOR; ASTUCIO, ENTRANT PAR LA DROITE.

ASTUCIO.

Oimè! oimè, questo va male. (D'un air indolent.) Ah! vi voilà, mon zer ami!

VICTOR.

Eh! mais, qu'y a-t-il donc?

SCÈNE XIII.

ASTUCIO.

Le più grand malheur : tous nos prozets ils sont dérangés.

VICTOR, avec joie.

Il serait vrai !

ASTUCIO.

Ze pouis dire cependant tout est perdu hors l'honnour; car vrai, il n'y a point de ma faute; z'avais la cabale la mieux administrée, un vrai bijou ; la petite elle aurait seulement pas pu ouvrir la bouche. Per più de sûreté, z'avais choisi des étrangers, tous vos camarades que j'avais été chercher à votre auberge de votre part.

VICTOR.

Comment, morbleu !

ASTUCIO.

Ne vous fâssez pas; puisque la soze il n'a pas lieu... Un hasard imprévu... Ze viens de recevoir les ordres du prince pour un grand concert à la cour. Eh! vite, eh! vite! à peine ai-je eu le temps de prévenir mes musiciens de ce qu'ils avaient à faire, et c'est dans ce concert que son altesse il veut entendre la zeune cantatrice.

VICTOR.

Et cela vous déconcerte ?

ASTUCIO.

Et senza dubbio ! comment voulez-vous que ze fasse ? à la cour on ne siffle ni on n'applaudit.

VICTOR.

Je comprends, vous voilà réduit au silence...... il faudra qu'on entende la débutante.

ASTUCIO, d'un air mystérieux.

C'est-à-dire, il faudra qu'on l'entende, (à part.) c'est si ze veux.

VICTOR.

Quoi! est-ce que vous auriez encore quelque espérance?

ASTUCIO.

Eh! eh! per Dio, nous verrons. (A part.) il a bien fallu chercher autre soze, et ze crois même que cela vaut mieux.

VICTOR.

Que voulez-vous dire? je prétends...

SCÈNE XIV.

Les précédens; CARLINE.

CARLINE.

Ah! mon cher Victor, que je suis contente! le premier chambellan vous prie de passer chez lui à l'instant même.

VICTOR.

Moi qui lui suis inconnu!

CARLINE.

C'est par l'ordre du prince: il a deux superbes tableaux à vous commander; j'étais bien sûre qu'avec la protection de mon mari... (Bas à Victor.) Mais, mon ami, remerciez-le donc, cela se fait toujours.

VICTOR, à Astucio.

Quoi! c'est à monsieur que je devrais...

ASTUCIO.

Oui, zeune homme, oui, oui, c'est à moi, qui l'ai

SCÈNE XV.

parlé au zambellan. (A part.) Ze n'y comprends rien, ze lui en ai pas dit un mot.

CARLINE.

Allons, dépêchez-vous, on ne fait point attendre un chambellan.

VICTOR, à Astucio.

Oui, mais j'aurais voulu savoir...

ASTUCIO.

Nous nous reverrons au concert tout à l'heure.

VICTOR.

C'est précisément à ce sujet.

CARLINE.

Mais partez donc, où nous renonçons à vous protéger; le chambellan se fâchera.

VICTOR.

J'y vais, j'y vais. (A part.) Je ne sais, mais j'ai idée que ce maudit Italien trame encore quelque chose. Au surplus, je reviens dans l'instant, et j'aurai l'œil sur lui.

(Il sort.)

SCÈNE XV.

CARLINE, ASTUCIO.

ASTUCIO, le regardant sortir.

Ze ne sais pas ce qu'il a, le zeune homme, il n'a point du tout l'air reconnaissant.

CARLINE.

C'est la joie, le saisissement; mais qu'est-ce que cela signifie, il y a concert aujourd'hui? J'espère que j'y paraîtrai.

ASTUCIO.

Du tout, c'est impossible, puisque vous zouez ce soir.

CARLINE.

Comment! je joue!

ASTUCIO.

Eh! oui, sans doute; la Molinara est sur l'affiche, et il faut que vous la jouiez à la place de la débutante, puisque c'est elle qui chante ce soir dans le concert.

CARLINE.

Comment, c'est elle?

ASTUCIO.

Soyez tranquille, elle n'ira pas loin, ze souis là; en attendant, soignez bien votre talent, perchè voici l'époque du renouvellement des engagemens.

CARLINE.

C'est bien amusant, aller jouer la Molinara! Nous étions convenus que j'étais indisposée pour une huitaine.

ASTUCIO.

Allons, allons, vi allez chanter comme un petit rossignol. (Tirant sa montre.) Diavolo, dépêchez-vous donc; l'heure il avance.

CARLINE.

Ah! mon Dieu, je n'ai que le temps de m'habiller. Vous viendrez me donner des nouvelles.

(Elle sort.)

ASTUCIO.

Et de bonnes, j'espère. Ze souis sûr de mon fait, perchè c'est moi ici qu'il dirige l'orchestre! Justement voici nos conjurés.

SCÈNE XVI.

ASTUCIO, CHOEUR DE MUSICIENS.

MORCEAU D'ENSEMBLE.

CHOEUR DE MUSICIENS.

Enfans de Polymnie,
Gaîment nous accourons ;
Du dieu de l'harmonie
Nous suivons les leçons.
  (A voix basse.)
Le devoir nous appelle,
Nous voici réunis ;
Comptez sur notre zèle,
Nous suivrons vos avis !

ASTUCIO, de même.

C'est bien, mes chers amis,
Vous m'avez tous compris.
Du zèle et de l'adresse,
Les yeux fixés sur moi,
Vous me suivrez sans cesse.

CHOEUR.

Nous savons notre emploi ;
Flûtes et violons,
Trompettes et bassons,
Nous vous seconderons.

ASTUCIO.

Taisez-vous ! voici son altesse.

SCÈNE XVII.

LES PRÉCÉDENS, LE PRINCE ET TOUTE LA COUR.

CHOEUR.

Enfans de Polymnie,
Célébrons par nos jeux
La présence chérie
Du maître de ces lieux.

(Pendant la reprise de ce chœur et la scène précédente, on a allumé les lustres du salon ; on a placé à gauche plusieurs fauteuils pour le prince et les personnes de sa cour. A droite, une banquette sur laquelle se placent ceux qui doivent chanter. Sur le reste du théâtre, en forme circulaire, les pupitres des musiciens ; sur le devant de la scène et en face du prince, on apporte le piano, qui reste ouvert. Un espace est réservé au milieu pour la cantatrice, ainsi que cela se pratique dans les exercices du Conservatoire.)

LE PRINCE, s'asseyant.

C'est à merveille, prenons place.

(Montrant Adèle, qui entre par la porte du fond, et à qui Victor donne la main.)

Voici la débutante.

(Aux courtisans qui sont derrière lui.)

Hé bien !
Ai-je eu tort de vanter sa grace ?
Voyez quel modeste maintien !

ADÈLE, arrivée au milieu du cercle, fait au prince une révérence, et puis levant les yeux sur lui.

Grands dieux !

LE PRINCE, à part.

Je ris de sa surprise extrême !

VICTOR, bas à Adèle.

Qu'avez-vous donc ?

ADÈLE, de même, lui montrant le prince.

C'est notre protecteur !

SCÈNE XVII.

VICTOR, le regardant.

O ciel ! c'est le prince lui-même.

ADÈLE.

Sa vue a rassuré mon cœur.

VICTOR.

J'en conçois un espoir flatteur,
Et cependant je crains encore
L'effet d'un complot que j'ignore.

(Montrant Astucio.)

Mais j'aurai l'œil sur l'ennemi.

(Il va s'asseoir sur la banquette à droite, qui est près le pupitre d'Astucio.)

ASTUCIO, se plaçant devant son pupitre, qui est le premier et le plus près du spectateur.

Quel est le premier air ?

ADÈLE.

Celui
Que ce matin j'avais déjà choisi.

ASTUCIO, faisant signe à son orchestre, et regardant le prince.

Quand monseigneur voudra.

LE PRINCE.

C'est bien ! nous y voici.

ADÈLE, chantant.

« Entendez-vous au loin l'archet de la folie ?
« Venise dans ses murs voit la foule accourir ;
« La raison elle-même en ce moment s'oublie ;
« Le carnaval vient de s'ouvrir. »

LE PRINCE.

C'est très-bien !

CHOEUR DES COURTISANS, derrière lui.

Monseigneur a raison ! c'est divin !

ADÈLE, continuant l'air.

« Voyez, que cette marche est belle !
« C'est Cassandre donnant la main
« A la séduisante Isabelle. »

ASTUCIO, qui pendant les mesures précédentes a déjà commencé à embrouiller l'orchestre, bas aux musiciens.

Un changement de mouvement.

(Ici l'orchestre prend un autre air.)

ADÈLE, commençant à se troubler.

« A la séduisante Isabelle !
« A la séduisante Isabelle !

(A part, à elle-même.)

Eh mais ! je n'y suis plus vraiment !

(Cherchant à rattraper l'air que joue l'orchestre.)

« Ici, Pierrot et Colombine !
« Pierrot et Colombine... »

LE PRINCE, bas aux courtisans.

Elle se trompe un peu, je m'imagine.

ADÈLE, de même.

« Mon cher Pierrot,
« Je t'aime trop. »

(A part.)

Hélas ! c'est trop haut.

(Ici le désordre augmente dans l'orchestre.)

ENSEMBLE.
{
LE PRINCE et LES COURTISANS.
Mais elle n'a pas tant d'aisance ;
Cela, je crois, n'ira pas bien.

ASTUCIO, bas aux musiciens.
A merveille ! cela commence ;
Bientôt ils n'y comprendront rien.

ADÈLE.
Ah ! rien n'égale ma souffrance ;
Hélas ! je n'y conçois plus rien !

VICTOR, regardant Astucio.
Ah ! qu'il redoute ma vengeance ;
Je vois quel projet est le sien.
}

LE PRINCE, à Adèle.

D'un premier trouble on ne peut se défendre ;
Remettez-vous.

SCÈNE XVII.

ADÈLE, continuant l'air.

« Plus loin le beau Léandre,
« La guitare à la main. »

ASTUCIO, bas aux musiciens.

Presto ! presto !

(L'orchestre prend un mouvement plus vif.)

ADÈLE, continuant.

« Soupirant d'un air tendre. »

ASTUCIO, bas aux musiciens.

Allégro ! allegro !

ADÈLE, de même.

« Soupirant d'un air tendre. »

(Cherchant à rattraper l'orchestre qui est en avance.)

« Povera signora !
« Ah ! ah ! ah ! ah ! »
« Gémit tout bas,
« Ah ! ah ! ah ! ah !
Ma tête et se perd et se trouble ;
Je sens que ma frayeur redouble ;
Je ne vois, je n'entends plus rien.

LE PRINCE, bas à ceux qui l'entourent.

J'en suis fâché ! c'est grand dommage !
La pauvre enfant ne va pas bien.

CHOEUR DES COURTISANS.

Elle ne fera jamais rien.

ASTUCIO, bas aux musiciens.

C'est bien, c'est très-bien, du courage !

(Haut, frappant sur son pupitre, et ayant l'air de se donner beaucoup de mal.)

Une, deux ! soutenez, soutenez !
A l'autre page... ; ici ; tournez.

ADÈLE, balbutiant, et cherchant à retrouver des fragmens de son air.

« Le gondolier et sa nacelle,
« Le tambourin qui nous appelle. »

(Mettant la main sur son cœur.)

Je n'y suis plus, je vais me trouver mal.

VICTOR, hors de lui, et menaçant Astucio.

A ma fureur rien n'est égal.

(Ici le bruit qui a été en crescendo, éclate tout-à-fait.)

ENSEMBLE.

LE PRINCE ET LES COURTISANS.

Rien ne peut conjurer l'orage,
Tous ses efforts sont superflus ;
Quel tintamarre ! ah ! quel tapage !
En vérité, je n'y tiens plus.

ASTUCIO.

C'est bien, redoublons de courage !
Tous leurs efforts sont superflus ;
Quel tintamarre ! quel tapage !
Ah ! je le vois, ils n'y sont plus !

ADÈLE.

J'entends sur moi gronder l'orage,
Tous nos soins seront superflus ;
Je suis sans force et sans courage !

(Regardant Victor.)

C'en est fait, nous sommes perdus.

VICTOR.

C'est en vain que gronde l'orage ;
Leurs projets seront confondus !
Oui, rien n'est égal à ma rage :
Morbleu ! je ne me connais plus !

(Le prince et toute la cour se lèvent pour sortir.)

VICTOR, à Astucio.

Arrêtez !

ASTUCIO, étonné.

Que fait-il ?

VICTOR, passant au milieu du théâtre.

Je réclame
La justice de monseigneur.
Il existe une indigne trame
Dont je pourrais nommer l'auteur.
Son talent seul doit la défendre :
Un seul instant daignez encor l'entendre.

(Le prince et tous se rasseoient.)

SCÈNE XVII.

(*Victor se place au clavecin.*)

(*A Adèle.*)

Venez, monseigneur y consent,
Du courage, cet air brillant
Que j'accompagnai si souvent.

(*Le prince fait signe à l'orchestre de s'arrêter. Adèle chante, accompagnée par Victor.*)

ADÈLE, avec force et expression.

Apollon, dieu du jour, des arts et du génie,
Du temple de la Gloire ouvre-nous les chemins;
Ton carquois a des traits pour terrasser l'Envie,
Et ta lyre a des chants pour charmer les humains.

LE PRINCE, étonné.

Quelle différence! fort bien!
En honneur, je n'y comprends rien.

TOUS.

ENSEMBLE. { Ah! c'est divin, bravo! fort bien.
En honneur, je n'y comprends rien.

ASTUCIO, à part.

Diavolo! c'est beaucoup trop bien.
Oimè! je n'y peux plus rien.

VICTOR.

Vous le voyez, monseigneur, (*montrant Astucio*) c'est le seigneur Astucio qui, pour empêcher qu'on entendît une cantatrice qu'il redoutait, a mis exprès le désordre dans l'orchestre.

LE PRINCE, riant.

Une conspiration instrumentale! en voilà une dont je n'aurais pas eu l'idée.

ASTUCIO.

Quoi, votre altesse pourrait supposer... Ze souis connu; d'ailleurs, on sait que zamais de ma vie ze n'ai ourdi la moindre intrigue, la moindre cabale.

SCÈNE XVIII.

Les précédens ; CARLINE.

CARLINE, entrant en pleurant.

C'est une indignité, une horreur! j'en demanderai justice à son altesse.

ASTUCIO.

Ma femme tout en pleurs! qu'est-il donc arrivé? Est-ce que la Molinara elle est dézà finie?

CARLINE, toujours pleurant.

Je crois bien; je n'en ai pas chanté la moitié; on ne me l'a pas laissé achever; à chaque note un accompagement.

ASTUCIO, avec colère.

Il se pourrait...

CARLINE.

Oui, il y avait là une foule d'étrangers.

ASTUCIO.

Dieu! ze ne les ai pas décommandés!

VICTOR, l'interrompant.

Là, monseigneur, vous l'entendez?

ASTUCIO, à part.

Dio! quelle bêtise il vient de mi échapper.

LE PRINCE.

Vous en convenez donc enfin, signor Astucio? (A sa cour.) C'est-à-dire que moi, prince souverain, j'ai jouté toute la journée contre ce damné d'Italien, sans pouvoir l'emporter sur lui, et qu'il m'a été presque impossible de faire entendre une cantatrice que je protégeais, et dont il ne voulait pas!

SCÈNE XVIII.

ASTUCIO.

Si votre altesse elle savait dans quelles intentions ! dans quels motifs...!

LE PRINCE, avec ironie.

Je les devine ; c'est dans la crainte, n'est-ce pas, que je ne me laisse séduire par ses accens enchanteurs.

ASTUCIO.

Mon prince, ze ne dis pas...

LE PRINCE.

C'est bien. Pour te rassurer, c'est moi-même qui veux aujourd'hui marier cette aimable personne avec M. Victor, qui voudra bien, je l'espère, se fixer à ma cour.

VICTOR ET ADÈLE.

Ah! monseigneur, que de bontés!

LE PRINCE.

Je vous disais bien ce matin qu'à nous trois, en nous entendant bien, nous finirions par l'emporter. Quant à vous, signor Astucio, je vous ordonne, pour punition, de ne plus jamais intriguer.

CARLINE.

Ah, mon Dieu! qu'est-ce qu'il va devenir?

ASTUCIO, à part.

Mon état, il est perdu!

CHOEUR.

Chacun, dans le monde,
Intrigue à la ronde,
Et les meilleurs droits
Sont aux plus adroits.

FIN DU CONCERT A LA COUR.

LEOCADIE,

DRAME LYRIQUE EN TROIS ACTES,

Représenté pour la première fois, à Paris, sur le théâtre royal de l'Opéra-Comique, le 4 novembre 1824.

EN SOCIÉTÉ AVEC M. MÉLESVILLE.

Musique de M. Auber.

PERSONNAGES.

DON CARLOS, colonel d'un régiment d'infanterie.
DON FERNAND D'AVEYRO, capitaine au même régiment.
PHILIPPE DE LEIRAS, sergent.
CRESPO, alcade.
LÉOCADIE, sœur de Philippe.
SANCHETTE, nièce de Crespo.
OFFICIERS.
SOLDATS.
VILLAGEOIS.
VILLAGEOISES.
BATELEURS.

La scène se passe en Portugal, dans le comté d'Elvas.

LÉOCADIE,

NON, NON, ELOIGNEZ-VOUS.

Léocadie. Acte III. Sc. XI.

LÉOCADIE.

ACTE PREMIER.

Le théâtre représente une campagne agréable. A droite du spectateur, la maison de Crespo; à gauche, celle de Philippe, devant laquelle sont une table en pierre et deux chaises. Plus haut, du même côté, une partie du village d'Elvas. A droite, sur le troisième plan, le commencement de l'avenue qui conduit au château.

SCÈNE PREMIÈRE.

SANCHETTE, *en costume de mariée, et entourée de jeunes filles qui ont l'air d'achever sa toilette : l'une lui donne le bouquet, l'autre attache à son bonnet une branche d'oranger.*

CHOEUR DE JEUNES FILLES.

ENSEMBLE.
C'est aujourd'hui que l'hymen vous engage;
Recevez notre compliment.
Dieu! quel beau jour qu'un jour de mariage!
Ah! qu'il nous en arrive autant!

SANCHETTE.

C'est aujourd'hui qu'à jamais je m'engage
Au plus fidèle des amans.
Ah! quel beau jour qu'un jour de mariage,
Quand on attend depuis long-temps!

CRESPO, sortant de sa maison, et allant à Sanchette.

Eh bien! est-ce fini, ma chère?

SANCHETTE.

Mon oncle, suis-je bien ainsi?
Dites-moi, pourrai-je lui plaire?

CRESPO.

Tu le veux, je le veux aussi ;
Mais pour toi je pouvais, ma chère,
Espérer un meilleur parti.
Toi, toi, la nièce d'un alcade,
Épouser un simple sergent !

SANCHETTE

Philippe doit monter en grade ;
Il est tendre, aimable et vaillant.

CHOEUR DE JEUNES FILLES.

Philippe est aimable et vaillant.

SANCHETTE, aux jeunes filles.

Grace à vos soins me voilà prête.
(Allant parler à chacune.)
Merci, merci. Mais à présent
Songez vite à votre toilette,
Et revenez bien promptement.

CHOEUR DE JEUNES FILLES.

C'est aujourd'hui que l'hymen vous engage ;
Recevez notre compliment.
Dieu ! quel beau jour qu'un jour de mariage !
Ah ! qu'il nous en arrive autant !
(Elles sortent.)

SANCHETTE.

ENSEMBLE.
C'est aujourd'hui que l'amour nous engage ;
Oui, je reçois vos complimens.
Ah ! quel beau jour qu'un jour de mariage,
Quand on attend depuis long-temps !

CRESPO.

C'est aujourd'hui que l'hymen les engage ;
Il est vrai qu'ils ont mes sermens ;
Mais j'aurais dû, si j'avais été sage,
Attendre encor bien plus long-temps.

SCÈNE II.

SANCHETTE, CRESPO.

SANCHETTE.

Oui, Philippe, rassurez-vous,
Sera le meilleur des époux;
Et puis sa sœur Léocadie,
Si bonne et si jolie,
Est ma meilleure amie.

CRESPO.

Mais ce que je ne comprends pas,
D'où vient donc sa mélancolie?
Qu'a-t-elle donc?

SANCHETTE.

On n'en sait rien, hélas!
Mais, tenez, vers ces lieux elle porte ses pas!

CRESPO.

Toujours triste et rêveuse!

SANCHETTE.

Ah! l'on ne croirait pas
Que son frère ici se marie.

SCÈNE III.

Les précédens; LÉOCADIE, *vêtue simplement, et tenant des fleurs à la main.*

LÉOCADIE.

ROMANCE.

Pour moi, dans la nature,
Tout n'est plus que douleur;
Des eaux le doux murmure
Ne charme plus mon cœur;
L'oiseau de la prairie
Ne sait plus m'attendrir.
Pauvre Léocadie!
Te vaudrait mieux mourir.

SANCHETTE.

Elle ne nous voit pas.

CRESPO.

Mais tais-toi donc; parle plus bas.

LÉOCADIE.

DEUXIÈME COUPLET.

La fleur à peine éclose
Me paraît sans fraîcheur;
Le parfum de la rose
A perdu sa douceur.
Le bonheur d'une amie
Ne vient plus m'embellir.
Pauvre Léocadie!
Te vaudrait mieux mourir.

SANCHETTE, allant à elle.

Je n'y tiens plus : Léocadie!

LÉOCADIE.

Eh! quoi, c'est toi, ma sœur.

ACTE I, SCÈNE III.

SANCHETTE.

Mais qu'as-tu donc?

LÉOCADIE, *affectant une grande joie.*

Rien! mon ame est ravie
De ton hymen, de ton bonheur.

ENSEMBLE.

LÉOCADIE.

C'est aujourd'hui que l'hymen vous engage :
Soyez heureux, soyez constans.
Ah! quel beau jour qu'un jour de mariage,
Quand l'amour reçoit nos sermens!

SANCHETTE.

C'est aujourd'hui qu'à jamais je m'engage
Au plus fidèle des amans;
Ah! quel beau jour qu'un jour de mariage,
Quand on attend depuis long-temps!

CRESPO.

C'est aujourd'hui que l'hymen les engage;
Il est vrai qu'ils ont mes sermens :
Mais j'aurais dû, si j'avais été sage,
Attendre encor bien plus long-temps.

SANCHETTE, à Léocadie.

Mais, je vous le demande : où est donc M. Philippe votre frère? moi je suis prête, et c'est le futur qui se fait attendre!

CRESPO.

Vous savez bien qu'il a été chercher des papiers nécessaires à son mariage, et sans lesquels moi, alcade de ce village, je n'aurais pu consentir à votre union.

LÉOCADIE.

Et puis, ne faut-il pas qu'il aille au château demander la permission de don Carlos, son colonel?

SANCHETTE.

La permission! la permission! Cependant ce n'est

pas une affaire de discipline; et je vous demande où nous en serons dans notre ménage, s'il faut toujours comme cela demander?

LÉOCADIE, l'interrompant.

Allons, allons, ne te plains pas, car le voici!

SCÈNE IV.

Les précédens; PHILIPPE, *en uniforme de sergent.*

PHILIPPE, à Crespo.

Bonjour, cher oncle; (à Léocadie) bonjour, ma sœur.

SANCHETTE.

Et à moi, monsieur, vous ne dites rien... Quelles nouvelles y a-t-il?

PHILIPPE.

D'excellentes! Mon colonel a tant d'amitié pour moi! « Bien, Philippe, m'a-t-il dit, hâte-toi de te marier et d'avoir des enfans; il n'y a jamais trop de braves gens. »

SANCHETTE.

Dieu! que Monseigneur est bon!

LÉOCADIE, à Sanchette.

Je crois alors que je puis aller chercher nos bouquets. (Elle entre un instant dans la maison de Philippe.)

PHILIPPE.

Oui, sans doute, aujourd'hui la noce : (à Crespo) et voilà mes papiers que je vous apporte. Vous pouvez être tranquille, ils sont en règle.

CRESPO.

Je n'en doute point; mais en ma qualité d'oncle et

de magistrat, je dois apporter à leur examen une double attention. Quelle est d'abord cette grande pancarte, dont l'écriture est si belle? j'ai cru, au premier coup d'œil, que c'était gravé.

PHILIPPE.

Ce sont mes états de service que ma sœur Léocadie a eu la bonté de copier de sa main.

CRESPO.

Je ne lui aurais jamais soupçonné un pareil talent. Moi, qui vous parle, je ne ferais pas mieux.

SANCHETTE.

Et mon oncle s'y connaît, lui qui, avant d'être alcade, était magister.

CRESPO.

Du tout, mademoiselle, j'étais gouverneur! gouverneur d'une douzaine d'enfans que l'on m'avait confiés! fonctions honorables qui n'étaient qu'un acheminement à de plus hautes dignités. (Regardant les papiers.) ÉTATS DE SERVICE. Passons, cela ne me regarde pas!

(Ici Léocadie rentre, tenant à la main une corbeille de fleurs qu'elle pose sur la table de pierre qui est devant la maison.)

Voyons les papiers civils, les renseignemens sur la famille; car vous sentez bien, mon cher ami, que la moindre infraction, ce que nous appelons la plus petite faute d'orthographe, peut porter atteinte au respect et à la considération qui me sont nécessaires.

PHILIPPE.

Vous avez raison, l'honneur avant tout : mais rassurez-vous, notre alliance ne vous fera point de tort; et, si vous trouvez la moindre tache à notre nom, je vous permets de rompre notre mariage et de m'enlever Sanchette. (A Léocadie.) N'est-il pas vrai, ma sœur?

LÉOCADIE, avec émotion.

Oui, oui, mon ami.

CRESPO, parcourant les papiers.

Qu'est-ce que je vois donc là dans votre acte de naissance? le... le comte de Dénia.

PHILIPPE, froidement.

C'était mon grand-père!

CRESPO, étonné.

Hein... et le chevalier de Léiras.

PHILIPPE, de même.

C'était mon père.

CRESPO, ôtant son chapeau.

Il serait possible! votre propre père, à vous, Philippe?

PHILIPPE.

Et pourquoi pas? Qu'y a-t-il d'étonnant? Dans ces temps de troubles et de révolutions, attaché à un parti malheureux, il est mort dans l'exil et dépouillé de ses biens. Je suis resté, à quinze ans, sans appui, sans ressources, protecteur de ma sœur et d'une vieille tante, notre seule parente; que pouvais-je faire? Mendier des secours en parlant de mes aïeux? Non! mon père m'avait laissé son épée; c'était son seul héritage; je m'en suis montré digne. Je me suis fait soldat; j'ai servi mon pays : je crois du moins que ce n'est pas déroger!

SANCHETTE, sautant de joie.

Quoi? vous êtes noble! ah! que je suis contente!

ACTE I, SCÈNE IV.

PHILIPPE.

Eh! qu'est-ce que cela te fait? Qu'est-ce qu'il t'en reviendra? Quand on est sans fortune, quand on n'a rien pour soutenir son nom, il vaut mieux ne pas s'en parer; et c'est ce que j'ai fait. Nourri dans les camps, élevé au milieu des armes, je ne serai jamais qu'un soldat; c'est mon lot. Eh bien! j'en suis fier et content; je ne demande pas autre chose. Je m'allie à celle que j'aime, à une famille d'honnêtes gens; et pourvu que ma sœur Léocadie soit aussi heureuse que moi, rien ne manquera à mon bonheur.

CRESPO.

Mon cher ami! mon cher neveu! Et, dites-moi... Monseigneur en est-il instruit?

PHILIPPE.

De ce matin seulement; car il a fallu aussi lui confier une partie de ces papiers, et je ne reviens pas encore de sa surprise et de sa joie. « Quoi! Philippe, s'est-il « écrié, toi et ta sœur vous avez de la naissance! vous « êtes d'une famille noble! si tu savais quel plaisir me « fait cette nouvelle... » Et en effet, il avait un air rayonnant. Je vous demande ce que ça peut lui faire? car, d'ordinaire il n'y tient pas. Au régiment, il traite tous ses soldats en camarades; et au feu, il est toujours à côté d'eux, quand toutefois il n'est pas en avant.

CRESPO.

C'est égal. Monseigneur a raison; et je suis de son avis. Ce cher Philippe! je suis ravi de cette alliance. Par exemple, vous me permettrez de mettre dans le contrat Philippe de Léiras, c'est de rigueur; et puis:

Philippe de Léiras, neveu d'un alcade; ces deux phrases-là vont bien ensemble !

PHILIPPE.

Faites comme vous voudrez, pourvu que vous vous dépêchiez.

CRESPO.

Soyez tranquille. Je vais m'occuper du contrat, et dans une heure vous serez mariés.

(Il sort par la droite.)

SCÈNE V.

LÉOCADIE, PHILIPPE, SANCHETTE.

SANCHETTE.

Cet excellent oncle! Pourvu qu'il ne perde pas de temps à causer, comme il le fait toujours !

PHILIPPE.

C'est pour cela que je n'ai pas voulu, devant lui, vous répéter les nouvelles qu'on m'a apprises au château, parce qu'il aurait fait là-dessus des commentaires à n'en plus finir.

LÉOCADIE.

Qu'est-ce donc ?

PHILIPPE.

En sortant de l'appartement de don Carlos, j'ai vu, dans le château, des gens de pied et des équipages qui arrivaient, et puis un bruit, un tapage... Il se prépare quelque cérémonie; et l'on dit que don Carlos, mon colonel, va se marier.

LÉOCADIE.

Lui, se marier!... vous croyez ?

ACTE I, SCÈNE V.

PHILIPPE.

Eh bien! qu'as-tu donc?

LÉOCADIE.

Moi! rien. Et en effet, cette nouvelle ne doit pas étonner.

SANCHETTE.

Sans doute, il y a long-temps que cela devrait être fait. Un jeune seigneur qui est son maître, qui a une fortune superbe, et qui en outre est le plus joli garçon du pays, ce qui ne gâte rien...

LÉOCADIE, à Philippe.

Et comment as-tu appris?...

PHILIPPE.

C'est mon capitaine que j'ai trouvé là, et qui me l'a dit en confidence.

SANCHETTE.

Votre capitaine? don Fernand d'Aveyro?

PHILIPPE.

Oui, l'ami de mon colonel, jadis son compagnon d'études et de folies, et maintenant son frère d'armes.

LÉOCADIE, d'un air de confiance.

Oh! si c'est de lui que tu tiens cette nouvelle, il n'y a encore rien de certain.

SANCHETTE.

Sans doute : est-ce qu'il sait jamais ce qu'il fait, ou ce qu'il dit? un étourdi, un mauvais sujet dont le colonel a déja payé deux ou trois fois les dettes.

PHILIPPE.

Eh bien! Monseigneur a bien fait, parce que c'est un brave jeune homme que nous aimons tous au régiment, et qui, malgré son étourderie, est dévoué au colonel.

SANCHETTE.

Oui, dévoué, dévoué ; il verra, à la fin de l'année, les mémoires de dévouement.

FERNAND, en dehors.

Allez, dépêchez-vous, et ne perdez pas de temps.

SANCHETTE.

C'est lui ! je l'entends ; ce que c'est que d'en parler !

SCÈNE VI.

LES PRÉCÉDENS ; FERNAND, *sortant de l'allée du château.*

FERNAND, à la cantonade.

Des danses, des quadrilles et un bel orchestre ; je veux aussi des jeux de bague, et même un petit combat de taureaux, si c'est possible. Enfin, qu'on n'épargne rien, c'est moi qui paye.

SANCHETTE.

Eh, mon Dieu ! monsieur le capitaine, qu'y a-t-il donc ?

FERNAND.

Vous ne savez pas la grande nouvelle ? il n'est question que de cela au village et au château.

PHILIPPE.

Comment ! il serait vrai ? Monseigneur se marie ?

FERNAND.

Eh non, ce n'est pas lui, mais la comtesse Amélie, sa sœur.

ACTE I, SCÈNE VI.

LÉOCADIE, vivement.

Vous en êtes bien sûr?

SANCHETTE.

Et qui épouse-t-elle?

FERNAND.

Vous ne devinez pas? regardez-moi donc.

CAVATINE.

C'est moi qui suis son époux :
Est-il un destin plus doux!

Voilà quatre ans que je l'adore,
Et personne ne s'en doutait.
Oui, voilà quatre ans qu'en secret
Elle m'a donné son portrait...
Aujourd'hui j'ai bien mieux encore.

C'est moi qui suis son époux :
Est-il un destin plus doux!

Je l'aimai long-temps en silence,
N'osant réclamer un tel bien :
Son frère est riche, et je n'ai rien.
Mais aujourd'hui, pour l'opulence,
Qui pourrait s'égaler à moi?
Je suis plus riche que le roi.

C'est moi qui suis son époux :
Est-il un destin plus doux!
Je suis son époux!

SANCHETTE.

Et comment cela est-il arrivé?

FERNAND.

C'est ce matin, don Carlos, mon colonel, mon ami... (avec émotion) ah! tu es trop heureux, Philippe, d'avoir manqué te faire tuer pour lui; et tu as reçu là une balle qui m'appartenait de droit. Enfin ce brave et excellent jeune homme m'apprend qu'il connaît mon amour, qu'il l'approuve, qu'il a fait sortir sa sœur de son couvent, et qu'aujourd'hui même nous serons mariés.

LÉOCADIE.

Et qui avait pu l'instruire?

FERNAND.

Je n'en sais, ma foi, rien; mais j'ai idée que c'est une lettre de moi.

LÉOCADIE.

Une lettre!

FERNAND.

Oui; un jour que j'écrivais à Amélie et à son frère, je me serai trompé d'adresse, et il aura lu la lettre destinée à sa sœur. Enfin c'est aujourd'hui qu'arrive ma future, et j'accours au-devant d'elle. Vous ne la connaissez pas? Je crois bien, depuis trois ans qu'elle n'est pas sortie de son couvent! (A Philippe.) Imagine-toi, mon cher ami, la plus jolie et la plus aimable femme! Je ne sais pas pourquoi elle est riche; car personne mieux qu'elle n'aurait pu s'en passer. Mais c'est encore don Carlos: il donne à sa sœur une partie de sa fortune; il l'a voulu absolument. Moi, je ne pouvais pas le contrarier, un beau-frère à qui je dois tout.

LÉOCADIE.

Ah! je le reconnais bien là! Mais puisque la comtesse Amélie doit arriver dans le village, eh vite, Sanchette, viens m'aider à faire des bouquets.

ACTE I, SCÈNE VI.

SANCHETTE.

Oh, de grand cœur !

(Elles vont toutes deux s'asseoir près de la table.)

FERNAND.

C'est bien, nous en aurons besoin. J'ai rencontré tout à l'heure votre oncle, le seigneur Crespo, que j'ai mis à la tête de mes divertissemens champêtres ; un alcade, ça fait bien, cela donne tout de suite à une fête un air imposant et municipal ; et puis, Philippe, j'ai fait placer la danse et la musique sur la pelouse à côté de ta maison, car nous aurons tout le village. Moi, je n'aime pas à être heureux seul. De plus, je dote six jeunes filles ; Sanchette, Léocadie, vous m'indiquerez les plus jolies... je veux dire les plus sages. Et, à propos de cela, dites-moi donc ce que c'est qu'un petit bon homme de deux ou trois ans qui demeure là à deux pas avec la vieille Catherine.

SANCHETTE.

Le petit Paul, vous voulez dire ?

LÉOCADIE, laissant tomber son bouquet.

Le petit Paul !

SANCHETTE, le ramassant.

Prends donc garde à ce que tu fais.

FERNAND.

Il paraît qu'on ne connaît pas ses parens ; c'est dommage, il est gentil, cet enfant, de petits cheveux blonds, et puis il bavarde...

PHILIPPE.

Oui, oui, le petit drôle a de l'esprit : c'est le favori de Léocadie.

FERNAND.

Vraiment! je suis enchanté que vous vous y intéressiez; je l'emmène avec moi.

LÉOCADIE, vivement et se levant.

Vous l'emmenez! Catherine y consent!

FERNAND.

C'est arrangé avec la vieille. Autrefois, tous les mois on lui écrivait; mais en voilà six qu'elle n'a reçu de nouvelles; peut-être que les parens de cet enfant n'existent plus. Pour lui rendre service, j'ai proposé de m'en charger; elle a accepté; j'en ferai un page; et s'il a des dispositions, je veux le lancer, et que dans quelques années il soit le plus mauvais sujet du régiment : vous m'en direz des nouvelles. Eh bien, où allez-vous donc, Léocadie?

LÉOCADIE.

Pardon, j'ai oublié quelques préparatifs.

FERNAND.

Les toilettes, c'est trop juste. Ah çà, vous qui ne voulez jamais danser avec moi, j'espère qu'aujourd'hui...

LÉOCADIE.

Je n'ai rien à refuser au beau-frère de Monseigneur.

(Elle fait la révérence, et sort.)

SCÈNE VII.

Les précédens, *hors* LÉOCADIE.

FERNAND.

C'est-à-dire que c'est à mon nouveau titre, et non à mon mérite personnel, que je devrai cette faveur. Sais-tu, Philippe, que ta sœur est très singulière? Sous son costume villageois, elle a un air de dignité qui impose. Don Carlos ne lui parle jamais qu'avec respect; et moi-même je n'ose plaisanter avec elle... comme avec Sanchette, par exemple.

SANCHETTE.

Je vous remercie de la préférence.

PHILIPPE.

Que voulez-vous? elle a été élevée par une tante qui lui a donné, peut-être à tort, l'éducation et les manières d'une grande dame; vous vous y habituerez. Mais savez-vous que c'est une bonne action que vous avez faite là, mon capitaine? vous charger de ce pauvre petit diable!

FERNAND.

Il n'y a pas de mal, mon ami; cela en répare d'autres qui ne sont pas aussi belles : j'ai encore de la marge pour être au pair!

PHILIPPE.

Vous, capitaine!

FERNAND.

Oui, oui; il ne faut pas croire, parce que vous me voyez posé et raisonnable, que j'aie toujours été comme cela : je ne parle pas des petites distractions qui arrivaient au régiment, parce que tu sais bien, Philippe, qu'entre militaires...

SANCHETTE, à Philippe.

Comment, monsieur...

FERNAND.

Hein ! qu'est-ce que je fais donc là devant la future ? ne parlons pas de cela : ce n'est rien ; mais quand j'y pense, et que je me rappelle les aventures de ma vie ! nous avons surtout quelques vilains chapitres ! Tiens, Philippe, je te raconterai cela quelque jour, quand nous aurons une vingtaine d'années de mariage. Je cours chercher mon jeune page, je veux le faire habiller pour la cérémonie. Dites donc, j'aurais pourtant bien voulu savoir quelle est sa mère; j'ai interrogé la vieille Catherine, parce que je suis assez curieux de ces aventures-là ; mais elle ne sait rien.

PHILIPPE.

On croit que c'est le fruit de quelque hymen secret.

FERNAND.

Ou peut-être... car enfin.... c'est possible...

SANCHETTE.

Ah ! mon Dieu, oui ; car, d'après ce qu'on disait hier chez mon oncle...

FERNAND.

Comment? il y a des caquets, même chez l'alcade!

SANCHETTE.

Je crois bien, c'est là qu'on les fait.

ACTE I, SCÈNE VII.

FERNAND.

Dites-les-moi vite, je veux tout savoir.

SANCHETTE.

PREMIER COUPLET.

Voilà trois ans qu'en ce village
Nous arriva ce bel enfant;
Et chacun dans le voisinage
Dit qu'il doit être d'un haut rang.
Par sa grace et son doux sourire,
Tous les cœurs sont intéressés;
Mais du reste on n'en peut rien dire,
Et voilà tout ce que je sais!

DEUXIÈME COUPLET.

Jamais, hélas! jamais sa mère
Près de lui n'a porté ses pas;
Sa nourrice est une étrangère
Qui même ne le connaît pas;
En secret quelquefois encore
Des présens lui sont adressés;
Pour le reste, chacun l'ignore;
Et voilà tout ce que je sais!

TROISIÈME COUPLET.

Matin et soir, dans la prairie,
Nous nous amusons de ses jeux;
Mais c'est moi, c'est Léocadie
Que toujours il aime le mieux.
Qu'il est joli! qu'il est aimable!
Si mes vœux étaient exaucés,
Moi, j'en voudrais un tout semblable,
(Philippe lui fait signe de se taire, et elle reprend l'air en baissant les yeux.)
Et voilà tout ce que je sais!

FERNAND.

C'est déja quelque chose, et cela redouble encore ma curiosité. Si vous pouviez, ma petite Sanchette, vous qui avez de l'esprit, découvrir le mot de l'énigme, ou seulement le nom de la mère, tenez, je vous donnerais cette belle chaîne d'or que vous regardiez hier avec tant de plaisir.

SANCHETTE.

Vrai? oh! oui, vous ne me la donneriez pas.

FERNAND.

Tu te méfies de moi ; (la lui jetant au col) tiens, la voilà d'avance, tant je suis sûr que tu la gagneras, parce que tu es si adroite et si jolie... C'est que vraiment, Philippe, ta future est charmante; un air malin, un regard... (Il quitte brusquement sa main qu'il avait prise.) Eh bien! qu'est-ce que j'ai donc, moi ?... ces souvenirs de garnison... (Haut.) Adieu, ma petite.

SCÈNE VIII.

PHILIPPE, SANCHETTE.

SANCHETTE.

Dieu! la belle chaîne d'or! que je suis heureuse! et que le seigneur Fernand est aimable! Certainement, je ne plains pas la comtesse Amélie. (Rencontrant un regard de Philippe.) Eh bien! monsieur Philippe, qu'avez-vous donc? et pourquoi me regarder ainsi?

PHILIPPE.

Qu'est-ce que c'est que ces coquetteries et ces complimens, et cette chaîne que vous avez acceptée?... Avisez-vous de la gagner, et je ne vous revois de ma vie.

SANCHETTE.

Comment, c'est pour cela!... Je vous demande un

peu si ce n'est pas terrible de n'avoir pas un moment de tranquillité ! D'abord, monsieur Philippe, je vous en prie, ne me faites pas pleurer; je serai jolie, après cela, pour la noce !... Vilain caractère !... est-ce que vous croyez que je m'en soucie de cette chaîne ? Et la preuve, c'est que je m'en vais sur-le-champ la rendre au seigneur Fernand.

PHILIPPE, la retenant.

Non pas, rentrez; plus tard nous parlerons de cela.

SANCHETTE.

Fi ! le jaloux !

PHILIPPE.

Eh bien, Sanchette, je te demande pardon.

SANCHETTE.

Vous ne m'en voulez plus? bien sûr?

PHILIPPE, lui baisant la main.

Je te le promets.

SANCHETTE.

Que cela vous arrive encore !

(Elle entre à droite, chez Crespo.)

SCÈNE IX.

PHILIPPE, FERNAND, *entrant par la gauche,* et CRESPO *par la droite du spectateur.*

FERNAND.

Ah ! seigneur alcade, je vous trouve à propos.

PHILIPPE.

Que vous est-il donc arrivé, mon capitaine ?

FERNAND, gaîment.

L'aventure la plus piquante ! et si je m'en croyais,

je serais d'une colère... mais un jour de noce, on n'a pas le temps. J'arrive chez cette vieille Catherine, qui, selon sa promesse, devait me remettre mon jeune page : « Ah! monsieur, me dit-elle, il m'est défendu de vous le confier. — Et par qui? pour quel motif? — Je l'ignore moi-même; je ne puis le dire. » Il y avait là-dessous un mystère qui me déplaisait. « Prenez garde, lui dis-je; car, si par votre faute vous privez ce pauvre enfant de l'état et du sort heureux que je lui destine, c'est vous que l'on accusera. » Alors cette brave femme, tremblante, incertaine... « Tenez, monsieur, portez « au seigneur alcade cette lettre que je viens de rece- « voir; ne la montrez qu'à lui, et demandez son avis. » Je l'ai prise, je l'apporte, et la voici. (A Crespo.) Voyez plutôt.

(La lui lisant.)

« Vous garderez chez vous et ne remettrez à per- « sonne le dépôt qui vous est confié; bientôt vous « aurez de mes nouvelles. Brûlez cette lettre comme « toutes les autres. »

(Donnant la lettre à Crespo.)

Toujours le même mystère!

CRESPO, tenant la lettre et la regardant.

Ah! mon Dieu, quelle écriture! celle de ce matin!

FERNAND, vivement.

Eh bien! est-ce que vous seriez au fait?

CRESPO.

Non, non; je croyais d'abord... (A part.) C'est bien elle : quelle découverte!

FERNAND.

C'est égal; si vous savez quelque chose, nous devons partager la nouvelle, et vous devez tout me dire, parce que moi, je suis la discrétion même, c'est connu. Ah, mon Dieu! déja midi! et ma future qui va arriver! je cours à sa rencontre. (A Crespo.) N'oubliez pas le programme de la fête; je vous ai nommé pour aujourd'hui mon intendant des menus plaisirs, et si on ne s'amuse pas, vous êtes responsable. Philippe, viens-tu avec moi? je vais te présenter à ma femme. (Il sort en courant.)

PHILIPPE, prêt à le suivre.

Oui, mon capitaine.

SCÈNE X.

PHILIPPE, CRESPO.

CRESPO, retenant Philippe par le bras.

Un moment!

PHILIPPE.

Qu'avez-vous donc?

CRESPO.

Parle bas.

PHILIPPE, souriant.

Eh mais, Crespo, qu'est-ce que cela signifie? Comme vous voilà ému!

CRESPO.

Oui, car dans le fond je t'estime, je t'aime; mais, comme tu le disais toi-même ce matin, l'honneur de notre famille avant tout.

PHILIPPE.

Que voulez-vous dire?

CRESPO.

Que tout est rompu.

PHILIPPE.

Comment ?

CRESPO.

Plus de mariage.

PHILIPPE.

Quoi ! vous osez...

CRESPO.

Parle bas, te dis-je. Tu as entendu le capitaine... Cette lettre de la mère de Paul... Tiens, connais-tu cette écriture ?

PHILIPPE, frappé.

Dieux ! Léocadie ! ma sœur !

FINAL.

PHILIPPE.

Qu'ai-je vu ?

CRESPO.

Du silence !

PHILIPPE.

O fureur !

CRESPO.

Calme-toi.

PHILIPPE, avec désordre.

Je ne puis... ma vengeance
Parlera malgré moi.

CRESPO, le retenant dans ses bras.

Allons, est-ce là ton courage ?

PHILIPPE.

J'en ai pour souffrir le malheur ;
Mais pour dévorer un outrage,
Pour supporter le déshonneur,
Je n'en ai plus !..

ACTE I, SCÈNE X.

CRESPO.

Apaise ta fureur.

PHILIPPE.

ENSEMBLE.

Plus d'avenir, plus d'espérance !
Ce coup a détruit mon bonheur.
Eh ! comment garder le silence,
Quand l'enfer déchire mon cœur !

CRESPO.

A tous les yeux, avec prudence,
Cache ton trouble et ta douleur ;
Et songe à garder le silence,
Pour sauver l'honneur de ta sœur.

PHILIPPE, avec désespoir.

Ah, qu'elle craigne ma fureur !

CRESPO.

Silence, on vient.

PHILIPPE.

Dieux ! c'est tout le village :
Où cacher ma honte et ma rage ?

CRESPO, à demi-voix.

Par égard pour toi, pour ta sœur,
A me taire ici je m'engage,
Ce secret mourra dans mon cœur ;
Mais plus de mariage.

PHILIPPE.

Non, non, plus de mariage,
Plus de repos, plus de bonheur.

SCÈNE XI.

Les précédens; troupe de villageois et de jeunes filles portant des fleurs, *ensuite* SANCHETTE et LÉOCADIE.

(Les villageois et les jeunes filles accourent de tous côtés, et forment des danses au son des castagnettes, pendant le chœur suivant.)

CHOEUR.

Venez, jeunes fillettes,
Venez, jeunes garçons,
Au son des castagnettes
Dansons, chantons, dansons.
Le plaisir nous appelle,
Quel jour heureux pour nous!
Nous chantons la plus belle,
Et le plus tendre époux.

Venez, jeunes fillettes, etc.

LES HOMMES, à Philippe.
Allons, allons, il faut partir

PHILIPPE, à part.
Ah! quel tourment!

TOUS.
Ah! quel plaisir!

CHOEUR.
Venez, jeunes fillettes, etc.

SANCHETTE, sortant de la maison de Crespo.
Me voilà, je suis prête;
Eh bien! partons-nous pour la fête?

PHILIPPE.
Non.

SANCHETTE, étourdie.
Non! et pourquoi?

PHILIPPE, avec colère.
Pourquoi?.. pourquoi?
Ne m'interrogez pas; laissez-moi, laissez-moi.

ACTE I, SCÈNE XI.

LÉOCADIE, *sortant de la maison de Philippe.*
Eh bien! partons-nous pour la fête?

PHILIPPE.
Non.

LÉOCADIE, *étonnée.*
Non! et pourquoi?

PHILIPPE, *avec un mouvement de fureur.*
Pourquoi?.. pourquoi?..

LÉOCADIE.
Mon frère!..

PHILIPPE, *hors de lui.*
Laissez-moi.

LÉOCADIE, *à part.*
Il me glace d'effroi.

ENSEMBLE.

PHILIPPE, *à part.*
Plus d'avenir, plus d'espérance!
Ce jour détruit tout mon bonheur.
Eh! comment garder le silence,
Quand l'enfer déchire mon cœur!

CRESPO, *bas à Philippe.*
A tous les yeux, avec prudence,
Cache ton trouble et ta douleur,
Et songe à garder le silence,
Pour sauver l'honneur de ta sœur.

LÉOCADIE, SANCHETTE, CHOEUR.
Dans tous ses traits quelle souffrance!
Dans ses regards quelle fureur!
Je crains de rompre le silence
Et de connaître { mon / son } malheur.

SANCHETTE, *désolée.*
Je n'y tiens plus, c'est une horreur!
Que veut dire un pareil mystère?

PHILIPPE.
Qu'il n'est plus d'hymen entre nous.

SANCHETTE.
Plus d'hymen!

LÉOCADIE.

TOUS.

Plus d'hymen !

LÉOCADIE, courant à son frère.

Qu'entends-je ? eh quoi ! mon frère...

PHILIPPE, la repoussant.

Laissez-moi ; craignez mon courroux !

ENSEMBLE.

PHILIPPE, à part.

Plus d'avenir, plus d'espérance !
Ce jour détruit tout mon bonheur.
Eh ! comment garder le silence,
Quand l'enfer déchire mon cœur !

CRESPO, bas à Philippe.

A tous les yeux, avec prudence,
Cache ton trouble et ta douleur,
Et songe à garder le silence,
Pour sauver l'honneur de ta sœur.

SANCHETTE, à part.

Ah, je perds enfin patience !
Pourquoi son trouble et sa fureur ?
Eh quoi ! n'est-il plus d'espérance ?
Faut-il renoncer au bonheur ?

LÉOCADIE, à part.

Dans tous ses traits quelle souffrance !
Pourquoi son trouble et sa fureur ?
Pour lui s'il n'est plus d'espérance,
Ses peines doublent mon malheur.

LE CHOEUR.

Dans tous ses traits quelle souffrance !
Dans ses regards quelle fureur !
Pour lui n'est-il plus d'espérance ?
Faut-il qu'il renonce au bonheur ?

(Philippe, entraîné par Crespo, s'élance dans sa maison ; Sanchette se jette dans les bras de Léocadie, tandis que les villageois s'empressent autour d'elle.)

FIN DU PREMIER ACTE.

ACTE SECOND.

Le théâtre représente l'intérieur de la maison de Philippe : porte à droite et à gauche ; au fond, une porte et trois grandes croisées fermées par des rideaux. A droite, une table et deux chaises.

SCÈNE PREMIÈRE.

(Au lever du rideau, Léocadie est assise et plongée dans ses réflexions ; on frappe à la porte extérieure, elle se lève et va ouvrir.)

LÉOCADIE, DON CARLOS.

LÉOCADIE.

Quoi! monseigneur, c'est vous que nous recevons dans notre chaumière! Que dira Philippe, quand il saura que son colonel a daigné venir chez lui?

DON CARLOS.

Il ne me doit aucune reconnaissance ; j'ai besoin de lui parler.

LÉOCADIE.

Depuis deux heures il n'est pas rentré, et j'ignore où il est allé ; mais je cours m'informer...

DON CARLOS, la retenant.

Restez, Léocadie, vous pouvez m'instruire aussi bien que lui de ce que je veux savoir. Est-il vrai que le mariage de votre frère soit rompu?

LÉOCADIE.

Oui, monseigneur.

DON CARLOS.

Et pour quelle raison?

LÉOCADIE.

Je ne sais ; ni lui ni le seigneur Crespo n'ont voulu nous le dire ; mais Philippe était dans une fureur que ma vue et mes prières semblaient augmenter encore. Alors je n'ai pas osé insister, et je me suis retirée ici avec Sanchette, que j'essaie en vain de consoler.

DON CARLOS.

C'est son oncle, c'est Crespo qui est cause de tout. Depuis qu'il est alcade de ce village, il a pour sa nièce des prétentions et des idées de fortune... Si ce n'est que cela, j'espère rétablir entre eux la bonne intelligence, et je veux maintenant que ce mariage ait lieu en même temps que celui de ma sœur.

LÉOCADIE.

Quoi ! monseigneur, vous daigneriez, vous voulez que tout le monde ici vous doive son bonheur !

DON CARLOS.

Il n'y a que vous, Léocadie, qui ne voulez rien me devoir. D'où vient cette tristesse continuelle ? quelle est la cause de vos peines ? car vous en avez.

LÉOCADIE.

Moi, monseigneur ?

DON CARLOS.

Oui, et vous craignez de les confier à mon amitié ; ne suis-je pas le protecteur de votre frère, le vôtre ?

LÉOCADIE.

Je connais l'excès de vos bontés, mais elles ne peuvent rien ici.

DON CARLOS, gaîment.

Peut-être : qu'en savez-vous ? tout peut arriver. Il est des idées qu'autrefois je regardais comme impossibles de réaliser; et depuis ce matin je commence à y croire; aussi, Léocadie, j'attends ma sœur pour lui faire part...

LÉOCADIE.

Et de quoi ?

CARLOS, se reprenant.

Rien... nous en parlerons plus tard; mais j'espère qu'aujourd'hui, pour le mariage de ma sœur et de Fernand, nous vous verrons au château.

LÉOCADIE.

Non, monseigneur.

CARLOS.

Que me dites-vous ?

LÉOCADIE.

DUO.

Dans une douce ivresse,
Des dons de la richesse
Vos jours vont s'embellir.
Moi, dans cet humble asile,
Vivre obscure et tranquille,
C'est là mon seul désir.

DON CARLOS.

Quoi! tels sont vos souhaits!

LÉOCADIE.

Je n'en forme point d'autres.

DON CARLOS.

Moi, j'ai bien mes projets,
Mais plus doux que les vôtres;
Je les confie à votre foi :
Écoutez-moi.

REPRISE DU PREMIER MOTIF.

Dans une douce ivresse,
Je veux par la tendresse
Voir mes jours s'embellir !

Près d'une épouse chère
Passer ma vie entière,
C'est là mon seul désir.

LÉOCADIE, à part, avec émotion.

Dieu! que dit-il? ô trouble extrême!

DON CARLOS.

Oui, de mes vœux le seul objet
Est de trouver un cœur qui m'aime.
Mais gardez-moi bien le secret.

ENSEMBLE.

DON CARLOS, à part, la regardant avec tendresse.

Oui, d'espérance
Et de bonheur,
Je sens d'avance
Battre mon cœur.

LÉOCADIE.

Quelle souffrance!
Ah! pour mon cœur,
Plus d'espérance,
Plus de bonheur!

DON CARLOS, avec joie.

Adieu, j'ai bon espoir;
Bientôt je pourrai vous revoir.

ENSEMBLE.

DON CARLOS.

Oui, d'espérance
Et de bonheur
Je sens d'avance
Battre mon cœur.

LÉOCADIE.

Quelle souffrance!
Ah! pour mon cœur,
Plus d'espérance,
Plus de bonheur!

(Don Carlos sort par la porte du fond.)

SCÈNE II.

LÉOCADIE, *seule, le suivant des yeux.*

Qu'ai-je entendu?... Quand je pense à ses projets, à ses plans de bonheur... il se pourrait!... lui!.. don Carlos! Non, non, éloignons de pareilles idées. Il est des rêves auxquels il n'est pas même permis de s'arrêter.

SCÈNE III.

LÉOCADIE, PHILIPPE, *arrivant du côté opposé à la sortie de don Carlos.*

LÉOCADIE.

Ah! te voilà, mon frère! tu nous as bien inquiétés : où étais-tu donc?

PHILIPPE.

Que t'importe? laisse-moi.

(Il ôte son chapeau et son sabre, et les suspend à la muraille.)

LÉOCADIE.

C'est qu'en ton absence monseigneur est venu; il avait appris la rupture de ton mariage.

PHILIPPE.

Ah! il avait appris...

LÉOCADIE.

Mon Dieu! ne te fâche pas; il voulait te parler à ce sujet; mais il est allé trouver le seigneur Crespo, l'alcade, et il espère le déterminer...

PHILIPPE, *avec une colère concentrée.*

Il n'y réussira pas. Je remercie monseigneur de me

continuer ses bontés; mais Crespo me refuse sa nièce, et il fait bien, il a raison.

LÉOCADIE.

Que dis-tu? et pour quel motif?

DUO.

PHILIPPE, d'un air sombre.

Tu le demandes!.. toi!

LÉOCADIE, effrayée.

Mon frère!
Ne me regarde pas ainsi.

PHILIPPE.

Tu le demandes!.. toi!

LÉOCADIE, plus effrayée.

Mon frère!

PHILIPPE.

Toi qui m'as ravi
Le seul bien que laissa mon père!

LÉOCADIE.

Que dis-tu?

PHILIPPE.

Je sais tout!

LÉOCADIE.

O ciel!
Je suis trahie!

PHILIPPE.

Ne tremble pas, ne crains rien pour ta vie;
J'ai fait de l'épargner le serment solennel.

LÉOCADIE.

Ah! par pitié!..

PHILIPPE.

Je ne veux rien entendre,
Rien qu'un seul mot : son nom?

ACTE II, SCÈNE III.

LÉOCADIE.

Ah ! Philippe...

PHILIPPE.

Son nom ?
Je veux l'apprendre.

LÉOCADIE.

Rappelle ta raison.

PHILIPPE.

Écoute-moi, Léocadie :
Tu m'as frappé d'un coup mortel,
Tu m'as couvert d'un opprobre éternel,
Tu m'as fait détester la vie !
Eh bien ! je puis encor t'accorder ton pardon :
J'oublierai tout, dis-moi son nom.

ENSEMBLE.

PHILIPPE.

Oui, parle, et la vengeance
Va conduire mon bras.

LÉOCADIE, à part.

Quelle horrible souffrance !
Je n'y survivrai pas.

PHILIPPE.

Eh quoi ! tu gardes le silence !

LÉOCADIE.

Rien n'est égal à l'horreur de mon sort.
Mais j'en appelle à toi, mon juge,
Au ciel, mon unique refuge...
Ah ! frappez-moi tous deux de mort,
Si la triste Léocadie
A mérité les maux dont elle est poursuivie !

(La musique cesse peu à peu.)

PHILIPPE.

Parle, je t'écoute...

LÉOCADIE.

Oui ! toi seul peux m'entendre et nous venger... Il y a

quatre ans, tu partis pour l'armée; tu nous laissas près d'ici, dans le petit village de Riélos, dont le château avait appartenu à nos ancêtres. Un soir, funeste souvenir! c'était la veille du jour où ma tante me fut ravie; tremblante pour elle, privée de tout secours, je ne pensai ni à l'éloignement, ni à l'obscurité de la nuit; je m'enveloppai d'une mante, et seule, à pied, je courus à la ville voisine. Déja j'en approchais, j'étais dans la grande prairie, auprès de cette chapelle que mon père avait fait élever pour remercier le ciel de notre naissance, lorsque j'entends les pas d'une nombreuse cavalcade : c'étaient de jeunes seigneurs qui sortaient de la ville; leur désordre, leurs bruyans éclats de voix, tout me fit présumer qu'ils n'avaient plus leur raison. Je retournai sur mes pas, afin de les éviter; mais en vain. Ils m'avaient aperçue, car ils s'écrièrent : C'est elle, c'est la fugitive. Ils courent sur mes traces, m'entourent; l'un d'eux me saisit, m'enlève dans ses bras...

PHILIPPE.

Les lâches!

LÉOCADIE.

La frayeur, le désespoir, m'avaient ôté l'usage de mes sens... mais prête à quitter la vie, ma dernière pensée fut pour toi, mon frère, que j'appelai à mon secours...

PHILIPPE.

O fureur!

LÉOCADIE.

Et toi aussi, mon père, j'invoquais ton nom, je te suppliais de me protéger. Hélas! tu ne m'entendis pas!... Et quand je revins à moi, cette nuit qui m'environnait encore, cette maison, cet appartement, inconnus, tout m'apprit que la mort était désormais mon seul espoir! A genoux, j'implorais le trépas, lorsque soudain retentit à mon oreille un cri douloureux, un cri déchirant que je crois entendre encore : Dieu! ce n'est pas elle!... et l'on s'élance hors de l'appartement.

PHILIPPE.

O ciel! quel est ce nouveau mystère!...

LÉOCADIE.

Restée seule et dans l'obscurité, je fais quelques pas, je me trouve près d'une croisée, je l'ouvre, et une faible lueur vient éclairer les lieux où j'étais; je regarde; l'or et la soie étincelaient de toutes parts. Je vois encore ces tableaux, ces tapisseries; oui, je les vois, je les reconnaîtrais. A côté de la cheminée brillait un médaillon attaché à une chaîne d'or; je ne sais quelle idée m'inspire, et me dit qu'un pareil indice peut un jour servir à nous venger... Je m'en empare, je le cache dans mon sein, je cours à la croisée; des rideaux que j'y attache m'offrent un moyen de fuite. En ce moment j'entendais les pas de plusieurs personnes, je voyais briller les flambeaux; je m'élance, éperdue, hors de moi, craignant d'être poursuivie; une rue se présente, vingt autres se croisent. Errant, marchant au hasard, sans appui, sans abri, j'ignore ce que je devins dans cette nuit fatale; seulement je me rappelle que de loin j'aperçus le Tage. Enfin, m'écriai-je, voici un asile! et j'y courus. Sans doute mes forces me trahirent car, au point du jour, je me trouvai hors de la ville, seule, étendue près du fleuve; maintenant tu sais tout.

REPRISE DU DUO.

PHILIPPE.

Non, non, tu ne fus point coupable;
Pardonne un injuste soupçon;
Mais le sort fatal qui m'accable
Trouble mes sens et ma raison.

LÉOCADIE.

O vous que j'implore à genoux!
Mon Dieu, mon Dieu, protégez-nous?

PHILIPPE, la soutenant.

Léocadie, ma sœur, nous ne nous quitterons plus; je n'existe maintenant que pour la vengeance; je connaîtrai ton ravisseur; quel qu'il soit, je le frapperai.

LÉOCADIE.

Philippe! mon frère!

PHILIPPE.

Oui, les peines, les fatigues, les dangers, rien ne me coûtera pour le découvrir, et j'y parviendrai. Le moindre indice nous mène souvent à la vérité; et ce médaillon dont tu parlais tout à l'heure, je veux le voir.

LÉOCADIE; le défaisant de son cou.

Le voici! Mais hélas! il ne t'apprendra rien.

PHILIPPE.

N'importe, donne. (ouvrant le médaillon.) Que vois-je? un portrait de femme!

LÉOCADIE.

Oui, une femme jeune et belle.

PHILIPPE.

Dont les traits me sont inconnus. Ainsi la fortune trahit encore mon espoir, et dérobe ma victime.

LÉOCADIE.

On vient, c'est monseigneur !

(Elle cache le portrait.)

SCÈNE IV.

LES PRÉCÉDENS ; DON CARLOS.

DON CARLOS.

Ah ! te voilà, mon cher Philippe ; j'ai bien des nouvelles à t'annoncer, et j'ai voulu te les apprendre moi-même.

PHILIPPE.

Je ne sais comment vous remercier de vos bontés, mon colonel ; mais vous me connaissez, et vous savez que depuis long-temps ma vie est à vous.

DON CARLOS.

Tu me l'as trop bien prouvé, pour que je puisse l'ignorer. J'ai fait venir Crespo, l'alcade, qui a manqué me mettre en colère, quoique je n'en eusse guère envie!... Croirais-tu qu'il n'a jamais voulu me dire pour quelle raison il te refusait sa nièce ?

PHILIPPE.

C'est un honnête homme, mon colonel.

DON CARLOS.

Oui, mais c'est un obstiné ; et il s'adressait mal, car j'avais décidé, moi, qu'il donnerait son consentement. Qui s'oppose à ce mariage ? lui ai-je dit ; le grade de Philippe ? je viens de le faire sous-lieutenant.

PHILIPPE, avec joie.

Quoi, mon colonel !...

DON CARLOS.

Il m'a sauvé la vie, et dès aujourd'hui je me charge de sa fortune. Enfin, d'un air embarrassé, il m'a répondu : Philippe connaissait le motif de mon refus; eh bien! pourvu que tout reste entre nous deux, je donne mon consentement.

PHILIPPE.

Comment! il se pourrait!

DON CARLOS.

C'est ce soir, à sept heures, que vous serez mariés. En attendant, Fernand, mon beau-frère, nous donne ce matin une fête charmante sur les bords du Tage; le fleuve est couvert de barques et de gondoles préparées par ses ordres; mais il a manqué me chercher querelle quand il a appris que la cérémonie était retardée de quelques heures; il est vrai que j'avais bien mes intentions. Tu ne sais pas... Je vais peut-être aussi me marier.

PHILIPPE.

Vous, colonel?

LÉOCADIE, à part.

O ciel!...

DON CARLOS.

Oui; j'ai été de trop bonne heure maître de moi-même et de ma fortune. Dans ma première jeunesse, j'ai été l'esclave d'abord de mes passions, plus tard de celles des autres. Des idées de grandeur ou d'ambition ont occupé tous mes instans. Mais aujourd'hui, désabusé du monde, je ne veux plus vivre que pour moi-même et pour mes amis. Voilà long-temps que je suis riche, je voudrais me retirer au sein de cette retraite, auprès d'une épouse aimable, qui m'apportât en dot non une fortune dont je n'ai que faire, mais des qualités plus nécessaires à mon bonheur. Eh bien! Philippe, cette compagne de mon choix, je l'ai enfin trouvée : douce, bonne, aimante, et de plus d'une noble famille. Ma sœur pouvait seule peut-être blâmer un pareil projet; je lui en ai fait part; et ce n'est pas, m'a-t-elle dit, quand je viens d'assurer son bonheur et celui de Fernand, qu'elle voudrait s'opposer au mien. Je puis donc maintenant épouser celle que j'aime.

PHILIPPE.

Que dites-vous?

DON CARLOS.

Je viens te demander ta sœur en mariage. Veux-tu me la donner?

MORCEAU D'ENSEMBLE.

LÉOCADIE.

Grand Dieu!

PHILIPPE.

Malheureux que je suis!
(A Carlos.)
Si vous saviez quel destin est le nôtre?
Accablez-moi de vos mépris...
(Se jetant à genoux.)
Mon colonel, je ne le puis!

DON CARLOS.

O ciel!
(Froidement.)
Je te comprends, ta sœur en aime un autre.

LÉOCADIE.

Moi! jamais; et pourtant la fortune jalouse
M'interdit pour toujours le nom de votre épouse.

DON CARLOS.

Parlez. Il faut me découvrir
Ce secret, dussé-je en mourir!

LÉOCADIE.

Je ne puis...

SCÈNE V.

Les précédens; SANCHETTE.

SANCHETTE.

Ah! quel dommage!
Ah! quel malheur pour ses parens!

PHILIPPE.

Mais c'est Sanchette que j'entends!..

SANCHETTE.

Ça fait un bruit dans le village :
C'est le jour aux événemens...

PHILIPPE.

Qu'avez-vous donc?

SANCHETTE.

Au bord du Tage...
Ce petit Paul... ce bel enfant...

LÉOCADIE, courant à elle, et retenue par Philippe, qui est placé
entre Sanchette et Léocadie.

Ah! tu me glaces d'épouvante!
Parle vite, quel accident...

SANCHETTE.

Dans une gondole élégante,
De loin il aperçoit Fernand
Qui lui tendait les bras... Hélas! le pauvre enfant
Vers lui s'élance... et l'onde mugissante
L'engloutit à l'instant.

LÉOCADIE, poussant un cri.

Mon fils!..

ACTE II, SCÈNE VI.

SANCHETTE ET DON CARLOS.

Dieux! que dit-elle?

PHILIPPE, retenant Léocadie.

Imprudente!

LÉOCADIE.

Mon fils!.. je veux le voir ou mourir avec lui.

(Elle sort en courant, et Sanchette la suit.)

SCÈNE VI.

PHILIPPE, DON CARLOS.

DON CARLOS.

Je connais donc ce funeste mystère!

PHILIPPE.

ENSEMBLE.
La honte, la colère,
Le regret, la douleur,
S'emparent de mon cœur.
Fatale découverte,
Mystère plein d'horreur,
Qui consomme sa perte
Et qui fait mon malheur!

DON CARLOS.

La honte, la colère,
Le regret, la douleur,
S'emparent de mon cœur.
Fatale découverte,
Mystère plein d'horreur,
Qui consomme sa perte
Et qui fait mon malheur!

PHILIPPE.

Vous connaissez ma destinée,
Pour moi plus d'hyménée;
Avec elle, et loin de ces lieux,
Je vais cacher ma honte à tous les yeux.

ENSEMBLE.
PHILIPPE.
La honte, la colère,
Le regret, la douleur, etc.

DON CARLOS.
La honte, la colère,
Le regret, la douleur, etc.

(Philippe sort.)

SCÈNE VII.

DON CARLOS, *à droite du spectateur, absorbé dans ses réflexions;* FERNAND, DEUX PAYSANS, *puis* CRESPO.

FERNAND, aux paysans.

C'est bien, mes amis; attendez-moi un instant. (Apercevant don Carlos.) Eh bien, Carlos, qu'est-ce que tu fais donc là? on te demande de tous les côtés. (A Crespo qui entre.) Seigneur Crespo, je suis à vous; j'ai à vous parler. (Aux paysans.) Tenez, voilà pour boire à ma santé; (à l'un d'eux) et, de plus, je te promets de te servir le jour de tes noces.

CRESPO.

A qui en avez-vous donc?

FERNAND.

C'est un de ces villageois qui m'a servi de valet de chambre, et qui m'a aidé à changer d'habit, car j'étais dans un état...

CRESPO.

D'où sortez-vous donc?

FERNAND.

Parbleu! de la rivière; au moment où j'ai vu tomber ce pauvre petit garçon, je me suis jeté après lui, et je l'ai ramené en un instant.

ACTE II, SCÈNE VII.

CRESPO.

Il y a donc eu un accident?

FERNAND.

Eh oui! Vous ne savez donc rien, vous, magistrat chargé de veiller à la sûreté publique? Et ma future, cette chère Amélie, a eu une peur...! Mais pas le moindre danger; mon jeune page se porte mieux qu'avant, et moi aussi; je suis même charmé d'avoir été faire aux nymphes du Tage ma visite de noce. (A Carlos.) Ah ça! mon ami, partons-nous? Tout est prêt pour la cérémonie, et l'on nous attend.

DON CARLOS, d'un air distrait.

Y penses-tu? il n'est pas encore temps : c'est ce soir à sept heures.

FERNAND.

Oui, tu l'avais commandé ainsi; mais j'ai donné contre-ordre. Mon ami, je n'aurais jamais pu attendre jusque là, c'était impossible. (L'entraînant.) Ainsi, viens vite. Eh mais! qu'as-tu donc? tu es pâle, agité; te voilà comme ta sœur était tout à l'heure, au moment de mon expédition navale.

DON CARLOS.

Moi! mon ami, non, tu t'abuses.

FERNAND.

Si vraiment, tu as quelque chose, Carlos; mon ami, mon frère, est-il quelque chagrin, quelque danger qui te menace? faut-il y courir? faut-il donner mes jours pour toi? réponds, de grace. (Voyant qu'il se tait.) Hein! ce n'est pas assez! faut-il plus encore? faut-il retarder mon mariage jusqu'à demain? parle, je suis capable de tout.

DON CARLOS, faisant un effort sur lui-même.

Non, mon ami, non : je n'exige rien ! Sortons d'ici; allons trouver ma sœur : j'ai besoin d'être auprès de vous, j'ai besoin de voir des gens heureux.

FERNAND.

Eh bien! alors tu peux me regarder; je ne cache pas mon bonheur, j'en parle à tout le monde. (L'emmenant.) Viens, partons.

CRESPO, le retenant.

Eh bien! seigneur Fernand, qu'aviez-vous donc à me dire? moi qui vous attends.

FERNAND.

C'est, ma foi, vrai : je l'oubliais. (A Carlos, qui est sorti par la porte du fond.) Mon ami, va toujours, je te rejoins dans l'instant. (A Crespo.) Vous êtes-vous occupé du bal et du souper?

CRESPO.

Oui, sans doute, dans la grande salle du château.

FERNAND.

C'est bien; mais ce n'est plus ça : il y a aussi un contre-ordre. Après la cérémonie, nous nous rendons tous à la ville; mais auparavant je veux donner ici, aux jeunes filles du village, la dot que je leur ai promise : les en avez-vous prévenues?

CRESPO.

Oui, sans doute. De plus, nous aurons ici, sur la pelouse, les tables et la danse champêtre; et si vous vouliez voir le programme d'aujourd'hui...

FERNAND, sans l'écouter.

Demain, demain. Du reste, je m'en rapporte à vous. Adieu, mon ami, je vais me marier.

(Il sort en courant.)

SCÈNE VIII.

CRESPO, *puis* PHILIPPE.

CRESPO, le regardant sortir.

Quelle tête! quelle tête! Il est bien heureux d'être capitaine, car s'il avait fallu qu'il fût alcade... Eh! c'est Philippe; comme il a l'air soucieux!

PHILIPPE, à part, d'un air rêveur.

Pauvre Léocadie! en revoyant son enfant, la joie, l'émotion... j'ai cru qu'elle allait s'évanouir; et pendant qu'on s'empressait de lui porter des secours, je me suis hâté de dérober à tous les yeux... (Montrant le médaillon et la chaîne qu'il tient à la main.) C'est vous, seigneur Crespo.

CRESPO.

Oui, mon cher Philippe; monseigneur vous a fait part, sans doute, de mes nouvelles intentions...

PHILIPPE, d'un air triste, et lui donnant la main.

Oui, et je vous remercie, Crespo.

CRESPO, regardant la chaîne que tient Philippe.

Ah, ah! vous avez repris à Sanchette la chaîne d'or que le seigneur Fernand lui avait donnée ce matin. Vous avez bien fait, ce n'était pas convenable.

FERNAND.

Quelle chaîne d'or?

CRESPO.

Celle que vous tenez à la main.

PHILIPPE.

Non, celle-ci n'appartient point au seigneur Fernand.

CRESPO.

C'est singulier, on dirait qu'elles ont été faites en même temps, car elles se ressemblent exactement.

PHILIPPE.

Hein! que dites-vous? (La regardant.) Il me semble en effet... Quel étonnant rapport!... Dites-moi, Crespo, vous qui avez été souvent dans les châteaux voisins, et qui connaissez mieux que moi tous les habitans des environs, auriez-vous quelque idée de cette figure-là, et de la personne à qui ce portrait pourrait appartenir?

CRESPO.

Vous l'avez donc trouvé?

PHILIPPE.

Oui, précisément.

CRESPO.

Attendez, attendez. (Regardant.) Eh, parbleu! qu'est-ce que je disais tout à l'heure? cet étourdi-là n'en fait jamais d'autres! (Lui rendant le portrait.) C'est au seigneur Fernand.

PHILIPPE.

Que dites-vous là?

CRESPO.

C'est le portrait de sa future, de la comtesse Amélie.

PHILIPPE, tremblant de colère.

Vous en êtes bien sûr?

CRESPO.

Parbleu! je viens de la voir encore il n'y a qu'une demi-heure. C'est moi qui, à la tête du village, lui ai débité la harangue de rigueur. Et vous pouvez aisément vous convaincre par vous-même; le portrait est fort ressemblant.

PHILIPPE.

Ce portrait! Fernand!

CRESPO, en riant.

Eh! sans doute; il y a long-temps qu'ils s'aimaient, et la comtesse lui aura donné ce portrait bien avant que leur union fût décidée.

PHILIPPE.

En effet, il nous a dit ce matin que la comtesse lui avait donné son portrait il y a quatre ans. (Avec fureur.) Quatre ans!... c'est cela... j'y suis enfin.

CRESPO.

Eh bien! qu'avez-vous donc? vous voilà comme un furieux!

PHILIPPE, sans l'écouter.

Que je suis heureux! il est temps encore! Oui, c'est ce soir, le colonel me l'a dit, ce soir à sept heures, que leur union doit avoir lieu. Je cours trouver don Carlos, Amélie elle-même; ils jugeront entre nous. Après tout, ma sœur est noble, et d'une naissance égale à la sienne. Allons, calmons ma colère, n'allons pas tout compromettre par un éclat; rien n'est désespéré, tant que Fernand peut épouser ma sœur.

SCÈNE IX.

Les précédens ; SANCHETTE.

SANCHETTE, accourant.

Que c'était beau! la belle cérémonie! Ils sont mariés.

FINAL.

PHILIPPE.

Que dit-elle?

CRESPO.

D'où viens-tu donc?

SANCHETTE.

De la chapelle,
Où l'on célèbre en ce moment
Le mariage de Fernand!

PHILIPPE.

Fernand!

SANCHETTE.

Lui-même!
Il épouse celle qu'il aime!

PHILIPPE.

Ils sont unis!

SANCHETTE.

Et pour jamais.
Quel bonheur brille dans leurs traits.

PHILIPPE, à part.

C'en est donc fait, plus d'espérance!
Je n'en ai plus qu'en ma vengeance!

SANCHETTE.

Vous vous plaignez de leur bonheur!

PHILIPPE.

Oui, oui, l'enfer est dans mon cœur.

ACTE II, SCÈNE IX.

SANCHETTE.

Quels sentimens sont donc les vôtres ?
Monsieur, si nous ne pouvons pas
Nous marier, faut-il, hélas !
Vouloir en empêcher les autres ?

PHILIPPE, à part, sans l'écouter.

C'est fini, je ne crains plus rien.
Oui, son trépas ou le mien.

SANCHETTE, remontant le théâtre.

Entendez-vous ? l'écho répète
　Les sons de la musette
　Et ceux du violon.
Voyez d'ici sur le gazon
Se former les jeux et la danse ;
Hélas ! sans moi le bal commence !

(Elle pousse les trois grandes croisées du fond, et l'on aperçoit le tableau d'une fête de village : d'un côté, l'orchestre, les ménétriers et la danse ; de l'autre, un jeu de bague, et des tables où plusieurs villageois sont occupés à boire, et portent la santé de Fernand.)

ENSEMBLE.
{
PHILIPPE, à part.

O fureur ! ô vengeance !
Je punirai le ravisseur.
Sa mort est la seule espérance
Qui puisse consoler mon cœur.

CHOEUR.

Ah ! quel beau jour pour lui commence !
De Fernand chantons le bonheur.
Oui, de cette heureuse alliance
Rien ne peut troubler la douceur.
}

SCÈNE X.

Les précédens; DON CARLOS, FERNAND.

(Plusieurs personnes de la noce, tous les paysans s'empressent autour d'elles, et agitent en l'air leurs chapeaux.)

Vive Fernand!

FERNAND.

Ah! quelle ivresse!
Elle est ma femme, elle est à moi.
(A Don Carlos, lui serrant la main.)
Carlos, quel bonheur je te doi!
(Aux paysans qui l'entourent.)
Redoublez vos chants d'allégresse;
Mes amis, disposez de mon bien!
(Leur jetant plusieurs bourses.)
Tenez, prenez, n'épargnez rien :
Il me reste une autre richesse;
Elle est ma femme, elle est à moi.

SANCHETTE, essuyant une larme, et le regardant en souriant.

Dans quelle ivresse je le voi!

FERNAND.

Ce soir, amis, vous viendrez à la ville;
Votre présence est fort utile,
Pour le bal et pour le repas.

DON CARLOS.

Comment! c'est à la ville?

FERNAND.

Oh! ne réplique pas,
Car ma femme le veut, et je pars de ce pas.

PHILIPPE, à part.

Qu'ai-je entendu? c'est le soir à la ville!
Il suffit, je suivrai ses pas.
Fernand, tu m'y retrouveras.

ACTE II, SCÈNE X.

CHOEUR.

ENSEMBLE.

LE CHOEUR, SANCHETTE, CRESPO.

Ah! quel beau jour pour lui commence!
De Fernand chantons le bonheur.
Oui, de cette heureuse alliance
Rien ne peut troubler la douceur.

PHILIPPE.

O fureur! ô vengeance!
Je punirai le ravisseur;
Sa mort est la seule espérance
Qui puisse consoler mon cœur.

DON CARLOS.

Ah! rien n'égale ma souffrance;
Pour moi, non, jamais de bonheur.

(Montrant Fernand.)

Qu'il soit heureux! cette espérance
Peut seule consoler mon cœur.

FERNAND.

Ah! quel beau jour pour moi commence!
Ivre d'amour et de bonheur,
Oui, de cette heureuse alliance
Rien ne peut troubler la douceur.

(Ils sortent tous; Philippe prend son chapeau et son sabre, qui étaient attachés à la muraille, et sort le dernier.)

FIN DU DEUXIÈME ACTE.

ACTE TROISIÈME.

Le théâtre représente un riche appartement de l'hôtel de don Carlos; il est orné de tableaux. A gauche, une cheminée; au fond, des croisées donnant sur des jardins.

SCÈNE PREMIÈRE.

SANCHETTE, *seule, et parlant à la cantonade.*

Non, monsieur, non, je ne veux pas danser. Ah! mon Dieu! quel bruit, quel tapage! Mon oncle Crespo, qui est le majordome général, ne sait plus lui-même où donner de la tête. Dieu! que c'est beau, une noce de grand seigneur! C'était à qui m'inviterait. Ah bien oui! j'ai bien le cœur à cela! Moi qui devais me marier aujourd'hui, dire que je suis à une noce, et que ce n'est pas la mienne!

COUPLETS.

Je viens de voir notre comtesse
Ouvrant le bal en ce moment;
Dans ses atours que de richesse,
Que son regard est séduisant!
Par le bonheur elle était embellie;
Ah! ce n'est pas que je lui porte envie,
Mais, mais
Tout bas je me disais:
Voilà pourtant comme je serais.

DEUXIÈME COUPLET.

La jeune épouse, aimable et belle,
Baissait les yeux en rougissant;
Car son époux, toujours près d'elle,
Serrait sa main bien tendrement:

Qu'elle semblait et confuse et ravie !
Ah ! ce n'est pas que je lui porte envie ;
Mais, mais
Tout bas je me disais :
Voilà pourtant comme je serais.

Mais je ne dois pas y penser ; tout est rompu avec Philippe. Il a dit à mon oncle qu'il partirait, qu'il quitterait le pays. Hélas ! je sens bien maintenant qu'il le faut ; mais n'avoir pas pu lui faire mes adieux, voilà ce qui me désole le plus. (Elle voit ouvrir la porte à droite.) Ah ! mon Dieu ! je ne me trompe pas ! c'est lui-même.

SCÈNE II.

SANCHETTE, PHILIPPE.

(Philippe est en négligé de voyage, le chapeau militaire et sans armes ; il regarde de tous côtés d'un air inquiet ; sa physionomie est pâle et abattue.)

SANCHETTE, courant à lui.

Mon cher Philippe !

PHILIPPE, surpris.

Ah ! c'est vous, Sanchette !

SANCHETTE.

Que je suis contente de vous revoir ! Qui vous amène ici ?

PHILIPPE, d'un air distrait.

Je pars. Je me suis éloigné de ma sœur sans la prévenir ; mais avant de quitter le pays, j'ai voulu...

SANCHETTE, vivement.

Me dire adieu. Ah ! que c'est aimable à vous !

PHILIPPE, de même.

Oui, oui, Sanchette, te dire adieu ; et en même

temps je voulais... J'ai d'anciens comptes à régler avec mon capitaine. Il est ici, n'est-ce pas?

SANCHETTE.

Oui, sans doute.

PHILIPPE.

Cet hôtel lui appartient?

SANCHETTE.

C'est-à-dire, il était à don Carlos, **qui** en a fait cadeau à sa sœur; et il a aussi bien fait, car il ne l'habitait pas, il n'y venait jamais; il semblait même avoir pris cette maison en haine. Conçoit-on cela? une habitation magnifique! (Voyant Philippe qui regarde de tous côtés.) Eh mais, que voulez-vous donc?

PHILIPPE.

Dites-moi : ne pourrais-je pas lui parler un moment en secret?

SANCHETTE.

A qui?

PHILIPPE.

Au capitaine.

SANCHETTE.

Lui? le marié? impossible. Ils sont à table avec tous leurs amis; et puis il ne quitte pas sa femme d'une minute.

PHILIPPE.

Sa femme!

SANCHETTE.

Croyez-moi, il vaut mieux attendre à demain.

PHILIPPE, avec force.

Attendre! pas un jour, pas une heure! Ne faut-il pas que je parte?

ACTE III, SCÈNE II.

SANCHETTE.

Allons, Philippe, calmez-vous, et surtout n'ayez pas cet air sombre et malheureux ; vous me faites presque peur. Je sais bien que ce n'est pas gai de se quitter ainsi ; mais, parce qu'on est triste, ça n'empêche pas d'être aimable avec les gens. Moi, d'abord, je vous promets de ne jamais en épouser un autre, de penser toujours à vous, et... Eh bien! vous ne m'écoutez pas ?

PHILIPPE.

Si, si fait. Mais puisqu'il est impossible de parler à Fernand, pourriez-vous au moins lui remettre un billet ?

SANCHETTE.

Pour cela, je le crois.

PHILIPPE, s'approchant de la table.

Eh bien! attendez.

(On appelle en dehors.)

Sanchette! Sanchette!

SANCHETTE.

Eh! mon Dieu! l'on me cherche. Je crois entendre la voix de mon oncle.

PHILIPPE.

Allez vite, je ne veux pas qu'il me voie. Où pourrai-je vous retrouver ?

SANCHETTE.

Dans le jardin, près de la grille.

PHILIPPE.

J'y serai dans quelques minutes.

(Sanchette sort par le fond.)

SCÈNE III.

PHILIPPE, *seul*.

Au fait, quelle imprudence j'allais commettre! le défier chez lui, au milieu de sa famille! Et puis, oser provoquer mon supérieur! J'aurais été saisi, arrêté. Écrivons, cela vaut mieux. Oui, en lui demandant raison d'une insulte mortelle... je le connais, il est brave, il y viendra. Impossible, d'ailleurs, qu'il soupçonne quel est son adversaire.

(Il se met à la table, et parle en écrivant.)

RÉCITATIF.

Seul, sans témoins, la nuit,
Dans le bois d'orangers où j'ai caché mes armes.
(On entend en dehors un air de danse.)
De l'orchestre et du bal j'entends d'ici le bruit.
Du plaisir ils goûtent les charmes;
Je vais en cris de deuil changer ces chants joyeux.
(Achevant d'écrire.)
Oui! oui! la mort de l'un des deux,
La mort!
(Il se lève.)

Air

Et Carlos est mon bienfaiteur!
Je vais, dans ma rage cruelle,
Lui ravir un ami fidèle,
Lui ravir l'époux de sa sœur.
Non, non, non l'époux de sa sœur,
Mais le ravisseur de la mienne!
Ce mot seul ranime ma haine
Et me rend toute ma fureur.

On vient. Allons retrouver Sanchette, et chargeons-la de remettre ce cartel.

(Il sort par la porte à gauche, sur la ritournelle de l'air de danse que l'on entend toujours.)

SCÈNE IV.

DON CARLOS, FERNAND, *entrant par le fond.*

FERNAND.

Je te trouve enfin : j'ai cru que je ne pourrais jamais te rejoindre, depuis un quart d'heure que je suis à ta poursuite. Le difficile était de se frayer un passage à travers la foule des danseurs ou des convives. Que de saluts, que de complimens! Dieu! qu'on a d'amis quand on se marie! Et des lettres de félicitations! (En tirant un paquet de sa poche.) Tiens, rien que d'aujourd'hui. Je n'aurai jamais le temps de lire tout cela. Si tu voulais t'en charger?

DON CARLOS, prenant les lettres.

Volontiers.

FERNAND, le retenant.

Oh! je te tiens, tu ne m'échapperas pas; et nous allons avoir une explication sérieuse. Oui, mon ami, je ne suis pas content de toi. Dans un jour de joie et de bonheur, d'où vient ce front soucieux et cet air de mélancolie? enfin, tout à l'heure, quand j'ai chanté mes couplets, moi, je ne peux pas en juger, mais je m'en rapporte à ma femme, elle les trouve charmans; tout le monde les a applaudis, excepté toi. Cependant, si on ne se soutient pas entre parens... Qu'est-ce que c'est donc que cette conduite-là, beau-frère?

DON CARLOS, d'un air rêveur.

Je ne sais; ma sœur a voulu que sa noce fût célébrée dans ces lieux...

FERNAND.

Un séjour magnifique, que nous devons à ta générosité! Mais, dis-moi donc pourquoi tu l'avais abandonné : nous y faisions autrefois des soupers délicieux; et, depuis trois ou quatre ans, je n'ai pas idée que tu nous y aies invités une seule fois.

DON CARLOS, avec trouble.

Fernand!...

FERNAND.

Oui, vraiment, il y a quatre ans : je me rappelle très bien la dernière fois que nous y sommes venus; à telles enseignes qu'un de nous était brouillé avec sa maîtresse... Et parbleu, c'était toi! Je vois encore Pédrille, ton valet, qui, au dessert, vient nous annoncer que, dans son désespoir, la signora Bianca était sortie de la ville, seule, à pied, pour aller, disait-elle, se jeter dans le Tage. Quoique persuadé qu'il n'en serait rien : A cheval, m'écriai-je, et courons sur ses traces; car, malgré la nuit qui était noire en diable, c'est moi qui de loin l'ai aperçue le premier.

DON CARLOS, très ému.

Fernand, tais-toi; tais-toi, au nom du ciel!

FERNAND, étonné.

Eh mais! qu'as-tu donc?

DON CARLOS.

Rien; n'en parlons plus, je t'en prie; rentre au salon, car je suis sûr que ma sœur est inquiète de ton absence.

FERNAND.

Vraiment? pauvre petite femme! C'est bien naturel! C'est comme moi : croirais-tu que depuis qu'elle est ma femme, je l'aime dix fois plus qu'auparavant? Je n'y conçois rien, ça dérange tous les systèmes reçus : aussi je vais la retrouver; car, malgré mon mariage, j'ai toujours peur que quelque évènement ne nous sépare! Mourir demain, ça me serait égal; mais aujourd'hui, vrai, ce serait désespérant. Hein! que nous veut Sanchette? et à qui en a-t-elle avec ses signes?

SCÈNE V.

Les précédens; SANCHETTE.

SANCHETTE, de loin.

Monsieur! monsieur!

FERNAND.

Eh bien! avance donc.

SANCHETTE, embarrassée.

C'est que, c'est que madame la comtesse vous demande, pour ce boléro.

FERNAND.

Madame la comtesse? ah! ma femme. Dis donc ma femme, si tu veux que je t'entende. (A Carlos.) Mon ami, c'est ma femme qui me demande.

SANCHETTE, le retenant.

Mais, un instant.

FERNAND.

Je ne peux pas, puisque ma femme m'attend.

SANCHETTE.

Ce sont des lettres que j'ai à vous remettre.

FERNAND.

De quelle part?

SANCHETTE.

Est-ce que je sais ? ce sont des pétitions, et réclamations de vos nouveaux fermiers. Et puis il y en a une d'un cavalier que je ne connais pas, et qui est reparti sur-le-champ.

(Elle sort en courant.)

FERNAND, prenant les lettres.

C'est ça, encore des complimens. (A Carlos.) Tiens, mon ami (les lui donnant), mets ça avec les autres.

DON CARLOS.

Donne, je t'épargnerai cet ennui.

FERNAND.

Est-on heureux d'avoir un beau-frère ! Ne te gêne pas; tantôt, ce soir, avant de te coucher, toi, tu as le temps. Adieu, mon ami, je vais trouver ma femme.

(Il sort par le fond.)

SCÈNE VI.

DON CARLOS, seul.

Oui, leur bonheur me donnera le courage de supporter la perte de Léocadie, et d'éloigner de mon cœur un autre tourment plus affreux encore.

(Assis près de la table, il ouvre plusieurs lettres.)

Le comte d'Aranza, la duchesse Delmontès... Des complimens de grands seigneurs ; rien ne presse. (Il ouvre un autre billet.) Qu'ai-je vu ! juste ciel ! (Il regarde l'adresse.) C'est bien pour lui : au capitaine Fernand d'Aveyro! (Il lit à demi-voix.) « Si vous n'êtes pas le plus lâche des

« hommes, vous vous rendrez, dans une demi-heure,
« à l'entrée du petit bois d'orangers, près du rempart;
« vous y trouverez un homme que vous avez mortel-
« lement outragé; je n'ai d'autres armes que mon sabre.
« Nous serons sans témoins; c'est vous dire assez que
« la mort de l'un de nous peut seule terminer le
« combat. Je vous attends! » (Il ferme le billet.) Point de
signature. Fernand aurait un ennemi mortel! il ne
m'en a jamais parlé! Et ma sœur, ma pauvre Amélie,
qui n'existe, qui ne respire que pour son époux! et je
remettrais ce billet! Non, je m'en garderai bien.
(Relisant le billet.) Seuls, sans témoins, au milieu de l'obscurité. Rien ne peut me trahir; je prendrai la place
de Fernand, je m'y rendrai. Aussi bien depuis le jour
funeste que ces lieux me rappellent, je n'ai pas eu un
seul instant de repos. Mais le ciel est juste, et je n'é-
chapperai point au châtiment; car, je le sens, dans ce
combat c'est moi qui dois succomber. Je le disais tout
à l'heure : cette maison me sera fatale.

SCÈNE VII.

DON CARLOS, SANCHETTE.

SANCHETTE.

Monseigneur, pardon de vous interrompre; on
vient de me dire qu'une jeune fille de notre village
était en bas, et demandait à vous parler.

DON CARLOS, préoccupé et brusquement.

Lui parler! je ne puis, je ne puis dans ce moment :

laissez-moi. (A part.) L'heure approche, allons, partons; allons prendre mes armes.

(Il sort par la porte à droite.)

SCÈNE VIII.

SANCHETTE, seule.

Qu'a-t-il donc? je ne le reconnais pas, lui qui d'ordinaire accueille tout le monde avec tant de bonté. Allons voir quelle est cette jeune fille. Ciel! c'est Léocadie.

SCÈNE IX.

SANCHETTE, LÉOCADIE, accourant par la porte a gauche.

SANCHETTE.

Qui vous amène ici?

LÉOCADIE, hors d'elle même.

Philippe, où est-il? il y va de ses jours. Il n'est venu en ces lieux que pour se battre.

SANCHETTE.

Grand Dieu! qui vous l'a dit?

LÉOCADIE.

Un militaire, notre voisin. Philippe lui a confié son dessein, en le priant de veiller sur moi s'il succombait, et j'accours implorer le secours de don Carlos.

SANCHETTE.

Il est sorti; il ne peut vous recevoir.

LÉOCADIE.

O ciel! que devenir!

ACTE III, SCÈNE X.

SANCHETTE.

Attendez, restez ici, je vais chercher mon oncle l'alcade, lui seul peut nous donner un conseil.

LÉOCADIE, la conduisant jusqu'à la porte du fond.

Va, cours, c'est mon seul espoir; je t'attends.

(Elle se jette sur un fauteuil qui est au fond de l'appartement; peu à peu elle lève les yeux et regarde autour d'elle.)

AIR :

O ciel! où suis-je?

(Elle s'arrête comme stupéfaite et glacée de terreur, porte la main à ses yeux comme pour mieux s'assurer de ce qu'elle a vu, et regarde de nouveau.)

Je ne m'abuse point! ce n'est pas un prestige!
Qui m'a ramenée en ces lieux?
Je les revois! je les connais! grands dieux!

SCÈNE X.

LÉOCADIE, DON CARLOS.

DON CARLOS, sortant du cabinet à droite, tenant à la main un sabre qu'il pose sur la table. (A part.)

En croirai-je mes yeux?
Léocadie! et quel trouble l'agite?

LÉOCADIE.

Dans quel piége m'a-t-on conduite!

(Portant sa main à son front.)

On a juré ma perte, je le voi!

(Apercevant don Carlos, qui s'est approché; elle pousse un cri de joie et court à lui)

Carlos, Carlos! c'est vous, protégez-moi!
Je ne vous quitte pas. Daignez ici, par grace,
Daignez être mon défenseur!
Guidez mes pas loin de ce lieu d'horreur!

DON CARLOS.

Qu'avez-vous donc? qui vous menace?

LÉOCADIE.

La honte, le déshonneur!

DON CARLOS.

Que dites-vous? quel souvenir funeste?
Ne vous abusez-vous pas?

LÉOCADIE.

Non, non! là, j'invoquai la justice céleste;
Là, j'étais à ses pieds, implorant le trépas!
Et ce seul témoin qui me reste,
Ce médaillon dont ma main s'empara:

(Montrant la cheminée.)

Il était là?

DON CARLOS.

Grands dieux! il se pourrait? Ah! le remords m'accable!

LÉOCADIE, éperdue.

Ne l'entendez-vous pas? fuyons, éloignons-nous,
Et que le ciel vengeur frappe seul le coupable.

DON CARLOS.

Ah! ne le maudis pas! il est à tes genoux.

LÉOCADIE, avec terreur.

O ciel! que dites-vous?

DON CARLOS.

Voyez son désespoir extrême;
En horreur à lui-même,
Il attend son arrêt de vous.
Désarmez la justice suprême,
En le nommant votre époux.

LÉOCADIE, voulant fuir.

Non! non!

CARLOS, la retenant.

Tu m'entendras!

LÉOCADIE, avec effroi.

Non, non, éloignez-vous.

CARLOS, à ses pieds.

Par mes remords, par ma souffrance,
Que mes forfaits soient expiés.
De ce ciel que j'invoque imite la clémence;
Accorde le pardon que j'implore à tes pieds.

SCÈNE XI.

Les précédens; PHILIPPE.

PHILIPPE.

Dieu! que vois-je?

CARLOS, avec désespoir.

Un coupable!
Que poursuit le remords, que le malheur accable;
Que ton bras doit punir! Frappe.

PHILIPPE, portant la main à son sabre.

Que dites-vous?

LÉOCADIE, courant à son frère.

Oh, ciel! que vas-tu faire? épargne mon époux!

Lui }
Moi } son époux!

CARLOS ET LÉOCADIE.

Celui }
Celle } que j'adore

Est là contre mon cœur,
Je ne puis croire encore
A tant de bonheur.

ENSEMBLE.

PHILIPPE.

Le ciel que j'implore
Enfin me rend l'honneur.
Je ne puis croire encore
A tant de bonheur.

SCÈNE XII.

Les précédens; FERNAND, SANCHETTE, CRESPO,
TOUS LES GENS DE LA NOCE.

FERNAND.

Que faites-vous ici? c'est la dernière ronde,
Le dernier fandango! car après lui je veux
Renvoyer tout le monde.
Ces bons amis! c'est ennuyeux,
Ils dansent tous avec ma femme.

DON CARLOS.

Ainsi que toi, Fernand, je suis heureux.
Le bonheur et la paix vont rentrer dans mon ame.
(Lui montrant Léocadie.)
C'est elle que j'épouse.

FERNAND.

O ciel! il se pourrait !

DON CARLOS.

Demain, ma sœur et toi connaîtrez mon secret.

PHILIPPE, à Sanchette.

Nous aussi de l'hymen nous formerons la chaine.

SANCHETTE.

Nous serons donc unis; ah! ce n'est pas sans peine.

FERNAND.

Écoute; quel bonheur! ce sont
Nos amis qui s'en vont.

CHŒUR FINAL.

Vous qu'en ce jour l'hymen engage,
Goûtez le destin le plus doux;
Chantons cet heureux mariage,
Célébrons ces heureux époux.

FIN DE LÉOCADIE.

LA DAME BLANCHE,

OPÉRA-COMIQUE EN TROIS ACTES,

Représenté pour la première fois, à Paris, sur le théâtre royal de l'Opéra-Comique, le 10 décembre 1825.

MUSIQUE DE M. BOYELDIEU.

PERSONNAGES.

GAVESTON, ancien intendant des comtes d'Avenel.
ANNA, sa pupille.
GEORGES, jeune officier anglais.
DIKSON, fermier des comtes d'Avenel.
JENNY, sa femme.
MARGUERITE, ancienne domestique des comtes d'Avenel.
GABRIEL, valet de ferme de Dikson.
MAC-IRTON, juge de paix du canton.
Paysans, etc.

La scène se passe en Écosse, en 1759.

GEORGES.

AH! QUE CETTE MAIN EST JOLIE!

La Dame Blanche, Acte II, Sc. VII

LA DAME BLANCHE.

ACTE PREMIER.

Le théâtre représente l'intérieur d'une ferme écossaise ; le fond, qui est ouvert, laisse voir un site pittoresque, des arbres, des rochers, et une route qui descend de la montagne à la ferme.

SCÈNE PREMIÈRE.

INTRODUCTION.

Paysans écossais, hommes et femmes ; LA MARRAINE, le bouquet au côté.

CHOEUR.

Sonnez, cornemuse et musette !
Les montagnards sont réunis :
Car un baptême est une fête
Pour des parens, pour des amis.

SCÈNE II.

Les précédens ; DIKSON, JENNY, sortant de la porte a droite.

PREMIER PAYSAN, allant à lui.
Eh bien, cousin, quelle nouvelle ?

DIKSON.
Ah ! mes amis, mes bons amis,
Partagez ma douleur mortelle :
On ne peut baptiser mon fils.

PREMIER PAYSAN.

Hé! pourquoi donc?

DIKSON, montrant Jenny.

Ma femme et moi
En perdrons la tête, je crois :
Voilà, par un revers soudain,
Que nous nous trouvons sans parrain.

TOUS.

Point de parrain!

DIKSON.

J'en avais un du plus haut grade,
Car c'était monsieur le shérif;
Mais voilà qu'il tombe malade,
Et juste au moment décisif.

TOUS.

Comment remplacer un shérif?

JENNY.

Je veux un parrain d'importance,
Qui porte bonheur à mon fils.

DIKSON.

Mais, je le vois, l'heure s'avance;
N'y pensons plus, mes bons amis.

SCÈNE III.

LES PRÉCÉDENS; GEORGES, PARAISSANT SUR LE HAUT DE LA MONTAGNE.

(Il est en vêtement très simple, et porte sur son épaule un petit paquet attaché au pommeau de son épée.)

TOUS.

Eh mais! quel est cet étranger?

GEORGES, qui a descendu la montagne, et qui entre en scène.

Chez vous, mes bons amis, ne puis-je pas loger?

(Tirant sa bourse et la présentant.)

Tenez, car la faim m'aiguillonne.

DIKSON.

Chez les montagnards écossais
L'hospitalité se donne
Elle ne se vend jamais.
Votre état?

GEORGES.

J'ai servi dès ma plus tendre enfance,
Et je suis officier du roi.

DIKSON.

Ce titre-là suffit, je pense;
Soyez le bien-venu chez moi.

(Tout le monde s'empresse autour de lui; on le débarrasse de ses armes et de son bagage, pendant la ritournelle de l'air suivant.)

GEORGES.

Air:

Ah! quel plaisir d'être soldat!
On sert par sa vaillance,
Et son prince et l'État;
Et gaîment on s'élance
De l'amour au combat.
Ah! quel plaisir d'être soldat!

Sitôt que la trompette sonne,
Sitôt qu'on entend les tambours,
Il court dans les champs de Bellone,
En riant, exposer ses jours.
Ecoutez ces cris de victoire;
De la gaîté c'est le signal:
« Amis, buvons à notre gloire;
« Buvons à notre général! »
Ah! quel plaisir d'être soldat, etc.

Quand la paix, prix de son courage,
Le ramène dans son village,
Pour lui quel spectacle nouveau!
Chacun et l'entoure et l'embrasse:
« C'est lui, c'est l'honneur du hameau!

La beauté sourit avec grace ;
Le vieillard même, quand il passe,
Porte la main à son chapeau ;
Et sa mère, est-elle heureuse !
(Regardant autour de lui.)
Mais j'avais une amoureuse :
(Souriant.)
Où donc est-elle ? j'entends,
 Je comprends.
(Soupirant, et reprenant gaîment.)
Ah ! quel plaisir d'être soldat !
 On sert, par sa vaillance,
 Et son prince et l'état ;
 Et gaiment on s'élance
 De l'amour au combat.
Ah ! quel plaisir d'être soldat !

JENNY, bas à Dikson.

Quel aimable et gai caractère !
C'est le parrain qu'il nous faudrait.

DIKSON, de même à Jenny.

Y penses-tu ? c'est indiscret.

JENNY.

Ne crains rien, et laisse-moi faire.
(S'approchant de Georges.)

COUPLETS.

PREMIER COUPLET.

Du ciel pour nous la bonté favorable
Nous donne un fils, espoir de notre hymen ;
Et pour qu'il soit aussi brave qu'aimable,
Nous vous prions d'en être le parrain.

GEORGES.

DEUXIÈME COUPLET.

Puissé-je un jour, pour acquitter ma dette,
De votre fils embellir le destin !
Mais en voyant tant d'attraits, je regrette
De ne pouvoir être que son parrain.

ACTE I, SCÈNE IV.

DIKSON, avec joie.

Vous acceptez : ah ! quel bonheur !

(A Jenny.)

Cours prévenir notre pasteur.

(Aux montagnards.)

Veillez au repas, je vous prie ;
Car avant la cérémonie
Nous avons toujours le festin.

GEORGES.

Moi, d'avance je m'y convie ;
Vous me verrez le verre en main.

DIKSON.

Grand Dieu ! quel aimable parrain !

REPRISE DU PREMIER CHOEUR.

Sonnez, cornemuse et musette !
Les montagnards sont réunis :
Car un baptême est une fête
Pour des parens, pour des amis.

(Jenny sort par le fond ; plusieurs montagnards la suivent, ou rentrent dans l'intérieur de la ferme.)

SCÈNE IV.

GEORGES, DIKSON.

GEORGES.

Voilà donc qui est convenu ! je reste ici ! je suis de la famille ! mais je ne me serais pas attendu ce matin à la nouvelle dignité qui m'arrive.

DIKSON.

Peut-être que cela vous contrarie ?

GEORGES.

En aucune façon ! Que veux-tu que fasse un officier

en congé? autant qu'il soit parrain qu'autre chose ; ça utilise ses momens ; c'est encore un service indirect qu'il rend à l'État.

DIKSON.

C'est toujours bien de l'honneur que vous faites à un simple fermier; d'autant qu'à la naissance d'un enfant il y a toujours, comme disaient nos pères, de malignes influences qui le menacent... ici surtout!

GEORGES.

Vraiment !

DIKSON.

Oui, le pays est mauvais. Mais je suis de l'avis de ma femme, vous nous porterez bonheur! A propos de cela, mon officier, vous ne m'avez pas dit votre nom?

GEORGES.

C'est juste : avant de donner un nom à ton fils, il faut que je te dise le mien; on m'appelle Georges.

DIKSON.

Georges!

GEORGES.

Oui, voilà tout.

DIKSON.

Georges : ce n'est là qu'un nom de baptême.

GEORGES, souriant.

Eh bien! aujourd'hui c'est ce qu'il te faut, tu n'en as pas besoin d'autre. Georges Brown, si tu veux? Du reste, je serais bien embarrassé d'en dire davantage : excepté quelques souvenirs vagues et confus, ma mémoire ne me retrace rien de mon enfance ni de ma famille. J'ai quelques idées de grands domestiques en habits galonnés qui me portaient dans leurs bras; d'une jolie petite fille avec laquelle j'étais élevé... d'une vieille femme qui me chantait des chansons écossaises. Mais tout à coup, et j'ignore comment, je me suis vu transporté à bord d'un vaisseau, sous les ordres d'un nommé Duncan, un contre-maître qui se disait mon oncle, et que je n'oublierai jamais, car il m'apprenait rudement le service maritime! Au bout de quelques années d'esclavage et de mauvais traitemens, je parvins à m'échapper, et je débarquai sans un schelling dans ma poche.

DIKSON.

Pauvre jeune homme!

GEORGES.

Je n'étais pas à plaindre; j'étais libre, j'étais mon maître. Je me fis soldat du roi Georges. En avant, marche! le sac sur le dos! Depuis ce moment-là je suis le plus heureux des hommes; tout m'a réussi; il semble que la fortune me conduise par la main. D'abord, à ma première affaire j'avais seize ans : me souvenant encore de mon état de matelot, je jette là mon fusil, je grimpe à une redoute, j'y entre le premier, et mon colonel m'embrasse en présence de tout le régiment. Mon brave colonel! ce fut pour moi un père, un ami! il me prit en affection, s'occupa de mon éducation, de mon avancement. Il y a six mois, dans le Hanovre, je venais d'être nommé sous-lieutenant, lorsque je me trouvai à côté de lui, en face d'une batterie! « Georges! « me criait-il, va-t'en! » et il voulait se mettre devant moi. Tu te doutes bien que je me suis élancé au devant du coup, mais en vain! nous tombâmes tous les deux, et lui pour ne jamais se relever!

DIKSON.

Il est mort!

GEORGES.

Oui, au champ d'honneur! de la mort des braves! (Otant son chapeau.) Puisse-t-il prier là-haut pour qu'il m'en arrive autant! Quand je revins à moi, je me trouvai dans une chaumière qui m'était inconnue, et je vis tout à coup apparaître une jeune fille, à qui sans doute je devais la vie, et qui chaque jour venait me prodiguer des soins. C'était la physionomie la plus douce et la plus touchante. Il m'était défendu de parler, et je ne pouvais lui témoigner que par gestes, et ma reconnaissance et le désir que j'avais de connaître ma bienfaitrice. «Plus tard, me disait-elle, quand vous irez mieux!» Mais un jour je l'attendais à l'heure accoutumée, elle ne vint plus; et cependant la veille, en me quittant, elle m'avait dit: «A demain!» Aussi, dans mon inquiétude, dans mon impatience, je me hâtai d'abandonner la chaumière; j'en sortis tout-à-fait guéri, mais amoureux comme un fou; et depuis, malgré mes soins et mes recherches, impossible de découvrir les traces de ma belle inconnue!

DIKSON.

C'était peut-être votre bon ange, quelque démon familier, comme il y en a tant dans le pays.

GEORGES.

Vraiment, je vous reconnais là, vous autres Écossais. Mais en revanche, j'ai retrouvé à Londres une

ACTE I, SCÈNE V.

ancienne connaissance, mon ami Duncan, qui est, je crois, mon mauvais génie; il a paru stupéfait en m'apercevant avec mon nouveau grade. J'avais bien envie, malgré notre parenté, de lui rendre tout ce que j'avais reçu de lui; mais il était vieux et souffrant, et n'a pas, je crois, long-temps à vivre; j'ai partagé ma bourse avec lui, et ne lui demande rien, pas même son héritage.

DIKSON.
C'est très bien; ça vous portera bonheur.

GEORGES.
C'est justement ce qu'il m'a dit en me quittant.

SCÈNE V.

Les précédens, JENNY.

MORCEAU D'ENSEMBLE.

DIKSON.
Mais, que veut notre ménagère?

JENNY.
Ah! monsieur, je ne sais comment vous faire part...

DIKSON.
Qu'est-ce donc?

JENNY.
Le baptême, hélas! ne peut se faire
Que ce soir et très tard;
Et monsieur, qu'on attend sans doute,
Veut partir promptement?

GEORGES.
Je ne vais nulle part:
Rien ne me presse, et je m'arrête en route
Où je vois des amis.

JENNY.

Dans nos humbles foyers
Vous resterez donc?

GEORGES.

Volontiers.

JENNY.

Jusqu'à demain?

GEORGES.

Volontiers.

DIKSON.

Et vous souperez?

GEORGES.

Volontiers,
Volontiers, mes bons amis.

JENNY.

Ah! c'est charmant; il est toujours de notre avis.

DIKSON.

Allons, femme, fais-nous servir.

GEORGES.

Les braves gens!

DIKSON.

Touchez là; quel plaisir!
Il faut rire, il faut boire
A l'hospitalité!

GEORGES.

A l'amour, à la gloire,
Ainsi qu'à la beauté!

(Pendant ce chœur, plusieurs convives sont entrés, et l'on a apporté la table.)

DIKSON.

Ici, monsieur le militaire,
A la place d'honneur.

GEORGES.

Près de ma gentille commère,
Ah! pour moi quel bonheur!

ACTE I, SCÈNE V.

ENSEMBLE.

Il faut rire, il faut boire.
A l'hospitalité, etc.

(Ils sont tous assis et mangent.)

GEORGES, assis.

Dites-moi, mon cher hôte, pour un voyageur, qu'y a-t-il de curieux à voir dans le pays?

DIKSON.

Il y a d'abord le château d'Avenel; un édifice magnifique! dont on voit d'ici le clocher.

JENNY.

Le nouveau château est fermé, et l'on ne peut pas y entrer; mais il y a l'ancien, dont les ruines et les souterrains sont superbes : aussi, tous les peintres vont le visiter!

GEORGES.

Nous irons demain, n'est-il pas vrai? vous m'y conduirez.

DIKSON.

Vous venez dans un mauvais moment. Ordinairement le château n'est habité que par une vieille concierge attachée aux anciens propriétaires; mais hier l'intendant Gaveston y est arrivé, et l'on dit qu'il ne repartira qu'après la vente.

GEORGES.

Que dites-vous? on vend cette belle propriété?

DIKSON.

Oui, sans doute! elle appartenait aux anciens comtes d'Avenel, des braves gens que tout le monde chérit encore dans le pays; mais ils étaient du parti des Stuarts, et après la bataille de Culloden, le comte d'Avenel, qui avait été proscrit, s'est réfugié avec une partie de sa famille en France, où l'on prétend qu'il est mort.

JENNY.

Or, pendant ce temps, ce monsieur Gaveston a embrouillé les affaires du comte, dont il était l'intendant, si bien que pour payer les créanciers on va vendre demain ce beau domaine.

DIKSON.

Bien plus, on dit que Gaveston, qui s'est enrichi, veut lui-même se rendre acquéreur du château, et, par ainsi, devenir comte d'Avenel... Je vous le demande... un coquin d'intendant qui se trouverait être notre seigneur..., Non, morbleu! nous ne le souffrirons pas..,

JENNY.

Sois tranquille, il lui arrivera malheur, car hier au soir, Gabriel, notre garçon de ferme, a vu la dame blanche d'Avenel qui se promenait sur les créneaux et sur les ruines.

DIKSON.

Ah, mon Dieu ! en es-tu bien sûre?

JENNY.

Il l'a vue comme je te vois.

GEORGES.

La dame blanche d'Avenel! qu'est-ce que c'est? je serais enchanté de faire sa connaissance !

DIKSON.

Y pensez-vous?

GEORGES.

Pourquoi pas ? si c'est une jolie femme!

ACTE I, SCÈNE V.

DIKSON.

Depuis trois ou quatre cents ans c'est la protectrice de la maison d'Avenel!

JENNY.

Quand il doit arriver à cette famille quelque événement heureux ou malheureux, on est sûr qu'elle apparaîtra. On la voit errer sur le haut des tourelles, en longs vêtemens blancs, et tenant à la main une harpe qui rend des sons célestes; et puis, comme dit la ballade...

GEORGES.

Ah! il y a une ballade?

DIKSON.

Et une fameuse! qu'on chante dans le pays, mais quand on est plusieurs réunis, parce que sans cela ça fait trop peur!... Ma femme la sait.

GEORGES.

Eh bien! Jenny, chantez-nous-la. Il me semble que nous pouvons l'entendre (montrant tous les convives); nous sommes en force.

COUPLETS.

JENNY.

PREMIER COUPLET.

D'ici voyez ce beau domaine,
Dont les créneaux touchent le ciel!
Une invisible châtelaine
Veille en tout temps sur ce castel.
Chevalier félon et méchant
Qui tramez complot malfaisant,
    Prenez garde!
La dame blanche vous regarde,
La dame blanche vous entend.

DEUXIÈME COUPLET.

Sous ces voûtes, sous ces tourelles,
Pour éviter les feux du jour,
Parfois gentilles pastourelles
Redisent doux propos d'amour.
Vous qui parlez si tendrement,
Jeune fillette, jeune amant,
  Prenez garde!
La dame blanche vous regarde,
La dame blanche vous entend.

TROISIÈME COUPLET.

En tous lieux protégeant les belles,
Et de son sexe ayant pitié,

  (Regardant Dikson.)

Quand les maris sont infidèles,
Elle en avertit leur moitié.
Volage époux, cœur inconstant,
Qui trahissez votre serment,
  Prenez garde!
La dame blanche vous regarde,
La dame blanche vous entend.

GEORGES.

Grand merci, ma belle enfant;
Votre conte est charmant.

TOUS, effrayés.

Un conte!

JENNY.

La dame blanche vous regarde!
Elle vous entend!

(Gabriel tire Dikson par son habit.)

DIKSON, effrayé.

Hein! qu'est-ce que c'est? C'est Gabriel, mon valet de ferme.

GABRIEL.

Monsieur, les principaux fermiers des environs sont là dans la salle à côté.

JENNY.

Va vite, car c'est pour la vente de demain.

GEORGES.

La vente du château d'Avenel?

JENNY.

Oui, monsieur; tous les fermiers, tous les notables du pays se réunissent pour surenchérir.

GEORGES.

Et quel est leur but en faisant pour leur compte une pareille acquisition?

JENNY.

D'empêcher que ce domaine ne passe dans les mains de Gaveston; de le conserver à la famille d'Avenel dont chacun ici chérit le souvenir, et si jamais quelqu'un de leurs descendans revient dans le pays, on lui dira : Voilà votre bien, voilà vos terres; nous les avons gardées et cultivées pour votre compte, reprenez-les !

GEORGES.

Il se pourrait!.. un pareil dévouement... Eh bien ! sans les connaître, j'estime les comtes d'Avenel, car ceux qui se font aimer ainsi doivent être de braves gens.

DIKSON, aux montagnards.

Allez, mes amis, allez délibérer avec eux ; je vous rejoins dans l'instant.

(Ils sortent tous par la porte à gauche.)

SCÈNE VI.

JENNY, GEORGES, DIKSON.

JENNY, à Dikson.

Pourquoi ne pas les suivre ?

DIKSON, montrant Georges.

Je voulais auparavant parler à monsieur sur la vente du domaine, et puis sur des idées qui me sont revenues pendant que tu chantais. Ici, dans ce pays, ils sont tous trop poltrons pour me donner un bon conseil; tandis que vous (à Georges), qui êtes militaire et qui avez du cœur...

GEORGES.

De quoi s'agit-il ?

DIKSON.

D'abord, monsieur, dites-moi si vous croyez à la dame blanche?

GEORGES, riant.

Qui, moi? ma foi, j'y aurais des dispositions: il serait si doux de penser qu'on a toujours auprès de soi une jolie femme, une fée secourable qui vient à votre aide au moment du danger, et je donnerais tout au monde pour apercevoir seulement la dame blanche d'Avenel.

DIKSON, tremblant.

Eh bien ! je suis plus heureux que vous.

JENNY et GEORGES.

Tu l'as vue !

DIKSON.

Mieux que cela, je lui ai parlé, il y a déjà bien long-temps ; je lui ai fait alors une promesse qui maintenant ne laisse pas de m'inquiéter.

JENNY.

Qu'est-ce que ça signifie ? et vous ne m'en avez jamais rien dit !

DIKSON.

Je n'en aurais jamais parlé à personne sans les événemens de demain ; et puis, ce que tu m'as raconté, qu'elle avait reparu dans le pays, tout cela s'est représenté à ma mémoire ; et depuis quelques instants, voilà, sans me vanter, une fameuse peur qui me galope.

GEORGES et JENNY.

Dis-nous vite !

DIKSON.

Il y a treize ans, après la mort de mon père, tous les malheurs semblaient fondre sur moi ; mes blés avaient été gelés, mes bestiaux avaient péri, le feu avait pris à ma ferme, sans compter les recors et les hommes de loi qui commençaient à me travailler ; le lendemain on devait tout saisir chez moi, jusqu'à mes charrues, et pas un ami qui voulût m'obliger. Désespéré, j'errais le soir dans la campagne, et je me trouvai près des souterrains du vieux château ; j'y entrai, et me jetant sur la pierre : « Puisque tout m'abandonne, « m'écriai-je, que la dame blanche vienne à mon se- « cours ; je me donne à elle corps et bien, si elle veut « me prêter deux mille livres d'Écosse. » J'entendis tout à coup une voix qui me dit : « J'accepte. Quand « l'heure aura sonné, souviens-toi de ta promesse ; » et dans le moment une bourse tombe à mes pieds !

GEORGES.

Ce n'est pas possible !

DIKSON.

Je la ramassai en fermant les yeux, persuadé que c'était de la fausse monnaie : c'étaient de belles pièces d'or avec lesquelles j'ai payé mes dettes, rétabli mes affaires; et depuis ce temps-là, tout a prospéré chez moi; je suis devenu un des plus riches fermiers des environs, et j'ai épousé, l'autre année, Jenny que j'aimais depuis long-temps.

JENNY.

Et moi, si je l'avais su, j'y aurais regardé à deux fois... Avoir formé un pacte comme celui-là !... Savez-vous que la dame blanche est un lutin?... c'est comme qui dirait le...

DIKSON, tremblant.

Du tout, c'est bien différent !

JENNY.

Si, monsieur, tout cela se tient; et quand je pense que vous vous êtes donné à elle avec tout ce qui vous appartient!...

DIKSON.

C'est vrai.

JENNY.

Et moi, qui suis votre femme, je suis donc comprise là-dedans, et notre enfant?

GEORGES.

Comment, mon petit filleul !

JENNY.

Et si un beau matin elle allait venir nous enlever?

DIKSON.

Ah, mon Dieu! (Se retournant.) Hein! qu'y a-t-il?

(Apercevant Gabriel.) Cet imbécille-là le fait exprès ; il arrive toujours quand on a peur.

GABRIEL, qui est entré

Dam! notre maître, c'est que vous avez toujours peur quand on arrive! Les fermiers vous attendent : il faut qu'ils retournent ce soir chez eux, et voici la nuit qui s'avance.

DIKSON.

Je te suis. (A Jenny.) Vois-tu, ma chère amie, il n'y a rien à craindre ; pourquoi veux-tu que la dame blanche t'enlève, toi, une femme! elle m'enlèverait plutôt... Je reviens. (Bas à Georges.) Restez avec ma femme et ne la quittez pas.

(Il sort.)

SCÈNE VII.

GEORGES, JENNY.

DUO.

GEORGES.

Il s'éloigne, il nous laisse ensemble ;
Mais en partant je crois qu'il tremble.

JENNY.

Hélas! il est toujours ainsi :
J' vois toujours trembler mon mari.
Au moindre bruit dans le village
    Il a peur.

GEORGES.

Il a peur?

JENNY.

Dès qu'il entend gronder l'orage,
    Il a peur.

GEORGES.

Il a peur?

JENNY.

Et quand parfois il se réveille,
C'est qu'hélas! de quelque voleur
Il a peur.

GEORGES.

Il a peur?

JENNY.

Qu'on m' dise un mot d' galanterie,
Ou bien qu'à danser l'on me prie,
Il a peur.

GEORGES.

Il a peur?

JENNY.

Y conçoit-on rien, je vous prie?

GEORGES.

Ah! je conçois bien sa frayeur :
Lorsque l'on a femme jolie,
De tout le monde l'on a peur ;
Mais...

ENSEMBLE.

JENNY.

Oh! le brave militaire!
Pour mon mari je n'ai plus peur;
Il nous défendra, j'espère :
Non, non, non, non, plus de frayeur!

GEORGES, *lui prenant la main.*

Auprès d'un bon militaire,
Non, non, non, non, plus de frayeur!
Rassurez-vous bien, ma chère,
Je serai votre défenseur.

JENNY.

J' bénis l' sort qui nous rassemble.
Mais que vois-je? votre main tremble.

GEORGES.

Vraiment, parfois je suis ainsi.

JENNY.

Le voilà comme mon mari.

ACTE I, SCÈNE VII.

GEORGES.

Lorsque je suis près d'une belle,
  Moi j'ai peur.

JENNY.

Il a peur?

GEORGES.

Lorsque son œil noir étincelle,
  Oh! j'ai peur.

JENNY.

Il a peur?

GEORGES.

Oui, lorsque je vois tant de charmes,
Craignant de leur rendre les armes,
Pour ma raison et pour mon cœur
  J'ai grand'peur.

JENNY.

Il a peur?

GEORGES.

Pour dissiper cette folie,
Un seul baiser, je vous en prie.

JENNY.

Monsieur n'a donc plus de frayeur?

GEORGES.

Oh! cela redouble, au contraire,
Et c'est pour me donner du cœur.

        (Il l'embrasse.)

ENSEMBLE.

JENNY.

Oh le brave militaire!
Pour mon mari je n'ai plus peur;
Il nous défendra, j'espère:
Non, non, non, non, plus de frayeur.

GEORGES.

Auprès d'un bon militaire,
Non, non, non, non, plus de frayeur!
Rassurez-vous bien ma chère,
Je serai votre défenseur.

SCÈNE VIII.

Les précédens; DIKSON.

DIKSON, d'un air effrayé, et tenant à la main un papier.

Ma femme! ma femme! (A Georges.) Ah! vous voilà. Ne me quittez pas, je vous en prie.

JENNY.

Qu'y a t-il donc? est-ce que les fermiers...

DIKSON, de même.

C'est moi qu'ils ont chargé de leur procuration jusqu'à deux cent mille livres d'Écosse, mais après cela ils sont partis.

GEORGES.

Eh bien?...

DIKSON, de même.

Je les ai reconduits jusqu'au détour du bois... à cent pas de la maison; et comme je revenais, j'ai trouvé au milieu de la route un petit nain, tout noir, qui m'a présenté ce papier, et qui soudain, je crois, s'est abîmé sous terre... car je ne sais plus ce qu'il est devenu!

JENNY.

Ah! mon Dieu...

DIKSON.

Et ce papier, le voilà!

JENNY.

Lis toi-même!

DIKSON, lisant.

« Tu m'as juré obéissance; l'heure est venue, j'ai « besoin de toi... Trouve-toi ce soir à la porte du

ACTE I, SCÈNE VIII.

« vieux château, et demande l'hospitalité au nom de
« saint Julien d'Avenel.

« Signé LA DAME BLANCHE. »

TRIO.

ENSEMBLE.

DIKSON ET JENNY.
Grands dieux! que viens-je d'entendre;
Voici donc le moment fatal!
Je n'y puis rien comprendre;
C'est un mystère infernal!

GEORGES.
D'honneur! je n'y puis rien comprendre;
Je m'y perds!... Mais c'est égal;
L'aventure a de quoi surprendre :
Le trait est original.

DIKSON.

C'est cette nuit, dans l'instant même.

JENNY.

Peu m'importe; tu n'iras pas.

DIKSON, *montrant le billet.*

Mais songe à son ordre suprême.

JENNY.

J'arrêterai plutôt tes pas.

DIKSON.

Et si je brave sa colère,
Songe à ce que nous deviendrons :
Adieu notre fortune entière,
Adieu l'espoir de nos moissons!
Et chez moi, toutes les semaines,
Des lutins qu'elle aura payés
Viendront avec un bruit de chaînes
La nuit me tirer par les pieds.

LA DAME BLANCHE.

ENSEMBLE.

DIKSON ET JENNY.

Ah! grands dieux! que viens-je d'entendre?
Voici donc le moment fatal!
Il faut, { je ne puis m'en / il ne peut s'en } défendre,
Descendre au séjour infernal.

GEORGES.

D'honneur, je n'y puis rien comprendre;
Oui, je m'y perds : mais c'est égal;
Ce secret... j'irai le surprendre
Au fond du séjour infernal.

GEORGES.

Mes bons amis, séchez vos larmes :
Si ce rendez-vous aujourd'hui
Est la cause de vos alarmes,
Ne craignez rien,

(Montrant Dikson.)

J'irai pour lui.

DIKSON ET JENNY.

O ciel! vous exposer ainsi!

GEORGES.

Le péril a pour moi des charmes,
Surtout pour aider un ami.

DIKSON ET JENNY.

Des lutins craignez la furie.

GEORGES.

Je ne crains rien, je suis soldat.

JENNY.

Quoi! voulez-vous...

GEORGES.

C'est mon envie.

DIKSON.

Risquer toujours...

GEORGES.

C'est mon état.

ACTE I, SCÈNE VIII.

Allons, partons, sers-moi d'escorte;
Tu voudrais résister en vain.

DIKSON, bas à Jenny.

Je vais le conduire à la porte,
Et puis je reviendrai soudain.

JENNY.

Et notre baptême?

GEORGES, gaîment.

A demain;
Vous me verrez, j'en suis certain.

DIKSON, à part.

Et puis, si le diable l'emporte,
Nous serons encor sans parrain.

GEORGES.

ENSEMBLE.

Et toi, la plus belle des belles,
Dame blanche, esprit ou lutin,
Sur tes créneaux, sur tes tourelles,
J'accours en galant paladin.

DIKSON ET JENNY, tremblans.

Je sens une frayeur mortelle...
Nous voulons l'arrêter en vain;
Il va, dans l'excès de son zèle,
Au devant d'un trépas certain.

(Georges sort, conduit par Dikson; Jenny reste seule, en les suivant des yeux et en levant les bras au ciel.)

FIN DU PREMIER ACTE.

ACTE II.

Le théâtre représente un grand salon gothique ; à gauche du spectateur, sur le premier plan, une large cheminée ; à droite, un portrait de famille. Du même côté une porte, et plus loin une croisée.

SCÈNE PREMIÈRE.

MARGUERITE, OCCUPÉE A FILER.

COUPLETS.

PREMIER COUPLET.

Pauvre dame Marguerite,
Tes derniers jours sont venus,
Et ces fuseaux que j'agite
Bientôt ne tourneront plus.
Que je voie encor mes maîtres
Au château de leurs ancêtres :
Avant de mourir, voilà
Le seul bonheur que j'implore...
Fuseaux légers, tournez encore,
Tournez encore jusque là !

DEUXIÈME COUPLET.

Et toi, dont la souvenance
Reste en mon cœur maternel,
Toi, dont j'élevai l'enfance,
Pauvre Julien d'Avenel ;
Dussé-je en mourir de joie,
Qu'un seul jour je te revoie :
Avant d'expirer, voilà
Tout le bonheur que j'implore...
Fuseaux légers, tournez encore,
Tournez encore jusque là.

ACTE II, SCÈNE I.

(Se levant.) Allons, allons! laissons là mon ouvrage et mes souvenirs (montrant la porte à gauche), car miss Anna va descendre de son appartement... Pauvre et chère orpheline, élevée par mes anciens maîtres! en la voyant arriver hier avec ce Gaveston, qu'ils lui ont donné pour tuteur, il m'a semblé que mes vœux étaient exaucés, et que mon pauvre Julien allait aussi revenir; car, autrefois, ils étaient toujours ensemble, qui voyait l'un voyait l'autre : ils s'aimaient tant, et ils étaient si gentils, surtout quand je les portais tous les deux dans mes bras, et que la comtesse d'Avenel me criait : Dame Marguerite, prenez garde! Jour de Dieu, si je prenais garde! le fils de mes maîtres, mon pauvre petit Julien! Eh bien! voilà que malgré moi j'y reviens encore! Il en est de ça comme du vieux clocher d'Avenel, au milieu du parc; de quelque côté qu'on se promène on le rencontre toujours! (S'approchant de la croisée qui est entr'ouverte.) Fermons tout dans cet appartement. Ah! mon Dieu, j'ai aperçu une lumière dans ces ruines inhabitées. Oui, j'ai cru distinguer... Ah! (refermant vivement la fenêtre.) serait-ce la dame blanche, la protectrice de ce château? et sa présence m'annonce-t-elle le retour ou la mort de Julien?

SCÈNE II.

MARGUERITE; MISS ANNA, COUVERTE D'UN MANTEAU ÉCOSSAIS, ET TENANT A LA MAIN UNE LANTERNE ÉTEINTE; ELLE EST VÊTUE D'UNE ROBE BLEUE ET COIFFÉE EN CHEVEUX.

MARGUERITE.

Qui vient là? miss Anna, pâle et tremblante. Qu'avez-vous, mon enfant?

ANNA, ôtant son manteau et posant sa lanterne dans le coin de la cheminée.

Rien, dame Marguerite.

MARGUERITE.

Moi qui vous croyais dans votre appartement; d'où venez-vous donc?

ANNA.

De traverser ces ruines.

MARGUERITE.

Dieu soit loué! c'est vous que j'ai vue tout à l'heure! Et vous osez seule, la nuit...

ANNA.

Aussi je tremblais. Mais, c'est égal, Gaveston vient de sortir, et je voulais visiter ce superbe bâtiment qui est au milieu du parc. J'ai été jusque là et je n'ai pu y pénétrer.

MARGUERITE.

Je le crois bien; depuis qu'on a appris la mort du comte, tout est fermé, on y a mis les scellés, et on ne les lèvera que demain, après la vente.

ANNA, à part.

O ciel! quel contre-temps!

ACTE II, SCÈNE II.

MARGUERITE.

Mais quelle idée de sortir à une pareille heure, au lieu de venir auprès de moi, qui suis si heureuse de vous voir? Car, depuis hier votre arrivée, à peine ai-je pu vous parler : ce Gaveston était toujours là.

ANNA.

Tu as raison; d'autres idées qui m'occupent... Pardonne-moi, ma bonne Marguerite.

MARGUERITE.

Qu'êtes-vous devenue? que vous est-il arrivé depuis que cette noble famille a quitté ces lieux? depuis le jour où vous suivîtes la comtesse d'Avenel, où son mari alla rejoindre l'armée des Montagnards, et où mon petit Julien fut embarqué pour la France, avec ce vilain gouverneur, dont je me défiais?

ANNA.

Hélas! mon compagnon d'enfance, Julien, a disparu, et l'on ignore son destin; son père vient de mourir dans l'exil, et la comtesse d'Avenel, retenue depuis long-temps dans une prison d'état...

MARGUERITE.

O ciel!

ANNA.

Je l'ai suivie, Marguerite, je n'ai point quitté ma bienfaitrice; pendant huit ans je lui ai prodigué mes soins, j'ai tâché de mériter le nom de sa fille qu'elle me donnait; mais à sa mort, quelle différence! il fallut suivre ce Gaveston qu'on avait nommé mon tuteur. Et dans un voyage où je l'accompagnai, il y a trois mois, sur le continent, il m'avait laissée pour quelques jours, dans une campagne, aux soins d'une de ses parentes...

MARGUERITE.

Eh bien?

ANNA.

Eh bien!... Je ne sais pas si je dois te raconter le reste.

MARGUERITE.

En quelle autre que moi aurez-vous plus de confiance?

ANNA.

La guerre venait d'éclater, on se battit aux portes même du parc où nous étions, et un jeune militaire dangereusement blessé... c'était un de nos soldats, un compatriote, pouvais-je ne pas le secourir? Et puis, te l'avouerai-je, malgré moi je pensais à Julien: Julien devait être de son âge, et je me disais: Peut-être le fils de mes maîtres est-il ainsi malheureux et sans secours.

MARGUERITE.

Quoi! vous pouvez penser...

ANNA.

Calme-toi, ce n'était pas lui, car je sais son nom; mais le retour de Gaveston nous fit partir sur-le-champ; et depuis, je n'ai plus revu mon jeune officier, qui aura pris ma présence pour un songe, et qui sans doute m'a déjà oubliée.

MARGUERITE.

Tandis que vous, je devine, vous y pensez encore: vous l'aimez peut-être, et c'est ce qui me fait du chagrin.

ANNA.

Et pourquoi?

MARGUERITE.

Il me semblait que vous n'auriez jamais aimé que Julien, du moins c'étaient là mes idées, et vingt fois j'ai rêvé à votre union.

ANNA.

Qu'oses-tu dire? lui, héritier des comtes d'Avenel, et moi, pauvre orpheline, sans bien, sans naissance; c'est ainsi que je reconnaîtrais les bontés de mes bienfaiteurs! Non, Marguerite; Julien, autrefois mon ami, mon frère, est maintenant mon seigneur, mon maître; c'est comme tel que nous devons le respecter, le servir, et nous sacrifier, s'il le faut, pour sauver son héritage.

MARGUERITE.

Et par quels moyens? c'est demain que l'on vend son domaine; un autre que lui va acquérir les droits et surtout le titre de comte d'Avenel; et si Julien existe encore, s'il revient jamais, il ne sera plus qu'un étranger dans le château de ses pères.

ANNA.

Qui sait? pourquoi perdre courage? moi j'ai bon espoir.

MARGUERITE.

Que voulez-vous dire?

(On entend le son du cor.)

ANNA.

Tu le sauras... Entends-tu? on ferme la porte du château; Gaveston vient de rentrer. Écoute-moi bien, Marguerite : dans un instant peut-être quelqu'un des environs viendra réclamer l'hospitalité au nom de saint Julien d'Avenel.

MARGUERITE.

Qui vous l'a dit?

ANNA.

Tu le feras entrer, et tu tâcheras qu'on lui donne cet appartement.

MARGUERITE.

Oui, mademoiselle, oui, soyez tranquille; je l'attendrai, s'il le faut, toute la nuit. Pour vous et pour Julien qu'est-ce que je ne ferais pas?

ANNA.

Pars. C'est Gaveston.

MARGUERITE.

Adieu! adieu, mon enfant.

(Elle sort.)

SCÈNE III.

ANNA, GAVESTON.

GAVESTON.

Ah, ah! miss, vous n'êtes point encore retirée dans votre appartement?

ANNA.

Vous le voyez. Je causais avec Marguerite.

GAVESTON.

Qui sans doute vous racontait, comme hier, des histoires de revenans et de la dame blanche! Se peut-il, miss Anna, que vous ajoutiez foi à de pareilles rêveries?

ANNA.

Moi!

GAVESTON.

Oui ; je vous ai vue hier si émue, si attentive au moment où elle nous a raconté l'histoire du fermier Dikson et de ses pièces d'or, qu'en honneur vous aviez l'air de croire à cette aventure miraculeuse.

ANNA, souriant.

Miraculeuse ? non ! car je sais mieux que personne qu'elle est véritable.

GAVESTON.

Allons donc !

ANNA, vivement.

Vingt fois la comtesse d'Avenel m'a raconté ce dernier trait de bonté de son mari, lorsque la nuit même de son départ, poursuivi, errant dans ces ruines, il entendit un pauvre fermier prêt à périr faute d'une somme d'argent ; et c'est pour n'être pas reconnu qu'il lui jeta sa bourse au nom de la dame blanche d'Avenel. Ah ! si tout sentiment de reconnaissance n'est pas éteint dans le cœur du fermier Dikson... (A part.) Celui-là doit me servir.

GAVESTON.

Oh ! rassurez-vous. Il n'est pas ingrat, c'est un des fidèles croyans de la dame blanche ; c'est lui qui cabale avec les femmes des environs, et qui fait courir le bruit dans le pays qu'il m'arrivera malheur d'oser mettre en vente un château qu'elle protège ; mais c'est ce que nous verrons. Je viens de souper chez M. Mac-Irton, le juge de paix, et nous avons pris nos arrangemens pour que la vente commençât demain au point du jour.

ANNA, à part.

O ciel ! (Haut.) Ainsi donc, vous, jadis l'intendant de ce château, vous allez en devenir le propriétaire; vous allez acheter à vil prix le domaine et le titre de votre bienfaiteur.

GAVESTON.

Écoutez, miss Anna, vous savez que je n'aime pas les phrases, et que je tiens au positif. Je ne suis que Gaveston l'intendant, c'est vrai ; mais quand l'intendant Gaveston aura acheté et payé ce domaine, qui donne le titre de lord et l'entrée au parlement, tous les gens du pays, si fiers et si dédaigneux, me salueront humblement comme comte d'Avenel, et oublieront bien vite leur ancien maître : la raison, c'est que je suis riche et qu'il ne l'est plus : chacun son tour : d'ailleurs, avant son départ, le comte d'Avenel avait vendu des biens immenses qu'il avait en Angleterre : qu'a-t-il fait de cet argent ?

ANNA.

Il l'a employé au service du prétendant, vous le savez bien.

GAVESTON.

J'en doute ; à moins que vous n'en ayez trouvé la preuve dans cet écrit que vous a confié la comtesse d'Avenel.

ANNA.

A moi ?

GAVESTON.

Oui ; nierez-vous que dans ses derniers momens elle ne vous ait remis un papier mystérieux ?

ACTE II, SCÈNE III.

ANNA.

C'est la vérité.

GAVESTON.

Et qu'en avez-vous fait?

ANNA.

Selon ses ordres, après sa mort je l'ai lu; et comme elle m'avait fait jurer de ne confier ce secret à personne, pas même à la plus intime amitié, j'ai déchiré cette lettre à l'instant.

GAVESTON.

Et moi, que les magistrats ont nommé votre tuteur, puis-je vous demander quel en était le contenu?

ANNA.

Non, monsieur.

GAVESTON.

Et pourquoi?

ANNA.

C'est que vous ne le saurez pas.

GAVESTON.

Fort bien, miss Anna; sous votre air doux et timide vous cachez plus de fermeté et de résolution que je ne l'aurais soupçonné; dorénavant je prendrai mes précautions.

(On entend une cloche en dehors.)

Eh mais! quel est ce bruit?

DUO ET TRIO.

ANNA.

C'est la cloche de la tourelle
Qui tout à coup a retenti!

(A part, pendant que Gaveston va regarder à la fenêtre.)

A notre rendez-vous fidèle,
C'est celui que j'attends ici.

GAVESTON.

Il est minuit! dans ma demeure
Qui peut venir à pareille heure?

ANNA.

Quelque voyageur sans abri.

GAVESTON.

Eh bien! qu'il loge ailleurs qu'ici!

ANNA.

Pour lui je vous demande grace!
Vous qui voulez prendre la place
Des anciens maîtres de ces lieux,
Imitez-les, faites comme eux :
Si chacun ici les révère,
C'est que leur porte hospitalière
S'ouvrait toujours aux malheureux.

(*Gaveston s'éloigne sans lui répondre.*)

ANNA, à part.

ENSEMBLE.

Il hésite, il balance,
Il ne voudra jamais;
Il n'est plus d'espérance,
Adieu tous mes projets.

GAVESTON.

De cette complaisance
Je me repentirais;
Il faut de la prudence
Pour servir mes projets.

SCÈNE IV.

Les précédens ; MARGUERITE.

MARGUERITE.

Un beau jeune homme et de bonne tournure,
Pendant l'orage et par la nuit obscure
Demande asile en ce noble castel,
En invoquant saint Julien d'Avenel.

ACTE II, SCÈNE IV.

ANNA, à part.

Je l'avais dit ! c'est Dikson, c'est lui-même !

MARGUERITE.

Moi, je l'ai fait entrer dans la salle à côté.

GAVESTON.

Sans m'avoir consulté ?
Je punirai cette imprudence extrême,
Et je prétends qu'il sorte à l'instant même.

ANNA.

Y pensez-vous ? déjà dans le pays
N'avez-vous pas bien assez d'ennemis ?
Ne voulez-vous pas qu'on vous aime ?

GAVESTON.

De me haïr il leur est bien permis.

ANNA.

Eh bien ! souffrez qu'il entre en ce logis,
Et dès demain vous aurez connaissance
Du billet qu'en mes mains la comtesse a remis.

GAVESTON, vivement.

Vous le jurez.

ANNA.

Je le promets d'avance.

GAVESTON.

A vos désirs il faut se conformer ;
Et puisqu'il faut ici se faire aimer,
Qu'il entre donc !

MARGUERITE.

Dieu ! quelle bienfaisance !

GAVESTON.

Où le placer ?

ANNA ET MARGUERITE.

Dans cet appartement.

GAVESTON, à Anna.

Soit ! mais rentrez dans le vôtre à l'instant.

ENSEMBLE.

ANNA.
A la douce espérance
Je renais désormais :
Céleste providence,
Seconde mes projets.

GAVESTON.
A cette complaisance
Je n'ai point de regrets,
Puisque la bienfaisance
Peut servir mes projets.

MARGUERITE.
O toi dont la puissance
Égale les bienfaits,
Céleste providence,
(Montrant Anna.)
Seconde ses projets.

(Anna sort par l'appartement à droite, et Georges entre par la porte du fond.)

SCÈNE V.

GAVESTON, GEORGES, MARGUERITE.

MARGUERITE.

Entrez, entrez, Monsieur, je vous demande pardon de vous avoir fait attendre.

GEORGES.

Il n'y a pas de mal, ma brave femme, j'étais occupé à admirer cet antique édifice. Le beau château! les belles voûtes! jusqu'à ces ruines que j'ai traversées pour arriver jusqu'ici, c'est admirable! (Apercevant Gaveston.) Pardon, monsieur, de ne pas vous avoir salué d'abord; c'est à vous sans doute que je dois l'hospitalité?

ACTE II, SCÈNE V.

GAVESTON.

Oui, monsieur. (A part.) J'y pense maintenant : si c'était quelque acquéreur, quelque riche capitaliste qui vînt pour surenchérir. (Haut.) Qui ai-je l'honneur de recevoir?

GEORGES.

Un officier de Sa Majesté, un sous-lieutenant au quinzième d'infanterie?

GAVESTON, à part.

Un sous-lieutenant, je suis tranquille. (Haut.) Monsieur, à ce qu'il paraît, n'est pas Écossais?

GEORGES.

Non, vraiment, je ne suis jamais venu en ce pays, et je ne puis vous dire l'effet qu'a produit sur moi cet ancien édifice.

GAVESTON.

Et comment vous êtes-vous trouvé à une pareille heure à la porte de ce vieux château?

GEORGES.

Comment! je n'en sais trop rien : mais j'ai idée que c'est pour vous rendre service.

GAVESTON.

A moi!

GEORGES.

A vous-même. Un autre vous dirait que c'est la nuit et le mauvais temps, mais ce n'est pas vrai; et moi, comme militaire, je dis toujours la vérité.

GAVESTON.

Toujours?

GEORGES.

Oui, monsieur; même en amour, je suis d'une franchise !... Ce n'est pas qu'au régiment ils ne prétendent que ça me fera du tort, et que ça nuira à mon avancement; mais ça me regarde. Revenons à vous: je n'entends parler dans le pays que des sortiléges, des apparitions de la dame blanche, et je veux passer la nuit dans ce château pour me trouver en tête-à-tête avec elle.

GAVESTON.

Si ce n'est que cela, vous ne risquez rien : elle n'a garde de se montrer.

GEORGES.

Vous croyez ; c'est ce qui vous trompe, car elle m'a donné rendez-vous.

GAVESTON, riant.

Un rendez-vous ? (A part.) Allons, allons, c'est quelque original dont les idées ne sont pas bien nettes. (Haut.) Adieu, mon officier, minuit a sonné depuis long-temps, et je suis obligé de vous quitter, attendu que demain nous serons réveillés avant le point du jour.

GEORGES.

Et pourquoi ?

GAVESTON.

Pour tout disposer; car, de grand matin, nous aurons beaucoup de monde au château, des affaires importantes... On va vous dresser un lit dans cet appartement.

GEORGES.

A moi ! y pensez-vous ! ce fauteuil me suffit, je serai mieux là qu'au bivouac. D'ailleurs les revenans que j'attends pourraient bien être des contrebandiers ou des montagnards de la bande de Rob-Roy, et je veux être sur pied pour les recevoir.

ACTE II, SCÈNE VI.

GAVESTON.

Adieu donc, bonne nuit, et surtout bonne chance; mais si vous voyez la dame blanche d'Avenel, dites-lui bien de ma part... (Apercevant Marguerite, qui depuis le commencement de la scène regarde attentivement Georges.) Eh bien! qu'as-tu donc depuis une heure à regarder ainsi monsieur?

MARGUERITE.

Rien; mais ça m'a l'air d'un brave jeune homme, et je ne sais pas pourquoi j'ai du plaisir à le voir.

GAVESTON.

Allons, allons, rentrons, il est tard.

MARGUERITE, montrant à Georges la lampe qu'elle tient à sa main.

Voulez-vous que je vous laisse...?

GEORGES.

Non, non, les revenans n'aiment pas les lumières, ça leur fait peur. A demain, mon cher hôte, soyez sûr que je vous donnerai des nouvelles, fussent-elles de l'autre monde.

(Gaveston et Marguerite sortent par le fond, et l'on entend fermer les portes.)

SCÈNE VI.

GEORGES, SEUL.

(Il fait nuit totale. Pendant la ritournelle de l'air suivant, Georges va rallumer le feu qui s'éteint, pose ses deux pistolets sur la table, etc.)

CAVATINE.

Viens, gentille dame,
Ici, je réclame
La foi des sermens.
A tes lois fidèle,
Me voici, ma belle,
Parais, je t'attends.

Que ce lieu solitaire
Et que ce doux mystère
Ont de charmes pour moi!
Oui, je sens qu'à ta vue
L'ame doit être émue;
Mais ce n'est pas d'effroi.

Viens, gentille dame, etc.

Déjà la nuit plus sombre
Sur nous répand son ombre :
Qu'elle tarde à venir!
Dans mon impatience,
Le cœur me bat d'avance
D'attente et de plaisir.

Viens, gentille dame, etc.

(A la fin de la cavatine on entend un air de harpe, et Anna paraît.)

SCÈNE VII.

GEORGES ; ANNA, SORTANT PAR LE PANNEAU A DROITE, QUI TOURNE SUR UN PIVOT ; ELLE EST HABILLÉE EN BLANC, ET LA TÊTE COUVERTE D'UN VOILE.

GEORGES.

Non, ce n'est point une illusion, c'est elle-même : je distingue dans l'ombre et sa démarche légère et ses vêtemens blancs.

ANNA, à part.

C'est lui! osera-t-il me suivre ?... Oui; si ce n'est par reconnaissance, ce sera du moins par frayeur pour la dame blanche.

GEORGES.

Elle approche.

ACTE II, SCÈNE VII.

ANNA.

Dikson, Dikson, est-ce toi?

GEORGES.

Non, ce n'est pas lui ; mais je viens à sa place.

ANNA.

O ciel ! et qui donc êtes-vous ?

GEORGES.

Habile magicienne, comment ne sais-tu pas mon nom ?

ANNA.

O ciel ! quelle est cette voix ?

GEORGES.

Faut-il te dire qu'on m'appelle Georges Brown ?

ANNA.

Georges dans ces lieux ! n'est-ce point un songe ? (Faisant un pas vers lui.) Ah ! si j'osais... (S'arrêtant.) Non, je ne dois pas même pour lui... oublier mon serment.

GEORGES, écoutant.

Eh bien ! elle se tait... hein !

ANNA.

Tu as bien fait de ne pas me tromper, car moi qui sais tout, crois-tu que je ne connaisse pas Georges Brown, sous-lieutenant au service d'Angleterre ?

GEORGES.

Je ne reviens pas de ma surprise !

ANNA.

Dans le Hanovre, à la bataille d'Hastembek, où tu t'es distingué, tu fus blessé près de ton colonel.

GEORGES.

O ciel !

ANNA.

Une main inconnue te rappela à la vie, te prodigua des soins...

GEORGES, s'avançant.

C'en est trop, et quel que soit ce mystère...

ANNA.

Arrête, ou je disparais à tes yeux, et tu ne me reverras jamais.

GEORGES.

J'obéis; mais prends pitié de mon trouble : cette divinité protectrice qui prit soin de mes jours, où est-elle? Depuis trois mois je la poursuis en vain; partout il me semble et la voir et l'entendre; dans ce moment encore, je ne sais si c'est une illusion, mais je crois reconnaître sa voix.

ANNA.

Peut-être l'ai-je prise pour te plaire.

GEORGES.

Si tu es elle-même, c'est ce que j'ignore; mais qui que tu sois, donne-moi les moyens de la revoir.

ANNA.

Cela dépend de toi.

GEORGES.

Que faut-il faire? où faut-il te suivre?

ANNA.

Me suivre... (A part.) Oh! maintenant je n'ose plus, et je dois changer de projet. (Haut.) Demain tu recevras mes ordres, et quels qu'ils soient...

GEORGES.

Je jure de m'y soumettre! Fée, magicienne, ou

dame blanche, je te suis dévoué. Pour revoir celle que j'aime et pour la posséder, je crois, s'il le fallait, que je me donnerais à toi.

ANNA.

Ce ne serait peut-être pas un mauvais moyen ; mais ce n'est pas là ce que je te demande. Écoute-moi.

RÉCITATIF.

Ce domaine est celui des comtes d'Avenel ;
Un avide intendant, au cœur dur et cruel,
Veut les en dépouiller ; mais mon pouvoir propice
Protége l'orphelin et confond l'injustice.
Parle ! veux-tu demain seconder mon espoir ?

GEORGES.

Défendre le malheur est mon premier devoir !

DUO.

ANNA.

Toujours soumis à ma puissance,
Tu promets donc de me servir ?

GEORGES.

Je te promets obéissance ;
A quel danger faut-il courir ?

ANNA.

De tes sermens, de ton courage,
M'oseras-tu donner un gage ?

GEORGES.

Parle !

ANNA.

Oserais-tu bien ici
Me donner la main ?

GEORGES, *détournant la tête, mais avançant intrépidement.*

La voici !

ENSEMBLE.

GEORGES.

Mais que cette main est jolie !
Pour un lutin quelle douceur !
Est-ce l'amour ou la magie
Qui fait ainsi battre mon cœur?

ANNA.

De l'amour la douce magie
Pourrait aussi troubler mon cœur.
Fuyons, laissons-lui son erreur.

(Anna va pour sortir; Georges, traversant le théâtre et se mettant devant elle.)

GEORGES.

Arrête !

ANNA, tremblante.

O ciel ! ma frayeur est extrême !
Que me veux-tu ?

GEORGES.

Tantôt tu promis qu'à mes yeux
Apparaîtrait celle que j'aime.
Où la verrais-je ?

ANNA.

Dans ces lieux.

GEORGES.

Comment ?

ANNA.

Eh bien ! c'est elle-même,
C'est elle qui viendra demain
T'apporter mon ordre suprême;
Aussi, quand elle apparaîtra,
Qu'on obéisse !

GEORGES.

A l'instant même.
Mais tu promets qu'elle viendra ?

ANNA.

Oui, de ma part elle viendra.

ACTE II, SCÈNE VIII.

GEORGES.

Je crois au serment qui t'engage,
Mais il m'en faut encore un gage.

ANNA.

Parle!

GEORGES.

Oserais-tu bien ici
Me donner ta main?

ANNA, un peu tremblante.

La voici!

GEORGES.

Ah! que cette main est jolie?
Pour un lutin quelle douceur!
Est-ce l'amour ou la magie
ENSEMBLE. Qui fait ainsi battre mon cœur?

ANNA.

Mais de l'amour, de sa magie,
Craignons le charme séducteur.
Fuyons... laissons-lui son erreur.

(Anna passe derrière lui, rentre par la porte à gauche, et l'on entend le même bruit de harpe qu'à son arrivée. A la fin du duo, on frappe à la porte du fond et l'on tire les verrous.)

SCÈNE VIII.

GEORGES, GAVESTON.

GEORGES.

Elle s'éloigne; elle a disparu.

GAVESTON.

Mon jeune officier, voici le point du jour.

GEORGES.

Déjà!....

GAVESTON.

Je vois que je vous ai réveillé.

GEORGES.

Hélas oui! un joli rêve, si c'en est un...

GAVESTON.

Eh bien! comment avez-vous passé la nuit?

GEORGES.

Une nuit charmante, quoique un peu agitée; car, en honneur, je n'ai pas eu le temps de dormir.

GAVESTON.

Je conçois, le souvenir de la dame blanche vous a poursuivi.

GEORGES.

Son souvenir!... mieux que cela.

GAVESTON.

Que voulez-vous dire?

GEORGES.

Tenez, mon cher hôte, comme vous et beaucoup d'autres esprits forts allez probablement vous moquer de moi, je commence le premier : je vous dirai donc en confidence qu'à dater d'aujourd'hui je me déclare le chevalier de la dame blanche.

GAVESTON.

Est-ce que par hasard vous l'auriez vue?

GEORGES.

Non, je ne l'ai pas vue... mais j'ai passé une heure avec elle, une conversation charmante, un ton excellent : ce qui prouverait que dans l'autre monde il y a fort bonne société.

GAVESTON.

Ah! çà, permettez : êtes-vous bien sûr d'être dans votre bon sens?

ACTE II, SCÈNE VIII.

GEORGES.

Ma foi, je vous le demanderai; car je n'ose plus m'en rapporter à moi-même.

GAVESTON.

J'espère cependant que vous ne croyez pas à la dame blanche, c'est impossible!

GEORGES.

Vous avez raison, c'est impossible! aussi je suis comme vous, je n'y crois pas, mais j'en suis amoureux.

GAVESTON.

Amoureux de la dame blanche!

GEORGES.

C'est-à-dire, d'elle ou de mon inconnue; peut-être de toutes les deux, je ne vous dirai pas au juste. Par exemple, je dois vous en prévenir; vous n'êtes pas dans ses bonnes graces, elle vous traite fort mal.

GAVESTON.

Moi!

GEORGES.

Elle prétend, mais c'est elle qui parle, que vous êtes un homme injuste, avide, intéressé; que dans la vente qui va avoir lieu ce matin vous voulez vous rendre acquéreur pour dépouiller votre ancien maître.

GAVESTON.

On pourrait supposer...

GEORGES.

Rassurez-vous, elle dit que votre espoir sera déçu, et qu'elle empêchera bien l'héritage des comtes d'Avenel de tomber entre vos mains.

GAVESTON.

Ah! la dame blanche vous a dit cela?

GEORGES.

Les propres paroles, ou à peu près.

GAVESTON.

Eh bien! l'événement prouvera qui d'elle ou de moi a le plus de pouvoir; car, dans une heure, ce riche domaine m'appartiendra. Tenez, tenez, voyez-vous dans la cour du château M. Mac-Irton, le juge de paix, qui doit présider à cette vente, et tous les gens du pays qui viennent y assister?

GEORGES.

Ce sont vos affaires, arrangez-vous. Je vais faire un tour de parc en attendant les ordres de ma dame invisible, car elle m'a promis de me les envoyer.

GAVESTON.

Vraiment?

GEORGES.

Oui, par un messager charmant, par ma belle inconnue, qu'il me tarde de voir paraître.

GAVESTON, à part.

Allons, allons, je lui supposais d'abord quelque arrière-pensée; mais décidément il a perdu l'esprit. (Haut.) Eh bien! mon jeune officier, pourquoi ne restez-vous pas ici? vous verrez par vous-même qui aura raison de la dame blanche ou de moi.

GEORGES.

Au fait, c'est un spectacle comme un autre; je n'ai jamais été à une vente publique.

GAVESTON.

Jamais?

GEORGES.

Non, sans doute, et il y avait de bonnes raisons.

GAVESTON.

Asseyez-vous aux premières places.

SCÈNE IX.

GEORGES, GAVESTON, DIKSON, MARGUERITE, JENNY; CHOEUR DE FERMIERS ET DE VASSAUX.

CHOEUR.

Nous quittons nos travaux champêtres,
Nous accourons en ce castel
Savoir quels sont les nouveaux maîtres
Du beau domaine d'Ayenel.

MARGUERITE.

Hélas! quelle douleur j'éprouve!
Voici donc le moment fatal.

JENNY, apercevant Georges.

C'est vous, monsieur, je vous retrouve!
Hé bien! ce mystère infernal?

DIKSON.

Qu'avez-vous vu? parlez, de grace!

GEORGES.

Vous le saurez. Mais, en honneur,
J'ai bien fait de prendre sa place
Car il en serait mort de peur!

DIKSON.

Vois-tu, ma femme, quelle horreur!

JENNY.

Mais taisons-nous, faisons silence,
Car voici monsieur Mac-Irton,
Le juge de paix du canton.

(Entrent Mac-Irton et tous les gens de justice. Ils vont se placer sur des siéges préparés autour d'une table au milieu du théâtre. Gaveston se tient debout à gauche, non loin de lui. A droite, sur le premier plan, Georges assis sur un fauteuil; Dikson environné de tous les fermiers.)

LES FERMIERS, à Dikson.

Tu vas bien te montrer, je pense.

D'AUTRES FERMIERS.

Tu connais quels sont les devoirs.

DIKSON.

Ne craignez rien, j'ai vos pouvoirs ;
J' sais jusqu'à quelle concurrence
Il nous est permis d'enchérir.

MAC-IRTON.

Messieurs, la séance commence.

GEORGES.

Comment cela va-t-il finir ?

CHOEUR.

De crainte et d'espérance
Je sens battre mon cœur ;
Du combat qui commence
Quel sera le vainqueur ?

MAC-IRTON, se levant et lisant un parchemin.

De par le roi, les lois et la cour souveraine,
Faisons savoir qu'on va procéder sur-le-champ
    A la vente de ce domaine,
A l'enchère publique ainsi qu'au plus offrant
    Et dernier enchérisseur.

MARGUERITE.

Hélas ! j'en suis toute tremblante.

MAC-IRTON.

Nous avons acquéreur
A vingt mille écus !

DIKSON.

Moi, j'en mets vingt-cinq !

GAVESTON.

Moi trente !

DIKSON.

Trente-cinq !

GAVESTON.

Quarante !

ACTE II, SCÈNE IX.

DIKSON.

Quarante-cinq!

GAVESTON.

Cinquante!

DIKSON.

Cinquante-cinq!

GAVESTON.

Soixante!
Ils ont l'air interdits.

LES FERMIERS, à Dikson.

Allons! allons! encor! courage!

DIKSON.

Voulez-vous risquer davantage?
Soixante-cinq!

GAVESTON.

Soixante-dix!

DIKSON.

Quatre-vingt-cinq!

GAVESTON.

Quatre-vingt-dix!
Ils ont beau faire,
Je l'aurai.
Oui, je serai propriétaire,
C'est moi qui l'emporterai.

DIKSON.

Je commence à perdre courage.

LES FERMIERS.

Allons, encor quelque chose de plus.

DIKSON.

Eh bien! quatre-vingt-quinze!

GAVESTON.

Et moi, cent mille écus!

LES FERMIERS.

O ciel! nous ne pouvons enchérir davantage!

MARGUERITE.

C'en est fait, nous sommes perdus!

MAC-IRTON, lentement, à l'assemblée.

Cent mille écus! cent mille écus!

GEORGES.

Je tremble.

GAVESTON, s'approchant de lui.

Eh bien! mon jeune ami, parlez : que vous en semble?
Malgré la dame blanche et son nom révéré,
Je l'avais dit : c'est moi, moi qui l'emporterai.

GEORGES, à part.

Il a raison, et je crains fort
Que la dame blanche n'ait tort.

MARGUERITE ET LE CHOEUR DES VASSAUX.

Non, plus d'espoir!

DIKSON ET LES FERMIERS.

Plus de courage!

DIKSON.

La bougie est près de finir.

GAVESTON.

Le château va m'appartenir.

GEORGES.

Morbleu! j'enrage, j'enrage!
Qui donc pourrait surenchérir?

(Pendant ce temps Anna, qui a repris le même costume qu'à la seconde scène de cet acte, est sortie de sa chambre à droite, et s'est approchée doucement derrière Georges ; elle se tient près de lui ; et lui dit à demi-voix :)

ANNA.

Toi!

GEORGES, se retournant et l'apercevant.

Que vois-je! ô surprise extrême!
C'est elle! c'est celle que j'aime!

ANNA, de même.

Du silence! tu sais qui m'envoie ; obéis.

GEORGES.

Quoi! vous voulez...

ACTE III, SCÈNE X.

ANNA.

Tu l'as promis!

MAC-IRTON, répétant.

Cent mille écus! cent mille écus!

GEORGES, se levant, et passant au milieu du théâtre.

Arrêtez! moi, je mets mille livres de plus.

TOUS.

O ciel!

ENSEMBLE.

GAVESTON.

O ciel! quel est ce mystère,
Et ce nouvel acquéreur?
Dans ces lieux que veut-il faire?
Rien n'égale ma fureur.

GEORGES.

A ce singulier mystère
Je ne conçois rien, d'honneur!

(Regardant Anna.)

Je vois celle qui m'est chère,
Cela suffit à mon cœur.

ANNA, bas à Georges.

Sache obéir et te taire.
Tu l'as promis sur l'honneur;
C'est le moyen de me plaire
Et de mériter mon cœur.

MARGUERITE ET LE CHOEUR.

Mais quel est donc ce mystère
Et ce nouvel acquéreur?
Que le sort lui soit prospère,
C'est le vœu de notre cœur.

GAVESTON, regardant Georges.

Quel qu'il soit, je rendrai cette ruse inutile.
Puisqu'il le faut, quinze cents francs!

GEORGES.

Deux mille!

GAVESTON.

Trois!

GEORGES.

Quatre!

GAVESTON.

Cinq!

GEORGES.

Six!

GAVESTON.

Sept!

GEORGES.

Huit!

GAVESTON.

Neuf!

GEORGES.

Dix!

GAVESTON.

Je ne puis contenir ma rage!
Je mets vingt-cinq.

ANNA, bas à Georges.

Va toujours, du courage!

GEORGES.

Trente!

GAVESTON.

Quarante!

ANNA, bas à Georges.

Encor! encor!

GEORGES.

Cinquante!

GAVESTON.

Soixante

ANNA, bas à Georges.

Encor!

GEORGES.

Quatre-vingts!

GAVESTON.

Quatre-ving-dix!

GEORGES.

Quatre cent mille francs!

ACTE II, SCÈNE IX.

ANNA, bas à Georges.

C'est bien, je suis contente.
Va toujours; oui, va toujours.

GAVESTON.

De fureur je frémis!
Eh bien! quatre cent cinquante.

GEORGES, allant surenchérir.

Eh bien! moi, s'il le faut...

GAVESTON, allant à lui.

Arrêtez! laissez-moi
Sur un pareil projet éclairer son jeune âge;
Il ignore ce qu'il engage.

(A Mac-Irton.)

Monsieur, lisez-lui la loi.

MAC-IRTON, lisant.

« Le jour même, à midi, le prix de cette vente
« Sera payé comptant en nos mains, ou sinon,
« Et faute de fournir caution suffisante,
« Le susdit acquéreur sera mis en prison. »

GEORGES.

En prison!

ANNA, bas à Georges.

Il n'importe.

GEORGES, à part.

Alors dès qu'on ordonne,

(Haut.)

A cinq cent mille francs!

MAC-IRTON.

Personne
Ne dit mot?

MARGUERITE.

Quel bonheur!

GEORGES, bas à Gaveston.

Convenez sans façon
Que la dame blanche a raison.

GAVESTON, avec dépit.

Il le faut, j'abandonne.

MAC-IRTON, à Georges.

Votre nom, votre rang.

GEORGES.

Georges Brown, sous-lieutenant ;
Douze cents francs
D'appointemens ;
Et l'on ne dira pas que je fais des folies,
Car j'achète un château sur mes économies.

MAC-IRTON, bas à Gaveston.

Vous le voyez, j'y suis bien obligé.

(A haute voix.)

Puisqu'il le faut donc,

(Montrant Georges.)

Adjugé.

ENSEMBLE.

DIKSON, MARGUERITE, FERMIERS.
Ah ! pour nous quel jour prospère !
Ce choix fait notre bonheur,
Car nous aurons, je l'espère,
Un brave et digne seigneur.

GEORGES, à Anna.
A ce singulier mystère
Je ne conçois rien, d'honneur !
Je vois celle qui m'est chère,
Cela suffit à mon cœur.

MAC-IRTON, GAVESTON.
Mais quel est donc ce mystère?
Qu'il redoute ma fureur !
Rien n'égale la colère
Qui s'empare de mon cœur.

ANNA.
Dieu puissant, Dieu tutélaire,
Puissé-je, au gré de mon cœur,
D'un maître que je révère
Sauver les biens et l'honneur !

FIN DU SECOND ACTE.

ACTE TROISIÈME.

Le théâtre représente un riche appartement gothique, une porte au fond; au-dessus de la porte une galerie qui tient tout le fond du théâtre, et à laquelle on monte par deux escaliers latéraux; au bas des escaliers quatre piédestaux, dont trois seulement portent des statues; à gauche des spectateurs, sur le premier plan, une petite porte secrète.

SCÈNE PREMIÈRE.

ANNA, SEULE; MÊME COSTUME QU'À LA DEUXIÈME SCÈNE DU SECOND ACTE.

(Elle arrive précipitamment et sur la ritournelle, regarde avec joie et surprise l'appartement où elle se trouve.)

RÉCITATIF.

Grand Dieu que j'implorai, recevez mon hommage!
Vous n'avez pas permis que ce bel héritage
Retombât dans les mains d'indignes ravisseurs.
Et vous, du haut des cieux, qui sont votre partage,
    Et vous, mes nobles bienfaiteurs:

Air:

Comme aux beaux jours de mon jeune âge,
Daignez encor guider mes pas;
Venez achever votre ouvrage,
Venez, ne m'abandonnez pas.
En revoyant ce noble asile,
De mon bonheur je me souvien:
Que de fois ce séjour tranquille
A redit le nom de Julien!
    Julien! Julien!

L'écho fidèle
Ne l'a pas oublié;
Il me rappelle
Nos jeux, notre amitié.

Comme aux beaux jours de mon jeune âge, etc.

SCÈNE II.

ANNA, MARGUERITE.

ANNA.

Ah! Marguerite, je t'attendais...

MARGUERITE.

J'entre comme vous dans le château, dont M. Mac-Irton vient de lever les scellés. Eh bien! Mademoiselle, voilà ces riches appartemens que vous aviez tant d'envie de parcourir. C'est ici que je vous ai élevée, ainsi que mon pauvre Julien, jusqu'à l'âge de six ans; mais vous m'assurez au moins que ce n'est pas pour son compte que M. Georges a acheté ce domaine.

ANNA.

Non, c'est pour le rendre à son véritable maître! qui pouvait surenchérir? ce n'était pas moi, mineure et pupille de Gaveston; par bonheur, Georges est venu à notre secours.

MARGUERITE.

Ce M. Georges est donc bien riche, car enfin il lui faut aujourd'hui même à midi payer cinq cent mille livres, ou la vente est nulle.

ANNA.

Je te dirai, en confidence, qu'il ne possède rien; mais qu'il compte sur moi.

MARGUERITE.

Sur vous?

ANNA.

Oui. Dis-moi, Marguerite, toi qui as long-temps habité ces lieux, tu dois te rappeler dans quel endroit est la statue de la dame blanche? car dans tous les appartemens que j'ai déja parcourus je n'ai pas encore pu la découvrir, et voilà pourquoi je t'attendais.

MARGUERITE.

Elle était placée dans la salle de réception, celle des chevaliers.

ANNA.

Eh! mais, nous y voici!

MARGUERITE.

Alors, c'était là, à droite. (apercevant le piédestal.) Grand Dieu! la statue a disparu!

ANNA.

O ciel! c'est fait de nous, et tous mes projets sont déjoués.

MARGUERITE.

Que dites-vous?

ANNA.

Qu'ici, dans ce château, est toute la fortune de la famille d'Avenel, le prix de ces biens immenses vendus en Angleterre, et qu'on estimait deux ou trois millions.

MARGUERITE.

Grand Dieu!

ANNA.

C'est là le secret qui me fut confié par la comtesse d'Avenel. « Anna, me disait-elle dans sa lettre, si jamais Julien reparaît en Écosse, apprends-lui que dans le nouveau château d'Avenel, et dans la statue de la dame blanche, il retrouvera un coffret d'ébène qui contient, en billets de banque, la fortune de ses pères. »

MARGUERITE, avec douleur.

Et la statue a disparu.

ANNA.

Oui, et comment? car nul n'a pu pénétrer dans ce lieu. Cherche bien, Marguerite, n'aurais-tu pas quelque idée, quelque souvenir?

MARGUERITE.

Attendez donc, je me rappelle que la nuit du départ du comte d'Avenel...

ANNA.

Parle vite.

MARGUERITE.

Il était tard, et je sortais du château par un passage secret, connu des gens de la maison, lorsque j'entends des pas lents et mesurés; je me cache derrière un pilier, et malgré la nuit, qui était des plus sombres, j'aperçois la statue de la dame blanche qui descendait lentement l'escalier.

ANNA.

Tu as cru la voir.

MARGUERITE.

Non, je l'ai vue, et le garde-chasse à qui le lendemain j'ai raconté cette aventure m'a dit : « C'est juste; elle a quitté le château parce que les seigneurs d'Avenel s'en vont; elle ne reviendra que quand ils seront de retour. »

ANNA.

Ou plutôt, et c'est là ma crainte, quelqu'un que

l'obscurité t'empêchait de distinguer l'aura enlevée pour s'emparer des trésors qu'elle renfermait.

MARGUERITE.

Non, mademoiselle; non, elle s'est abîmée dans la muraille près du passage secret.

ANNA.

Quel passage? pourrais-tu le reconnaître?

MARGUERITE.

A quoi bon? vous aurez beau faire, la statue ne reviendra que quand Julien sera de retour.

ANNA.

N'importe, reconnaîtrais-tu ce passage?

MARGUERITE.

Je n'en répondrais pas : tout ce que je me rappelle, c'est qu'il avait une issue sur cette pièce; mais en tous cas je n'irai jamais.

ANNA.

Moi j'irai; viens, guide-moi, c'est tout ce que je te demande.

MARGUERITE.

Mais, mademoiselle, attendez donc, je ne peux pas vous suivre.

ANNA, l'entraînant.

On vient, te dis-je, et je ne veux pas qu'on nous aperçoive.

(Elles sortent par la porte à gauche.)

SCÈNE III.

GEORGES; FERMIERS, PAYSANS, HABITANS DU DOMAINE.

CHOEUR.

Vive à jamais notre nouveau seigneur !
De ses vassaux qu'il fasse le bonheur !

GEORGES, à part, en entrant.

Allons, gaîment recevons leur hommage,
Je suis seigneur, il faut tenir l'emploi.

(Aux paysans.)

Les braves gens dont j'acquiers l'héritage,
Mes bons amis, valaient bien mieux que moi.

(Regardant autour de lui.)

Dieu! qu'est-ce que je vois?

CHOEUR.

Mais qu'a-t-il donc?

GEORGES.

Ces lambris magnifiques,
Ces chevaliers, ces armures gothiques ;
C'est fait de moi, je n'y suis plus.
Mais déjà, j'en suis sûr, déjà je les ai vus !

ENSEMBLE.

GEORGES.

D'où peut naître cette folie?
Et d'où vient ce que je ressens?
Dame blanche est-ce ta magie
Qui vient encor troubler mes sens?

CHOEUR.

Il admire ces lieux charmans :
Combien sa vue est éblouie
De ces riches appartemens !

ACTE III, SCÈNE III.

MARCHE.

(De jeunes filles viennent offrir à Georges les clefs du château, et pendant ce temps le chœur commence le chant suivant.)

CHŒUR.

Chantez, joyeux ménestrel,
Refrain d'amour et de guerre.
Voici venir la bannière
Des chevaliers d'Avenel.

GEORGES, avec émotion.

Quel est donc ce refrain?

CHŒUR.

C'est le chant ordinaire
De la tribu d'Avenel.

GEORGES.

O momens pleins de charmes!
Où donc ai-je entendu cet air qui, malgré moi
De mes yeux fait couler des larmes?

CHŒUR, reprenant l'air.

Chantez, joyeux ménestrel, etc.

GEORGES, les arrêtant.

Attendez... j'achèverais, je crois :
Tra, la, la, la, la, la, la.

(Se trompant.)

Non, non, ce n'est pas cela.

(Se reprenant.)

Tra, la, la, la, la, la...

ENSEMBLE.

CHŒUR.

Il est sensible à nos accens;
Des vieux airs de notre patrie
Il aime à redire les chants.

GEORGES.

D'où peut naître cette folie?
Et d'où vient ce que je ressens?
Dame blanche, est-ce ta magie
Qui vient encor troubler mes sens?

LA DAME BLANCHE.

GEORGES, *gaîment*.

Dans ce castel, mes amis, venez tous ;
Autant qu'à moi ce domaine est à vous.
Que les buffets soient dressés sous la treille.

CHOEUR.

Que les buffets soient dressés sous la treille.

GEORGES.

Que l'on commence et la danse et les jeux.

CHOEUR.

Que l'on commence et la danse et les jeux.

GEORGES.

Que chaque fille épouse un amoureux.

CHOEUR DE JEUNES FILLES.

Que chaque fille épous' son amoureux.

GEORGES, *à part*.

Dans un instant il se peut qu'on m'éveille,
Dépêchons-nous de faire des heureux.

TOUS.

Vive à jamais notre nouveau seigneur !
De ses vassaux il fera le bonheur !

(Tous s'éloignent avec respect en voyant Georges qui est retombé dans sa rêverie.)

GEORGES, *reprenant l'air*.

Tra, la, la, la, la, la...
Où donc ai-je entendu cet air si plein de charmes,
Qui fait couler mes larmes ?
Tra, la, la, la, la, la.

(Il achève l'air à demi-voix, et tous les paysans se retirent par la porte du fond.)

SCÈNE IV.

GEORGES, seul.

C'est inconcevable! vingt fois dans mon imagination j'ai rêvé un château gothique comme celui-ci, une galerie comme celle-là. Ma foi, n'y pensons plus, car je m'y perds. Ces braves gens! Ils ont déja l'air de m'aimer, et je serais trop heureux de faire leur bonheur. Il n'y a que le chapitre des gratifications qui m'embarrasse : c'est terrible de parler en grand seigneur et de payer en sous-lieutenant. Mais il paraît que la dame blanche ne tient pas aux espèces monnoyées, car depuis le temps qu'elle me protège, elle ne s'est jamais distinguée de ce côté-là. Eh! mais, c'est le seigneur Gaveston, qui m'a l'air d'un acquéreur désappointé.

SCÈNE V.

GEORGES, GAVESTON.

GEORGES, allant à lui.

Eh bien! mon cher hôte, qu'est-ce que je vous disais? vous me voyez enchanté à mon tour de pouvoir vous recevoir chez moi.

GAVESTON.

Vous vous doutez du sujet qui m'amène; je viens, monsieur, vous demander l'explication de votre étrange conduite.

GEORGES.

Mon cher ami, demandez-moi tout ce que vous voudrez, hors des explications, parce que de ce côté-là...

GAVESTON.

Je ne croyais pas qu'un militaire dût avoir recours à la ruse pour cacher ses intentions.

GEORGES.

Halte-là! Je n'ai jamais trompé personne; je vous déclare donc que je me suis trouvé, comme beaucoup de gens, propriétaire d'un instant à l'autre, et sans savoir comment; mais je vous atteste qu'hier au soir, quand je suis arrivé chez vous, je n'avais pas plus d'intentions que d'argent, ça, je vous en donne ma parole; et pour les preuves, (montrant son gousset.) elles sont là.

GAVESTON, vivement et avec joie.

Qu'entends-je! vous n'avez pas d'argent! Eh bien! alors, comment payerez-vous?

GEORGES.

Moi! cela ne me regarde pas! la dame blanche y pourvoira. Il paraît que dans cette occasion je suis son homme de confiance, son chargé d'affaires, car je ne suis acquéreur que pour son compte.

GAVESTON.

Vous voulez plaisanter.

GEORGES.

Non, monsieur, et je vois que nous donnons tous les deux dans les excès opposés; moi, je crois tout, et vous, vous ne croyez rien! c'est un mal: le sage doit toujours prendre un juste milieu; je veux bien abandonner un peu mon opinion, cédez-moi de la vôtre, et convenons tous les deux qu'il y a quelque chose, quelque chose que nous ne comprenons pas : mais pour être heureux, on n'est pas obligé de comprendre.

GAVESTON.

Quoi! monsieur, ce riche domaine...

GEORGES.

A vous parler franchement, je n'y tiens pas du tout, et, d'un instant à l'autre, j'attends un coup de baguette qui va faire disparaître le château. Ce qui m'importe, c'est de revoir la dame blanche ou ma belle inconnue, et c'est dans l'espoir de la rencontrer que je vous demanderai la permission de parcourir mes nouveaux domaines.

GAVESTON, l'arrêtant.

Un mot encore : si à midi vous ne pouvez pas payer?

GEORGES.

Le château est là, je ne l'emporte pas, j'en serai quitte pour le revendre; il est vrai que si on me l'achète au prix coûtant, ce n'est pas cela qui m'enrichira.

GAVESTON.

Et si en attendant vous ne fournissez pas caution, M. Mac-Irton, le juge de paix, vous a dit qu'il y allait de la prison.

GEORGES.

La prison! eh bien, tant mieux! car, en conscience, la dame blanche doit venir me délivrer, et c'est un moyen de la voir; mais, tenez, tenez, voici M. Mac-

Irton qui a l'air de vouloir vous parler : adieu, je vais visiter mon château, et me hâter de faire le seigneur.

(Il monte par l'escalier à gauche, et disparaît dans la galerie.)

SCÈNE VI.

GAVESTON, MAC-IRTON.

GAVESTON.

Je n'y conçois rien, il a une franchise et une étourderie qui déjouent tous mes calculs. Ah! c'est vous, M. Mac-Irton?

MAC-IRTON, mystérieusement.

Oui; êtes-vous seul!

GAVESTON.

Certainement.

MAC-IRTON.

J'ai à vous parler; mais fermons d'abord toutes les portes.

(Il va fermer la porte du fond, et Gaveston va regarder au haut de l'escalier, à gauche, si Georges s'est éloigné. Pendant ce temps Anna entr'ouvre le panneau qui est sur le premier plan, à gauche.)

SCÈNE VII.

Les précédens; ANNA.

ANNA, à part.

Voici bien le passage mystérieux qui conduit dans cette salle; mais hélas! je n'ai encore rien trouvé. (Avançant la tête.) Que vois-je? Gaveston! Écoutons, et ne nous montrons pas.

(Elle referme le panneau et disparaît.)

ACTE III, SCÈNE VII.

GAVESTON, *redescendant le théâtre.*

Eh bien ! qu'avez-vous à m'apprendre ?

MAC-IRTON.

D'importantes nouvelles ! Il faut vous hâter ou vous êtes perdu : le fils de vos anciens maîtres, Julien, comte d'Avenel, a reparu en Angleterre.

GAVESTON.

Qui vous l'a annoncé ?

MAC-IRTON.

Une lettre de Londres, et des titres authentiques que nous ne pouvons révoquer en doute. Vous savez qu'il y a une douzaine d'années Julien d'Avenel fut confié à un serviteur de son père, Duncan, un Irlandais, que vous connaissez.

GAVESTON.

Oui. Après ?

MAC-IRTON.

On lui avait remis une somme considérable pour conduire cet enfant en France et l'y faire élever secrètement; mais, loin de suivre ces instructions, Duncan s'était embarqué pour l'Amérique et s'était approprié cette somme.

GAVESTON.

Eh bien ?

MAC-IRTON.

Eh bien ! ce Duncan, de retour en Angleterre, a signé, il y a quinze jours, dans l'hospice où il est mort, une déclaration devant témoins portant que Julien, comte d'Avenel, son ancien élève, servait maintenant dans un régiment d'infanterie.

GAVESTON.

Eh bien ! qu'importe ?

MAC-IRTON.

Comment, qu'importe ? Il sert sous le nom de Georges Brown.

GAVESTON.

O ciel !

MAC-IRTON.

Comprenez-vous maintenant ? C'est lui qui, ce matin, a surenchéri, et vous devinez dans quelle intention ?

GAVESTON.

Non, vous vous trompez ; rien n'est encore désespéré, car il ignore et son nom et sa naissance.

MAC-IRTON.

Il se pourrait ?

GAVESTON.

Mais il ne peut pas payer. Il n'a rien, aucunes ressources : il me l'a avoué lui-même ; et quand je serai propriétaire du château et du titre de comte d'Avenel, peu m'importe alors que Georges Brown soit reconnu pour un descendant de l'ancienne famille : je le lui apprendrai moi-même, s'il le faut.

MAC-IRTON.

Vous avez raison.

GAVESTON.

L'important est de se presser ; venez tout disposer.

(Ils sortent sur la ritournelle de l'air suivant.)

SCÈNE VIII.

ANNA, ENTR'OUVRANT LE PANNEAU A GAUCHE, ET PARAISSANT SUR LE THÉATRE.

RÉCITATIF.

Hélas! quel est mon sort, et que viens-je d'apprendre?
Celui que j'ose aimer est Julien d'Avenel!
Ce rang et ces trésors que je voulais lui rendre
Vont mettre entre nous deux un obstacle éternel.
   Fais, Dieu puissant, qui connais ma tendresse,
Qu'il ne puisse jamais recouvrer sa richesse,
Qu'il demeure inconnu, sans bien comme aujourd'hui :
Sa pauvreté du moins me rapproche de lui.

SCÈNE IX.

ANNA, MARGUERITE.

DUO.

MARGUERITE.

Mademoiselle,
Mademoiselle,
J'apporte une bonne nouvelle.

ANNA.

Qu'est-ce donc?

MARGUERITE.

   Pour nous quel plaisir!
Julien, Julien va revenir.

ANNA.

O ciel! qui te l'a dit?

MARGUERITE.

   Personne :
Et pourtant la nouvelle est bonne,
Ce présage ne peut mentir,

De mes yeux j'ai vu la statue :
La dame blanche est revenue.

####ANNA.

Grand Dieu! quel malheur est le mien!
Tu l'as vue!

####MARGUERITE.

Ah! j'en suis certaine;
Dans la chapelle souterraine,
Où j'allais prier pour Julien.

####ANNA, à part.

Dans cette enceinte respectée
Où, la nuit du départ, le comte, je le voi,
L'avait lui-même transportée...
Allons, tout est fini pour moi!

####MARGUERITE.

ENSEMBLE.

Pour nous, mademoiselle,
Quelle bonne nouvelle!
J'en mourrai de plaisir,
Julien va revenir!

####ANNA.

O souffrance cruelle!
O douleur éternelle!
Oui, dussé-je en mourir,
Allons, il faut partir.

####MARGUERITE.

Et puis Julien, la bonté même,
Va sur-le-champ vous marier
A ce jeune et bel officier,
Ce monsieur Georges qui vous aime.
Mais qu'avez-vous? répondez-moi;
Vous pâlissez, oui, je le voi!

####ANNA.

A l'instant même, Marguerite,
Prépare tout pour notre fuite.

####MARGUERITE.

Que dites-vous?

ACTE III, SCÈNE X.

ANNA.

Il faut que toutes deux,
Tout à l'heure, en secret, nous partions de ces lieux.

MARGUERITE.

Y pensez-vous? et pourquoi donc, grands dieux?

ANNA.

Tais-toi, c'est pour Julien.

MARGUERITE.

Vraiment!
C'est pour Julien? ah! j'y cours à l'instant.

ENSEMBLE.

MARGUERITE.

Pour nous, mademoiselle,
Quelle bonne nouvelle!
J'en mourrai de plaisir,
Julien va revenir!

ANNA.

O souffrance cruelle!
O douleur éternelle!
Oui, dussé-je en mourir;
Allons, il faut partir.

(*Marguerite sort.*)

SCÈNE X.

ANNA, SEULE.

Oui, redoublons le mystère qui me cache à ses yeux! Qu'il soit riche, qu'il soit heureux, mais qu'il ne puisse soupçonner la main qui lui rend son héritage; qu'il ne connaisse jamais la pauvre fille qui l'aimait, et qui lui sacrifie son bonheur. Et vous, mes anciens maîtres, vous, mes bienfaiteurs, maintenant nous sommes quittes, je vous ai payé ma dette.

SCÈNE XI.

ANNA, JENNY.

JENNY.

Ah! mon Dieu! mon Dieu! qu'est-ce que cela veut dire?

ANNA.

Qu'est-ce donc?

JENNY.

Voici encore M. Mac-Irton et des hommes de loi, des habits noirs, qui arrivent au château.

ANNA.

Grands dieux! il n'y a pas de temps à perdre, courons à la chapelle.

(Elle sort par la droite.)

JENNY.

Eh bien! elle s'en va sans me répondre; est-ce que c'est honnête? Mais où est donc notre nouveau seigneur? on ne le voit plus. Est-ce que les grandeurs l'auraient changé?

SCÈNE XII.

JENNY; GEORGES, VENANT DE LA GAUCHE ET PARAISSANT AU FOND SUR LA GALERIE.

GEORGES.

En honneur, impossible de la rencontrer, je suis toujours à attendre quelque apparition, qui n'arrive pas. (Descendant par l'escalier à gauche.) A chaque femme que j'aperçois, je crois toujours que c'est elle. Eh mais! en voici une.

(Courant à Jenny qu'il n'aperçoit que par derrière.)

JENNY.

Eh bien! monsieur, qu'est-ce que vous faites donc?

GEORGES.

Non, c'est ma gentille fermière.

JENNY, à part.

Ma gentille fermière ! je me trompais, il n'est pas changé.

GEORGES, la regardant.

Ou plutôt, car il faut se méfier de tout, c'est peut-être une nouvelle forme qu'elle a prise ; car elle ne paraît jamais que sous les traits d'une jolie femme : en tout cas, ça m'est égal, je m'en vais bien voir.

JENNY.

Qu'est-ce que vous avez donc à me regarder ainsi ?

GEORGES, la regardant tendrement.

Un mot seulement ; es-tu bien sûre d'être madame Dikson ?

JENNY.

Tiens, c'te question !

GEORGES.

Tu hésites, ce n'est pas vrai.

SCÈNE XIII.

Les précédens ; DIKSON.

DIKSON, qui a entendu les derniers mots.

Si, monsieur, c'est vrai, c'est ma femme; et ce n'est pas bien à vous de venir élever des doutes sur ce sujet-là, après tout le tort que vous m'avez déjà fait !

JENNY.

Du tort, et en quoi donc ?

DIKSON.

Ils prétendent tous dans le pays que cette nuit la dame blanche lui est apparue, et qu'elle lui a donné ce château et plusieurs millions : or, c'est à moi que tout ça revenait si hier au soir je n'avais pas cédé ma place.

JENNY.

Là, qu'est-ce que je te disais ? ce que c'est que d'être poltron !

DIKSON.

C'est toi, au contraire, qui m'as empêché d'y aller.

JENNY.

Est-ce que tu devais m'écouter ? le devoir d'une femme, c'est d'avoir peur ; mais un homme, c'est différent.

DIKSON.

Nos devoirs sont les mêmes.

GEORGES, passant entre eux.

Doucement, mes amis, ne vous fâchez pas : je ne tiens pas au château ; et, s'il vous fait grande envie, je vous l'abandonne.

DIKSON, avec joie.

Il serait possible !

GEORGES.

Oh! mon Dieu, oui... (Montrant toutes les personnes qui arrivent.) Et tu peux devant ces messieurs t'en déclarer propriétaire.

SCÈNE XIV.

Les précédens ; GAVESTON, MAC-IRTON, MARGUERITE ; fermiers, habitans d'Avenel, gens de justice.

FINAL.

MAC-IRTON ET LES GENS DE JUSTICE, à Georges.

Voici midi : la somme est-elle prête?
Il faut payer ou fournir caution.
Au nom du roi, monsieur, je vous arrête ;
Il faut payer ou marcher en prison.

GEORGES, gaîment.

Adressez-vous donc à Dikson.

DIKSON.

Qui, moi, messieurs, oh! ma foi, non.

GEORGES, de même.

Tu ne veux plus prendre ma place?

DIKSON.

Non vraiment ; reprenez, de grace,
L' château que vous m'avez donné.

GEORGES.

C'est bien.

(A Mac-Irton.)

Mais quelle impatience !
L'heure n'a pas encor sonné ;

(A Gaveston.)

Vous savez que j'ai confiance.

GAVESTON.

Et quelle est donc votre espérance ?

GEORGES.

La dame blanche d'Avenel.

(On entend le prélude de la harpe.)

Tenez, entendez-vous?

GAVESTON ET LE CHOEUR.

O ciel !

(Ils se pressent tous en cercle sur le devant du théâtre, et pendant ce temps Anna, vêtue de blanc et tenant sous son voile un coffret, paraît à droite de la galerie qu'elle traverse lentement. Gaveston, Julien et le chœur, qui sont sur le devant du théâtre, lui tournent le dos et ne l'aperçoivent point encore.)

ENSEMBLE.

GEORGES.

O toi que je révère,
O mes seules amours !
Déité tutélaire,
Tu viens à mon secours.

MAC-IRTON, GAVESTON, CHOEUR.

Quel est donc ce mystère ?
Qui protége ses jours ?
Quel pouvoir tutélaire
Lui prête son secours ?

(Pendant cet ensemble, Anna a traversé la galerie, a descendu l'escalier à gauche, et est venue se placer debout sur le piédestal de la dame blanche qui est au bas de l'escalier à gauche; en ce moment tout le monde se retourne et l'aperçoit.)

MARGUERITE, TOUS LES PAYSANS, se prosternant.

C'est elle !

ANNA, du haut du piédestal.

En ce castel est le fils de vos maîtres
Et ce noble guerrier, digne de nos ancêtres,
Ce dernier rejeton des comtes d'Avenel.

GEORGES.

Quel est-il ?

ANNA.

C'est toi-même ?

JULIEN.

O ciel !

ANNA.

Julien, de tes vassaux reçois enfin l'hommage :
Ce château t'appartient,

(Montrant le coffret caché sous son voile.)

Et cet or est à toi.

ACTE III, SCÈNE XIV.

Ton père en d'autres temps l'a remis à ma foi
Pour racheter son héritage.

(Descendant lentement les marches, et posant le coffret sur le piédestal, elle s'avance au milieu du théâtre, mais à quelque distance de Julien.)

Je parais à tes yeux pour la dernière fois !

MARGUERITE, passant à la droite de Georges et le serrant dans ses bras.

Mon cher Julien, je te revois.

ANNA.

Je pars, et qu'aucun téméraire
N'arrête ou ne suive mes pas.

(Tous lui ouvrent un passage et s'inclinent sans oser la regarder. Georges, que Marguerite serre dans ses bras, veut s'en dégager pour suivre Anna. Dikson, qui est à sa gauche, le retient fortement. Pendant ce temps, Gaveston, qui a remonté le théâtre, se trouve au fond en face d'Anna, et la saisit par la main.)

GAVESTON.

Non, sous mes pieds dût s'entr'ouvrir la terre,

(La ramenant sur le devant du théâtre.)

Qui que tu sois, tu ne sortiras pas.

LE CHOEUR.

Tremblez ! tremblez ! redoutez sa colère.

GAVESTON.

Non, je découvrirai ce funeste mystère,
Et l'ennemi secret qui s'attache à mes pas.

(Arrachant son voile.)

MARGUERITE, GAVESTON, LE CHOEUR.

Que vois-je ? Anna !

ANNA, se jetant aux genoux de Julien.

C'est elle-même !

JULIEN, avec joie et cherchant à la relever.

Je retrouve celle que j'aime,
Celle à qui j'ai donné ma foi.

ANNA.

Orpheline et sans biens, je ne puis être à toi.

JULIEN.

Le ciel a reçu ma promesse,
Je renonce aux trésors, au rang que je te doi,
S'il faut les partager avec d'autres que toi.

CHOEUR.

Elle est digne d'être comtesse :
Elle doit accepter sa main.

ANNA, *tendant la main à Julien*.

Vous le voulez ?

JULIEN.

Ah ! quelle ivresse !

MARGUERITE.

Quel bonheur ! je retrouve enfin
Ce cher enfant que j'ai vu naître.

JENNY.

Nous retrouvons un bon maître.

DIKSON.

Et mon fils un bon parrain.

CHOEUR.

Chantez, joyeux ménestrel,
Refrains d'amour et de guerre ;
Voici revenir la bannière
Des chevaliers d'Avenel.

FIN DE LA DAME BLANCHE.

LE MAÇON,

OPÉRA-COMIQUE EN TROIS ACTES,

Représenté pour la première fois, à Paris, sur le théâtre royal de l'Opéra-Comique, le 3 mai 1825.

EN SOCIÉTÉ AVEC M. G. DELAVIGNE.

Musique de M. Auber.

PERSONNAGES.

LÉON DE MÉRINVILLE.
IRMA, jeune Grecque.
ROGER, maçon.
BAPTISTE, serrurier.
HENRIETTE, sœur de Baptiste et femme de Roger.
Madame BERTRAND, leur voisine.
ZOBÉIDE, compagne d'Irma.
USBECK,
RICA, } esclaves turcs de la suite de l'ambassadeur.
Un garçon de noce.
Esclaves turcs.
Ouvriers et habitans du faubourg.

La scène se passe à Paris, dans le faubourg Saint-Antoine.

HENRIETTE,

JE M'EN VAS !
NE ME RETENEZ PAS !

Le Maçon, acte 1.er Sc VIII.

LE MAÇON.

ACTE PREMIER.

Le théâtre représente les environs d'une barrière extérieure de Paris ; à gauche, une guinguette ; au fond, la barrière.

SCÈNE PREMIÈRE.

BAPTISTE, ROGER, HENRIETTE, MADAME BERTRAND, SORTANT DE LA GUINGUETTE, A GAUCHE DU SPECTATEUR, ET ALLANT RECEVOIR LE CHOEUR D'AMIS ET DE PARENS QUI ARRIVENT PAR LA DROITE.

INTRODUCTION.

CHOEUR GÉNÉRAL.

Quel bonheur, quel ivresse !
Il faut se divertir !
Nargue de la richesse !
Et vive le plaisir !

BAPTISTE.

Ce n'est pas comme chez les grands,
 Où l'on se marie
 En cérémonie.
Le vrai bonheur, les bons enfans,
Sont aux noces des pauvres gens.

ROGER, à Henriette.

Te voilà donc ma femme.

HENRIETTE.

Te voilà mon mari.

ROGER.

Que j'en ai d' joi' dans l'ame !
Enfin tout est fini.

MADAME BERTRAND, à part.

Faut-il donc qu'elle soit sa femme !
C' n'est pas ma faute, Dieu merci.

ENSEMBLE.

ROGER ET HENRIETTE.

Quel bonheur ! quelle ivresse !
Et quel doux avenir !
Oui, pour nous la richesse
Ne vaut pas le plaisir !

MADAME BERTRAND.

En voyant leur tendresse,
Le dépit vient m' saisir.
Ah ! pour eux quelle ivresse !
L'amour vient d' les unir.

BAPTISTE ET LE CHOEUR.

Quel bonheur, quelle ivresse !
Il faut se divertir !
Nargue de la richesse !
Et vive le plaisir !

BAPTISTE, passant entre Roger et Henriette.

Allons, enfans,
Assez d' caresses,
Assez d' promesses,
Vous v'là mariés, vous aurez l' temps.
Tandis qu'à table,
Les grands parens
Font là dedans
Un bruit du diable,
Danseurs joyeux,
Viv' la cadence !
En avant deux !

MADAME BERTRAND.

Une contredanse,
C'est ennuyeux ;
Un' ronde nous conviendrait mieux :
Et puis, ça plaît à tout le monde.

ROGER.

C'est bon : sans me faire prier,

ACTE I, SCÈNE I.

Moi, je vais vous chanter la ronde,
La ronde du bon ouvrier.

RONDE.

Bon ouvrier, voici l'aurore
Qui te rappelle à tes travaux ;
Ce matin, travaillons encore,
Le soir sera pour le repos.
Tout seul on s'ennuie à l'ouvrage ;
Pour l'abréger on le partage.
A ton aide chacun viendra :
  Du courage,
  Du courage,
Les amis sont toujours là.

DEUXIÈME COUPLET.

Bon ouvrier, voici l' dimanche :
Ce jour-là tout est oublié ;
Quelle gaîté naïve et franche !
Trinquons ensemble à l'amitié !
M' laisser boir' seul est un outrage ;
Mais pour partager mon ouvrage
Et la bouteille que voilà..,
  Du courage,
  Du courage,
Les amis sont toujours là.

TROISIÈME COUPLET.

Bon ouvrier, quand la tendresse
De l'hymen te fait une loi ;
Lorsqu'à ta gentille maîtresse
Tu donnes ton cœur et ta foi,
Prends garde, ne sois point volage.
Si tu négliges ton ouvrage,
Un autre te remplacera ;
  Du courage,
  En ménage,
Les amis sont toujours là.

(On danse.)

SCÈNE II.

Les précédens ; UN GARÇON TRAITEUR, sortant
de la maison.

LE GARÇON.

Messieurs, dans la salle on demande
La mariée.

ROGER.

Ah! qu'on attende!

HENRIETTE.

Non, Roger, j'y cours de ce pas.

ROGER.

Ma p'tite femm', je ne te quitt' pas.

MADAME BERTRAND.

Ah! quel ennui! toujours ensemble!
De dépit ils me font mourir.

BAPTISTE.

Venez, vous autres; il me semble
Qu'après la dans' faut s' rafraîchir.

ENSEMBLE.

Quel bonheur! quelle ivresse!
Et quel doux avenir!
Nargue de la richesse!
Et vive le plaisir!

(Ils entrent tous dans l'auberge à gauche. Madame Bertrand et Baptiste restent seuls en scène.)

SCÈNE III.

BAPTISTE, madame BERTRAND.

BAPTISTE.

Eh bien ! madame Bertrand, vous ne rentrez pas dans le grand salon ?

MADAME BERTRAND.

Oui, un grand salon de cent couverts, où, ce matin au déjeuner, nous ne pouvions pas tenir soixante ! Ah ! quelle réunion ! quelle société ! Un tapage à ne pas s'y reconnaître ! Et puis M. Roger, votre beau-frère, qui est toujours à parler bas à sa femme ou qui cherche à l'embrasser : ah fi ! c'est commun, c'est bourgeois !

BAPTISTE.

Vous voilà, madame Bertrand ! parce que vous êtes la plus riche marchande de plâtre du quartier, et que vous ne voyez que la haute société du faubourg Saint-Antoine, ça vous rend fière et difficile ; mais nous autres, nous sommes de simples artisans qui n'y faisons pas tant de façons ! Je suis un maître serrurier qui n'ai rien ; je donne ma sœur Henriette à un brave et honnête maçon qui n'a pas grand'chose ; voilà qui est convenable, il n'y a pas de mésalliance. Et puis, dites donc, madame Bertrand, un maçon et un serrurier... nous ferons à nous deux une bonne maison.

MADAME BERTRAND.

Voilà encore de vos plaisanteries !

BAPTISTE.

Ah dam ! pour ce qui est des plaisanteries, on les fait comme on peut. Je n' sommes pas des académiciens; je célèbre la noce de ma sœur hors barrière, parce que le vin coûte moins cher, et que c'est moi qui paie. Nous sommes un peu nombreux; et on était serré à table : il n'y a pas de mal, c'est que nous avons des amis. Et quant à la tenue de Roger avec ma sœur, s'il est amoureux de sa femme, ne voulez-vous pas qu'il prenne quelqu'un pour le lui dire? Je ne sais pas comme ça se pratique dans les noces de grand seigneur; mais nous autres artisans, nous faisons l'amour nous-mêmes, entendez-vous, madame Bertrand.

MADAME BERTRAND.

Eh! mon Dieu, vous me dites cela d'un ton... Croyez-vous, monsieur Baptiste, qu'on soit jalouse du bonheur de votre sœur?

BAPTISTE.

Eh mais! qu'y aurait-il d'étonnant? Roger était votre premier garçon; vous aviez un faible pour lui; et sans l'amour qui le tenait pour Henriette, il serait à l'heure qu'il est propriétaire de votre main et de votre fortune; du moins, c'est ce qu'on dit dans le quartier.

MADAME BERTRAND.

Voyez-vous les caquets et les mauvaises langues! On pourrait supposer que j'ai eu pour lui des préférences! D'abord, monsieur Baptiste, vous devez vous rappeler que je vous en ai toujours dit du mal.

BAPTISTE.

C'est vrai; mais ça ne prouve rien; parce que vous en dites de tout le monde, même de vos amis.

MADAME BERTRAND.

Ah, j'en dis de tout le monde! je ne vous ai pourtant pas encore fait part de mes soupçons sur le beau mariage que vous venez de faire. N'avez-vous pas raconté à table, tout à l'heure, que Roger avait apporté en dot une cinquantaine de louis, et que c'était cela qui vous avait décidé à lui donner votre sœur?

BAPTISTE.

C'est vrai.

MADAME BERTRAND.

Eh bien! vous, monsieur Baptiste, qui êtes d'ordinaire si timide, si défiant, pour ne pas dire si poltron; car, grace au ciel, vous avez peur de tout, et la crainte de vous compromettre vous ferait faire toutes les sottises du monde...

BAPTISTE.

Ah çà! qu'est-ce qu'elle a donc à me dénoncer et à m'attaquer? est-ce que je suis le marié?

MADAME BERTRAND.

Savez-vous seulement comment ces cinquante louis-là sont arrivés à Roger? où les a-t-il acquis? où les a-t-il gagnés? ce n'est pas chez moi; car, il y a huit jours, quand il est sorti, il n'avait rien.

BAPTISTE.

Au fait, c'est étonnant.

MADAME BERTRAND.

Et ça ne vous a pas donné d'inquiétudes?

BAPTISTE.

Pas, du moins jusqu'à présent; mais voilà que ça me prend. Ces cinquante louis qui lui sont arrivés tout à coup, sans qu'on sache comment... Et si cette aventure-là vient aux oreilles du prévôt des marchands ou de M. le lieutenant civil, je puis être compromis, non pas certainement que Roger ne soit un brave garçon, et moi aussi; mais je vous le demande, qu'est-ce que ça signifie de venir me donner ces idées-là, aujourd'hui qu'il est mon beau-frère?

MADAME BERTRAND, avec volubilité.

Écoutez donc, c'était dans votre intérêt; mais si ça vous contrarie, mettez que je n'ai rien dit, et parlons d'autre chose. Vous n'avez pas oublié que demain, mon voisin, vous venez dîner chez moi, et je vous promets un beau spectacle. Vous savez que ma maison touche à l'hôtel de cet ambassadeur étranger, ce vilain Turc qui, quand il sort, fait courir après sa voiture tous les petits garçons du faubourg; eh bien! on dit que demain il doit partir avec ses mamamouchis. Le cortége sera superbe; et on m'avait déjà proposé de me louer mes fenêtres; mais, dieu merci, je suis au-dessus de cela, et nous jouirons du coup d'œil, moi et ma société.

BAPTISTE, à part.

Est-elle bavarde!

(Ils continuent à parler bas.)

SCÈNE IV.

LES PRÉCÉDENS; LÉON, SORTANT PAR LA GAUCHE, ET SUIVI D'UN DOMESTIQUE.

LÉON.

C'est bien, je n'irai pas plus loin.

LE DOMESTIQUE.

Monsieur, faudra-t-il que la voiture vous attende?

ACTE I, SCÈNE IV.

LÉON.

Non; rentrez sans moi dans Paris. Je donne congé à mes gens pour toute la soirée. (Regardant sa montre.) Je suis parti de la campagne à six heures. Dans mon impatience, j'ai pressé mes chevaux, croyant que je n'arriverais jamais, et me voilà une heure au moins en avance.

MADAME BERTRAND, à Baptiste regardant dans la coulisse.

Regardez donc cette belle voiture qui s'éloigne.

BAPTISTE.

Et quel est ce jeune seigneur qui vient à nous?

MADAME BERTRAND.

Je ne le connais pas.

BAPTISTE.

Ni moi non plus. Comme il nous regarde! Si c'était quelque observateur, quelque agent de M. Le Noir. Depuis ce que vous m'avez dit, je me défie de tout le monde.

LÉON.

Mes amis, quelle est cette barrière?

MADAME BERTRAND.

C'est celle de Charenton.

LÉON, montrant la droite.

Et voilà le chemin le plus court pour me rendre à la porte Saint-Antoine?

BAPTISTE.

Oui, monsieur; tout droit jusqu'à une grande maison en pierre avec des colonnes. C'est celle de ce seigneur turc dont on parle tant dans le quartier, un méchant homme, à ce que l'on dit.

MADAME BERTRAND.

Un mécréant qui n'a ni foi ni loi, et qui dernièrement a fait tuer un de ses esclaves, parce qu'il avait cassé une tasse de porcelaine.

LÉON.

Ah, ah! c'est par là qu'est son hôtel?

BAPTISTE.

Oui, monsieur; là, vous tournerez à main droite, et vous vous trouverez dans la grande rue qui conduit à la Bastille.

LÉON.

Je vous remercie, mes amis, et vous demande pardon de vous avoir dérangés.

SCÈNE V.

Les précédens; ROGER.

ROGER, sortant de la guinguette

Eh bien, madame Bertrand, eh bien, mon beau-frère! que faites-vous donc là! on se partage la jarretière de la mariée.

LÉON, regardant Roger.

Eh mais!... que vois-je?

MORCEAU D'ENSEMBLE.

ROGER.

Quoi! monsieur, est-ce vous que je rencontre ici?

LÉON, courant à Roger et l'embrassant.

Je ne me trompe pas! c'est lui-même; c'est lui!

BAPTISTE.

Ils s'embrassent tous deux!

ACTE I, SCÈNE V.

MADAME BERTRAND.

Quel est donc ce mystère?

ENSEMBLE.

ROGER, LÉON.
O hasard tutélaire!
Quel moment pour mon cœur
Le ciel qui m'est prospère
Me rend mon bienfaiteur!

MADAME BERTRAND.
Quel est donc ce mystère?
Il connaît ce seigneur.
Tout lui devient prospère,
Tout lui porte bonheur.

BAPTISTE.
Quel est donc ce mystère?
Quoi! ce jeune seigneur
Embrasse mon beau-frère;
Ah! pour nous quel honneur!

BAPTISTE.

Mais comment donc se peut-il faire
Que vous vous connaissiez tous deux?

ROGER, bas.

Taisez-vous donc, mon cher beau-frère,
Vous le saurez.

LÉON.

Non pas, je veux.
Devant vous, proclamer moi-même
Ce que je dois à son secours.

ROGER.

Que dites-vous?

BAPTISTE.

Bonheur extrême!

LÉON.

Oui, c'est lui qui sauva mes jours.

Air :

Occupé d'une image chère,
Et bercé par un doux espoir.
Non loin de ce lieu solitaire,
En secret j'errais l'autre soir,
Lorsqu'à mes yeux dans la nuit sombre
Des meurtriers s'offrent soudain.
Surpris, accablé par le nombre,
Je voulais résister en vain.
Le sort trahissait ma vaillance,
Quand tout à coup, dans le lointain,
Pour ranimer mon espérance,
Je crois entendre ce refrain :
  Du courage,
  Du courage,
Les amis sont toujours là.
C'était lui! le voilà!

ROGER.

Je revenais de l'ouvrage,
Et mes armes sur le dos,
Je revenais de l'ouvrage
Pour goûter un doux repos.
Pensant à mon mariage,
Et pour abréger mon voyage,
Je marchais en chantant
  Gaîment,
Tra la la la...

Quand je crois entendre des cris,
Et je vois ce brave jeune homme
Qui se défendait, Dieu sait comme,
Quoiqu'il fût tout seul contre six.

LÉON.

Près de moi soudain il s'élance.

ROGER.

Son exemple me donn' du cœur.

ACTE I, SCÈNE V.

LÉON.

Déconcerté par sa présence,

ROGER.

Intimidé par sa valeur,

LÉON.

L'ennemi s'enfuit en silence.

ROGER.

Nous restons maîtr's du champ d'honneur.

LÉON.

Mais croirez-vous qu'avec mystère,
Mon sauveur s'obstine à me taire
Son nom, son adresse? oui, vraiment;
A peine puis-je, en l'embrassant,
Lui glisser, et sans qu'il s'en doute,
Le peu d'or que j'avais sur moi.
Il s'éloigne, je l'aperçoi
Qui gaîment s'était mis en route;
Et seulement dans le lointain
J'entendais encor ce refrain :
    Du courage,
    Du courage,
Les amis sont toujours là.

BAPTISTE, à madame Bertrand.

Pour la famill' quel avantage
D'avoir un frèr' comm' celui-là!

ENSEMBLE.

ROGER ET LÉON.
O hasard tutélaire!
Quel moment pour mon cœur!
Le ciel qui m'est prospère
Me rend mon bienfaiteur!

MADAME BERTRAND ET BAPTISTE.
Voilà donc ce mystère!
Tout lui porte bonheur;
Par un destin prospère
Il trouve un protecteur!

MADAME BERTRAND, à Léon qui a eu l'air de l'interroger pendant la ritournelle du morceau.

Oui, monsieur; Roger, un maçon, faubourg Saint-Antoine.

(Léon tire un calepin de sa poche, et écrit. Pendant ce temps, madame Bertrand passe de l'autre côté du théâtre, à la droite de Baptiste.)

BAPTISTE.

C'est donc ainsi qu'il s'est trouvé propriétaire de ces cinquante louis!

ROGER.

Oui, sans doute; et c'est à monsieur que je dois mon mariage; car jusque là, malgré mon amitié, tu me refusais ta sœur. Mais à la vue de ma nouvelle opulence...

BAPTISTE.

Écoute donc, mon ami, c'est tout naturel : tu as changé de fortune, et j'ai changé d'idée; ça arrive tous les jours comme cela. (Bas à madame Bertrand.) Vous voyez bien, madame Bertrand, avec vos conjectures!

MADAME BERTRAND.

J'avais peut-être tort : à coup sûr, il y avait quelque chose; et même maintenant encore ça n'est pas clair. Car qu'est-ce que ce monsieur allait faire la nuit le long des boulevards neufs?... (On entend du bruit dans l'intérieur de l'auberge.) A la santé des mariés.

BAPTISTE.

Entendez-vous? moi qui suis le beau-frère, il n'est pas convenable que l'on boive sans moi. Venez-vous, madame Bertrand?

MADAME BERTRAND.

Oui, sans doute, d'autant plus que ces messieurs

ont probablement des secrets à se communiquer. Je suis pour ce que j'en ai dit : il y a là-dessous quelque mystère, et ça n'est pas naturel.

(Elle entre dans l'auberge avec Baptiste.)

SCÈNE. VI.

LÉON, ROGER.

LÉON.

Je connais donc maintenant quel est mon bienfaiteur! Grace au ciel, tu ne peux plus m'échapper; et demain, mon cher Roger, tu auras de mes nouvelles.

ROGER.

Je dois tout à vos bontés; je vous dois ma femme, celle que j'aime; je ne veux rien de plus.

LÉON.

Non pas, je suis encore ton débiteur; quoique grand seigneur, je tiens à payer mes dettes, et nous nous reverrons.

ROGER.

Quoi! vous nous quittez déjà? Si j'osais vous demander une grace!...

LÉON.

Qu'est-ce? parle vite.

ROGER.

Je sais que vous êtes bien au dessus de pauvres artisans tels que nous, mais si j'en crois mon cœur, le vôtre doit être bon et généreux : c'est à vous que je dois mon mariage; et si j'osais vous prier de vouloir bien rester ce soir à la noce ; c'est la seule faveur que je vous demande, je n'en veux pas d'autres.

LÉON.

Que dis-tu ?

ROGER.

Ça nous portera bonheur à moi et à ma femme ; vous verrez comme elle est jolie, et combien je l'aime. Et peut-être vous-même, monseigneur, trouverez-vous quelque plaisir à voir les heureux que vous avez faits.

LÉON.

Tu as raison ; une telle soirée m'eût charmé. Mais, mon pauvre garçon, pour la première chose que tu me demandes, je suis obligé de te refuser.

ROGER, avec douleur.

Je vous demande pardon de mon indiscrétion.

LÉON.

Crois-tu que ce soit par fierté ? non, mon ami ; tu me connais mal. Mais celle que tu vas épouser, tu l'aimais, tu en étais amoureux ; alors tu me comprendras sans peine. Apprends donc que, ce soir, dans quelques momens, on m'attend ; et pour un tel rendez-vous je sacrifierai ma fortune et ma vie.

ROGER.

Que dites-vous ? quelque danger menace-t-il vos jours ?

LÉON.

Non, je ne le pense pas ; mais il est des idées, des pressentimens dont on ne peut se rendre compte.

ROGER.

O ciel ! je devine maintenant ; et quand, l'autre

semaine, je vous ai rencontré, vous veniez d'un pareil rendez-vous.

LÉON.

Peut-être bien.

ROGER.

Ces meurtriers étaient des gens de la maison, apostés pour vous attendre.

LÉON, souriant.

Oui, d'excellens domestiques, qui, quand on leur commande, ne raisonnent jamais; et si tu les connaissais comme moi, tu verrais que ces pauvres diables ne pouvaient faire autrement.

ROGER.

Et vous vous exposez encore à un péril semblable?

LÉON.

Qu'importe? (A part, montrant une lettre ployée.) Abdalla est parti, Irma va m'attendre, et je pourrais hésiter!

SCÈNE VII.

Les précédens; HENRIETTE.

HENRIETTE.

Eh bien, monsieur, qu'est-ce que vous faites donc? de tous les côtés on demande le marié, on ne sait ce qu'il est devenu, et monsieur est là à causer bien tranquillement, pendant que j'étais d'une inquiétude...

LÉON.

Je devine, c'est là ta femme.

HENRIETTE.

Oui, monsieur; et ce n'est pas bien à vous de venir

ainsi déranger mon mari; vous êtes cause que j'ai brouillé deux contre-danses, parce que je regardais toujours par la fenêtre si c'était bien avec un monsieur qu'il causait; et quand il faut danser là-bas, et être ici, ça ne va pas du tout.

ROGER.

C'est qu' voyez-vous, par caractère, ma femme est un peu jalouse.

HENRIETTE.

Oui, monsieur; je ne m'en défends pas.

LÉON.

C'est moi seul qui suis coupable; pardon, mademoiselle.

HENRIETTE, d'un air fâché.

Tiens, mademoiselle!

LÉON, souriant.

J'ai tort, je devais dire, madame.

HENRIETTE.

A la bonne heure! ça n'est pas par fierté, mais ce mot-là me fait tant de plaisir à entendre! il y a si long-temps que je l'attendais! j'avais tant d'envie d'être appelée madame Roger! Madame Roger, c'est un beau nom; n'est-ce pas, monsieur?

ROGER.

Cette chère Henriette!

LÉON.

Ah! que vous êtes heureux! toi du moins, rien ne s'oppose à ton union; tu peux épouser celle que tu aimes... tu avais raison tout à l'heure; il n'est pas en mon pouvoir de rien ajouter à ton bonheur, mais je veux du moins, avant de vous quitter, faire mon cadeau à la mariée. (Otant une bague de son doigt.) Tenez, ma belle enfant.

HENRIETTE, retirant sa main gauche qu'il veut prendre.

Oh non, monsieur, pas à cette main-là, c'est l'anneau que Roger m'a donné. En vous remerciant bien. (A Roger.) Vois comme il est brillant; mais c'est égal, j'aime mieux l'autre. (Regardant son autre main.) Mais, rentrons dans la salle du bal, où l'on doit danser long-temps encore, car il n'est que neuf heures.

LÉON, vivement.

Neuf heures! vous en êtes bien sûre?

ROGER, soupirant en regardant Henriette.

Oh oui, monsieur; il n'est que cela.

LÉON.

Adieu, mes amis; adieu, comptez sur moi. (Revenant et leur prenant la main.) Et si jamais nous étions séparés, si je ne devais plus vous revoir... Mais non, ne pensons pas à cela. Je vous reverrai. Adieu, Henriette; adieu, Roger; bonne nuit.

(Il sort par la droite.)

SCÈNE VIII.

ROGER, HENRIETTE.

HENRIETTE.

Il est gentil, ce seigneur-là!

ROGER.

Vous êtes donc raccommodée avec lui?

HENRIETTE.

Sans doute; il a l'air d'avoir de l'amitié pour vous,

ça fait que j'en ai pour lui. Mais où va-t-il donc comme cela ?

ROGER.

C'est un secret.

HENRIETTE.

Ah ! c'est un secret, c'est différent. Adieu, monsieur.

(Elle fait quelques pas pour rentrer dans l'auberge ; Roger la retient.)

DUO.

HENRIETTE.

Je m'en vas !
On nous attend là-bas.

ROGER, la retenant.

Tu t'en vas,
Tu ne m'écoutes pas ?

HENRIETTE, restant.

Que vouliez-vous me dire ?

ROGER.

Que pour toi je soupire,
Et que ce nom d'époux
A mon cœur est bien doux !
Oui, pour toujours je t'aime ;
Mais dis-le-moi de même.

HENRIETTE.

Laissez-moi ! Je m'en vas,
N'arrêtez pas mes pas.

ROGER.

Mais songe que peut-être
J'aurais le droit ici
De te parler en maître,
Car je suis ton mari.

HENRIETTE, faisant la révérence.

Aussi, je vous honore !

ACTE I, SCÈNE VIII.

ROGER.

Si de me fuir encore
Tu m'oses menacer,
Je m'en vais t'embrasser.

ENSEMBLE.

HENRIETTE.

Je m'en vas!
On nous attend là-bas.

ROGER, l'embrassant.

Tu t'en vas,
Tu ne m'écoutes pas!

ROGER, à voix basse, montrant le salon de l'auberge.

Ils vont à cette danse
Rester jusqu'à demain;
De ce bal qui commence
Attendrons-nous la fin?

HENRIETTE.

Monsieur, que dites-vous?

ROGER.

Mais, je dis qu'un époux
Sans redouter le blâme,
Peut enlever sa femme.

HENRIETTE.

Au salon on m'attend,
Et j'y dois reparaître.

ROGER.

Soit, mais pour un instant;
Et puis discrètement
Tu peux bien disparaître.

HENRIETTE.

O ciel! y pensez-vous?
Vous voulez que je sorte...

ROGER.

Là-bas, par l'autre porte.
Loin des regards jaloux,

Ici je vais t'attendre ;
Daigne à mes vœux te rendre.
J'attendrai, n'est-ce pas ?

HENRIETTE, baissant les yeux.

Je m'en vas !

ROGER, la retenant.

Pour m'attendre là-bas...

HENRIETTE.

Je m'en vas !
Ne me retenez pas !

ENSEMBLE.

ROGER.

A sa promesse
J'ajoute foi ;
Ah ! quelle ivresse !
Elle est à moi !

HENRIETTE.

Point de promesse,
Non, laisse-moi,
Non, laisse-moi ;
Je meurs d'effroi !

HENRIETTE.

Taisez-vous donc, car on vient, j'imagine.

SCÈNE IX.

LES PRÉCÉDENS ; DEUX ÉTRANGERS, ENVELOPPÉS DE MANTEAUX, ET SORTANT DE LA COULISSE A DROITE.

ROGER.

Eh oui, deux étrangers d'assez mauvaise mine.

HENRIETTE.

Leur aspect me fait peur !

ROGER.

As-tu peur avec moi ?
Ne somm's-nous pas, comme eux, sur le pavé du roi ?

ACTE I, SCÈNE IX.

PREMIER INCONNU.

Abdalla le commande : obéissons au maître.

DEUXIÈME INCONNU.

Si nous l'interrogions,
Il nous dirait peut-être...

PREMIER INCONNU.

Ce n'est pas ce que nous cherchons.

(Ils sortent par la coulisse à gauche.)

HENRIETTE, se serrant contre Roger.

Ils s'éloignent... Mais de leur vue
Je suis encore tout émue !

ROGER.

Tant mieux ; car la frayeur te rapproche de moi.
Profitons du moment qui te livre à ma foi,

(Madame Bertrand sort en ce moment de l'auberge, et reste au fond à les écouter.)

N' rentre pas au salon ; restons seuls à nous-mêmes.

HENRIETTE.

Quoi ! vous voulez...

ROGER.

Oui, si tu m'aimes.

HENRIETTE.

Ce n'est pas bien de fuir ainsi,
Mais j'obéis à mon mari.

(Madame Bertrand entre dans l'auberge pour prévenir les gens de la noce.)

ENSEMBLE.

Tout nous sourit :
Partons sans bruit,
A l'ombre de la nuit.

(Roger prend le bras d'Henriette, et il veut sortir par le fond, lorsqu'ils sont arrêtés par les gens de la noce qui sont sortis de l'auberge pendant l'ensemble précédent.)

SCÈNE X.

ROGER, HENRIETTE, BAPTISTE, MADAME BER-
TRAND ET TOUTE LA NOCE, SORTANT DE L'AUBERGE.

CHOEUR, gaîment.

Arrêtez! arrêtez!... il enlève sa femme!

BAPTISTE.

Au voleur! au voleur! il enlève sa femme!

MADAME BERTRAND.

Sans moi, monsieur partait avec madame;
Mais du complot on s'est douté.

ROGER, à madame Bertrand avec humeur.

Ah! vous avez trop de bonté.

LE CHOEUR, BAPTISTE, Mme BERTRAND.

Il s'enfuyait avec madame :
Que par nous il soit arrêté ;
Un époux enlever sa femme !
C'est un scandale, en vérité.

ROGER.

Quoi! je ne puis avec madame
Me retirer en liberté?
Séparer un époux d' sa femme!
Ah! c'est terrible, en vérité.

ENSEMBLE.

HENRIETTE.

Ne peut-on, quand on est madame,
Suivre un époux en liberté?
Séparer un mari d' sa femme!
Ah! c'est terrible, en vérité.

MADAME BERTRAND.

Madam' semble contrariée.

HENRIETTE, à part.

De quoi se mêle-t-elle ici?

ACTE I, SCÈNE X.

MADAME BERTRAND.

Il faut, c'est l'usage établi,
Que les parens mèn'nt la mariée.

BAPTISTE.

Et puis après vient le mari.

ROGER.

En attendant, que veux-tu que je fasse?

BAPTISTE, qui a déjà pris la main de sa sœur.

Tiens, va chez le traiteur pour régler à ma place :
Nous compterons demain.

ROGER.

J'y cours, et je vous suis.

(Il entre chez le traiteur.)

BAPTISTE, aux gens de la noce.

Des époux gagnons le logis,
Et pour finir gaîment la fête,
Allons, les violons eh tête,
En avant, marche, mes amis !

CHOEUR.

Quelle belle journée !
Que votre sort est doux !
Chantons la destinée
De ces heureux époux !

(Les violons ouvrent la marche; Baptiste donne la main à sa sœur, le premier garçon de la noce à madame Bertrand. Dans ce moment, on voit paraître les deux inconnus, qui se tiennent dans le fond, et suivent des yeux la noce, qui défile et rentre dans Paris.)

SCÈNE XI.

ROGER, LES DEUX INCONNUS L'ARRÊTANT.

(Il sort de chez le traiteur, et noue les cordons de sa bourse de cuir. Après la sortie de Roger, le traiteur ferme sa porte et ses volets.)

(A la cantonade.)
C'est bon, c'est bon !
Gardez pour le garçon.
Courons, rejoignons-les sur l'heure.

PREMIER INCONNU, se mettant devant lui, et l'arrêtant.

Camarade ! un seul mot, rien de plus.

ROGER, serrant sa bourse dans sa poche.

Encor ces inconnus !

PREMIER INCONNU.

Enseigne-nous le nom et la demeure.
D'un habile maçon et d'un bon serrurier.
(En ce moment, deux autres hommes, enveloppés de larges manteaux, paraissent dans le fond et se tiennent à portée d'entendre.)

ROGER.

Un maçon ; je le suis ! connu dans le quartier.

LES DEUX INCONNUS, à part.

Pour nous, ô hasard favorable !

PREMIER INCONNU.

Veux-tu gagner beaucoup ?

ROGER.

C'est toujours agréable.

DEUXIÈME INCONNU.

Eh bien ! tu vas nous seconder.

(Lui donnant une bourse.)

Tiens ! voilà de l'argent !

ROGER, à part, prenant la bourse.

C'est drôle... à leur figure

ACTE I, SCÈNE XI.

Moi j'aurais cru qu'ils allaient m'en d'mander!
(Haut.)
Que faut-il faire?

PREMIER INCONNU.

Viens!

ROGER.

A présent?

DEUXIÈME INCONNU.

Sans tarder.

ROGER, lui rendant la bourse.

Pour aujourd'hui! non, parbleu, je vous jure:
C'est le jour de ma noce, et ma femme m'attend.
Reprenez vos écus; pour un million comptant,
Je n'irais pas dans ce moment!

PREMIER INCONNU.

Au contraire, tu vas nous suivre.

ROGER.

Croyez-vous me faire la loi?

DEUXIÈME INCONNU.

A l'instant même il faut nous suivre.

ROGER, riant.

Oh! vous vous trompez, je le voi.

PREMIER INCONNU.

Tu viendras, si tu tiens à vivre!

ROGER.

Je n'irai pas!

DEUXIÈME INCONNU.

Tu nous suivras.

TOUS LES DEUX, lui prenant la main, et lui montrant un poignard.

A l'instant même suis nos pas,
Ou bien redoute le trépas!

ENSEMBLE.

ROGER.

O ciel! et je suis sans défense!
Rien n'est égal à ma fureur!
Faut-il céder sans résistance,
Quand je m' battrais de si bon cœur?

LES DEUX INCONNUS.

Allons, suis-nous sans résistance,
Et ne redoute aucun malheur;
Du silence, de la prudence,
Et calme une vaine fureur.

(Les deux inconnus entraînent Roger au fond du théâtre, où ils sont rejoints par leurs deux autres camarades. Ils disparaissent tous par la coulisse à gauche.)

FIN DU PREMIER ACTE.

ACTE II.

Le théâtre représente une grotte élégamment décorée et éclairée par plusieurs candélabres; une entrée au fond; à droite du spectateur, sur le premier plan, un banc de gazon; du même côté, sur le second plan, une ouverture fermée par une grande pierre mobile; à gauche, sur le premier plan, une table couverte de fleurs et de fruits, près d'un pilier en pierre ou en bois qui soutient la grotte.

SCÈNE PREMIÈRE.

IRMA, ZOBÉIDE, HABILLÉES A L'ORIENTALE.

(Au lever du rideau, elles sont assises près de la table; derrière elles, plusieurs de leurs compagnes tiennent des harpes ou forment des danses.)

CHOEUR.

Un instant, mes sœurs,
Oublions nos peines;
Pour cacher nos chaînes,
Couvrons-les de fleurs.

ZOBÉIDE.

Beau ciel de la France!
Ta douce influence
Fait que l'espérance
Renaît dans nos cœurs.

ENSEMBLE.

Un instant, mes sœurs,
Oublions nos peines, etc.

ZOBÉIDE, se levant.

Oui, le repas du soir est pour nous terminé;
Mais l'heure du repos n'a pas encor sonné:

Irma, redis-nous, je t'en prie,
Cet hymne si touchant et ces accens d'amours.
De la Grèce, notre patrie,
Il nous rappelle les beaux jours.

IRMA, se levant.

CHANT GREC.
RÉCITATIF.

A sa jeune captive
Un musulman offrait son cœur;
Et Zelmire plaintive
Répondait au vainqueur :

PREMIER COUPLET.

« Je suis en ta puissance,
Mais mon cœur est à moi ;
Garde ton opulence,
Je garderai ma foi.
Ton or est inutile ;
Nadir m'a su charmer !
Mourir m'est plus facile
Que vivre sans l'aimer ! »

DEUXIÈME COUPLET.

Dans son fougueux délire,
Le farouche sultan
Vient de frapper Zelmire,
Qui tombe en répétant :
« Toi que mon cœur adore,
Toi qui m'as su charmer,
Mourir vaut mieux encore
Que vivre sans t'aimer ! »

ZOBÉIDE.

Mais voici l'heure ; il faut se retirer sans bruit ;
Demain, notre maître l'a dit,
Demain nous quitterons la France.

TOUTES.

Retirons-nous en silence ;
Bonsoir, à demain, bonne nuit.

(Elles sortent par le fond.)

SCÈNE II.

IRMA, ZOBÉIDE.

ZOBÉIDE.

Eh quoi! Irma, tu ne suis point nos compagnes?

IRMA.

Non, tu es ma meilleure amie; et avant de te quitter pour jamais, j'ai voulu te faire mes adieux.

ZOBÉIDE.

Y penses-tu? lorsque demain au contraire nous allons partir avec l'ambassadeur. Tu ne sais donc pas qu'aujourd'hui même il est allé à Versailles recevoir du roi son audience de congé?

IRMA.

Si vraiment, demain vous partirez; vous irez le rejoindre, mais sans moi.

ZOBÉIDE.

O ciel!

IRMA.

As-tu donc oublié qu'à notre retour l'hymen devait m'unir à Abdalla? Depuis le jour qu'il m'eut annoncé cette funeste nouvelle, un horrible désespoir s'empara de moi; et bientôt le mal qui me consumait m'eût conduite au tombeau; mais alarmé de l'état où il me voyait, et ne pouvant quitter Paris, Abdalla me fit partir pour une campagne éloignée. Près de là, Zobéide, et dans un superbe château, habitait un jeune seigneur, un Français.

CANTABILE.

Air :

A chaque instant sur mon passage
Il se trouvait;
Et dans l'absence, son image
Me poursuivait.
En écoutant si doux hommage,
Je soupirais;
Et sans connaître son langage,
Je l'entendais.

CAVATINE.

Si tu savais
Combien il m'aime,
Ah! tu dirais,
Comme moi-même :
Amour pour jamais!

Je perdais, en quittant la France;
Et son amour et l'espérance;
Mais brisant des fers odieux,
Il vient cette nuit en ces lieux.
Si par le sort je suis trahie,
Je sais qu'il y va de ma vie,
Mais...

Si tu savais
Combien il m'aime,
Ah! tu dirais,
Comme moi-même :
Amour pour jamais!

ZOBÉIDE.

O ciel! et c'est cette nuit qu'il doit se rendre ici?

IRMA.

Oui, dans une heure : Ibrahim, mon esclave fidèle, l'attendra à la porte du jardin; Rica, un de nos compatriotes, est aussi dans nos intérêts.

(On entend un air de marche.)

ZOBÉIDE.

Écoute : ce sont nos gardiens qui font leur ronde.

IRMA.

Et bientôt après, ils iront se livrer au sommeil. Viens, Zobéide ; et puissent mes prières et mon amitié te décider à me suivre!

(Elles sortent par le fond.)

SCÈNE III.

USBECK, RICA, HABILLÉS COMME AU PREMIER ACTE; CINQ OU SIX ESCLAVES, HABILLÉS A LA TURQUE.

(Ils entrent par la droite.)

USBECK.

C'est bien. Tout est tranquille dans l'hôtel. En l'absence du maître, c'est à moi que vous devez obéir. Voici le firman qui vous transmet sa volonté.

RICA.

C'est donc par ses ordres que nous avons pris aujourd'hui ces vêtemens étrangers?

USBECK.

Sans doute, pour n'être pas reconnus. (Aux autres esclaves.) Vous allez revêtir les costumes que j'ai fait préparer ; et que mes ordres soient fidèlement exécutés, car Abdalla récompense la fidélité et punit la trahison! Le sort d'Ibrahim doit vous l'apprendre.

(Les esclaves sortent par le fond.)

SCÈNE IV.

USBECK, RICA.

RICA.

Que dis-tu ? Ibrahim, cet esclave grec ?

USBECK.

Il n'est plus.

RICA.

O ciel ! quel était donc son crime ?

USBECK.

Le maître l'avait condamné.

RICA.

Et moi, Usbeck; moi, ton ami, s'il t'ordonnait ma mort ?

USBECK.

J'obéirais.

RICA.

Et si quelque jour il te demande ta tête ?

USBECK.

J'obéirais encore.

RICA.

Dans le pays où nous sommes, Usbeck, on aurait peine à comprendre une pareille soumission.

USBECK.

Ce sont des infidèles qu'il faut plaindre, car ils ne sont point éclairés par les lumières du koran; ils ne connaissent point la voix du prophète.

RICA.

J'en conviens; mais ils écoutent quelquefois celle de l'amitié.

ACTE II, SCÈNE IV.

USBECK.

Crois-tu donc que j'y sois insensible? apprends que j'avais aussi des ordres pour toi.

RICA.

Grand Dieu! que dis-tu?

USBECK.

Irma avait gagné l'esclave Ibrahim; elle l'avait chargé de porter ce matin une lettre à un Français, un jeune seigneur de ce pays; et quand elle lui a remis ce billet, tu étais là, tu l'as vue.

RICA.

Moi!

USBECK.

Et tu n'en as rien dit!

RICA.

Étais-je donc obligé de les trahir, de les dénoncer?

USBECK.

N'était-ce pas ton devoir? n'est-ce pas celui d'un esclave? L'arrêt allait être prononcé; grace à mes prières il a été suspendu; et c'est d'après la manière dont tu te conduiras aujourd'hui que notre maître te fera éprouver sa justice ou sa clémence.

RICA, tremblant.

Usbeck, que faut-il faire?

USBECK.

Dans quelques instants, et d'après le billet qu'on lui a laissé parvenir, ce jeune Français va se présenter à la porte du jardin.

RICA.

Eh bien?

USBECK.

Eh bien! tu le feras entrer, tu fermeras la porte sur lui, et alors...

RICA.

O ciel! faudrait-il le frapper?

USBECK.

Non; mais on vient : j'ai mes instructions, et je te donnerai les tiennes.

SCÈNE V.

LES PRÉCÉDENS; ROGER, ET PLUSIEURS ESCLAVES *en chapeaux à large bord et en manteaux.*

(Ils entrent par le fond.)

ROGER, entrant et tenant un bandeau à la main.

Parlez, où me conduisez-vous?

(Rica et les esclaves qui viennent d'annoncer Roger ressortent par le fond.)

USBECK.

Peu t'importe, pourvu qu'il ne t'arrive rien de fâcheux. Jusqu'à présent ne t'ai-je pas tenu parole?

ROGER.

C'est vrai! pendant deux heures, nous avons roulé dans une bonne berline bien suspendue; mais c'est égal, j'aime mieux aller à pied à ma guise que d'aller en voiture malgré moi.

USBECK.

Sois tranquille; dans quelques heures on te reconduira de même jusqu'à ta porte.

ROGER.

Je l'espère bien; car ma pauvre femme va être

d'une inquiétude et d'une surprise... Je vous le demande, qui m'aurait dit ce matin que je passerais la nuit ici, lorsqu'au contraire, et selon toutes les probabilités..? Enfin, voyons, dépêchons; et que ça finisse le plus tôt possible : qu'est-ce que vous voulez de moi?...

USBECK.

Tu vas d'abord (lui montrant l'ouverture du fond) murer l'entrée de cette grotte.

ROGER.

Et à quoi bon?...

USBECK.

Ça ne te regarde pas.

ROGER.

Comme vous voudrez; mais il me faut des matériaux et des outils.

USBECK, lui montrant le fond.

Tu trouveras là ce qui est nécessaire. Eh bien! que fais-tu là ?

ROGER.

Des réflexions : est-ce que cela n'est pas permis?

USBECK.

Et quelles sont-elles?

ROGER.

Que je suis dans un endroit suspect.

USBECK.

Mets-toi à l'ouvrage, et ne réplique pas.

ROGER.

A la bonne heure! s'il y a là-dessous quelque machination, quelque construction diabolique, je suis le maçon, c'est vrai; mais vous êtes l'architecte, et vous répondez de tout. (On entend en dehors.) Messieurs, permettez...

SCÈNE VI.

LES PRÉCÉDENS; BAPTISTE, *que deux esclaves amènent les yeux bandés.*

ROGER.

Quelle est cette voix que je crois reconnaître?

BAPTISTE, à qui on ôte son bandeau.

On m'a promis de ne pas me faire de mal.

ROGER, à part.

O ciel! Baptiste, mon beau-frère!

USBECK.

Rassure-toi, et ne tremble pas ainsi. Tu es serrurier?

BAPTISTE.

Oui, sans doute, serrurier de mon état, et timide par caractère.

ROGER, à part.

Et lui aussi! que veulent-ils faire d'un serrurier?

BAPTISTE.

Je vous avoue que je n'ai pas l'habitude d'aller en journée à cette heure-ci. (Il aperçoit Roger, qui est à l'autre bout du théâtre.) Ah, mon Dieu! (Roger lui fait signe de se taire.)

USBECK.

Qu'est-ce donc? d'où vient ce trouble?

BAPTISTE.

Qui? moi! je suis dans mon état ordinaire, j'ai peur : et voilà tout.

USBECK, lui montrant l'ouverture à droite du spectateur.

Tout à l'heure, tu vas préparer, là, en dehors, ce

qu'il faut pour sceller cette pierre; tu as là du fer et des outils; mais auparavant (montrant le pilier à gauche), tu vas river ces chaînes.

BAPTISTE.

Oui, monsieur; ce ne sera pas long : il paraît que c'est une commande qui est pressée?

USBECK.

Pas de réflexion.

BAPTISTE.

Moi, d'abord, j'ai toujours eu à cœur de contenter mes pratiques, et dès que vous m'honorez de votre confiance...

USBECK.

Il suffit; taisez-vous, et travaillez.

(Les esclaves qui avaient amené Baptiste sortent sur un geste d'Usbeck.)

DUO.

(Usbeck se promène au fond du théâtre, et de temps en temps reparaît à la porte du milieu. Roger a été prendre une pierre qu'il roule avec peine jusque vers le milieu du théâtre : il se met à la tailler, tandis que, de l'autre côté, à gauche, Baptiste est occupé à river les chaînes qui sont déjà attachées au pilier.)

ENSEMBLE.

ROGER ET BAPTISTE.

Dépêchons,
Travaillons;
De l'ardeur
Et du cœur.
Ouvrier diligent,
Gagnons bien notre argent.
Dépêchons,
Travaillons.

(Usbeck disparaît un instant par la porte à droite. Ils se rapprochent et parlent à demi-voix.)

BAPTISTE.

C'est toi que je retrouve!

ROGER.

Je te vois en ces lieux!

BAPTISTE.

Mais l'effroi que j'éprouve...

ROGER.

Peut nous perdre tous deux!

BAPTISTE.

Que crains-tu?

ROGER.

Rien encore.

BAPTISTE.

Moi, j'ai peur!

ROGER.

Je l' vois bien.

BAPTISTE, montrant le fond.

Qui sont-ils?

ROGER.

Je l'ignore.

BAPTISTE.

Où somm's-nous?

ROGER.

J' n'en sais rien.

(Usbeck reparaît à la porte à droite. Ils se quittent et retournent chacun à leur ouvrage, en reprenant vivement:)

ENSEMBLE.

Dépêchons,
Travaillons;
De l'ardeur
Et du cœur.
Ouvrier diligent,
Gagnons bien notre argent.
Dépêchons,
Travaillons.

ACTE II, SCÈNE VI.

(Usbeck s'éloigne. Ils se rapprochent et se parlent à voix basse, rapidement et presqu'ensemble.)

ROGER.
J'étais seul dans la rue.

BAPTISTE.
Je r'venais au logis.

ROGER.
Quand soudain à ma vue...

BAPTISTE.
S' sont offerts deux bandits.

ROGER.
Ils m' d'mandent l'adresse...

BAPTISTE.
D'un habile ouvrier.

ROGER.
Me faisant la promesse...

BAPTISTE.
De richement m' payer.

ROGER.
Ils m'amen't...

BAPTISTE.
En ces lieux.

ROGER.
Un bandeau...

BAPTISTE.
Sur les yeux.

ROGER.
C'est comm' moi !

BAPTISTE.
C'est comm' moi !

ROGER.
Quoi ! vraiment...

BAPTISTE, apercevant Usbeck.
Mais tais-toi.

ENSEMBLE.

Dépêchons,
Travaillons;
De l'ardeur,
Et du cœur.
Ouvrier diligent,
Gagnons bien notre argent.

BAPTISTE, regardant Usbeck qui s'éloigne.

Quelle sombre figure!

ROGER.

Observe et ne dis mot;
Car maint'nant, je le jure,
Je crains quelque complot!

BAPTISTE.

Dans ce moment funeste,
Comment agir, morbleu?

ROGER.

En honnête homme, et l' reste,
A la grace de Dieu.

USBECK, rentrant en parlant.

Eh bien, avançons-nous?

BAPTISTE ET ROGER.

Dépêchons,
Travaillons, etc.

SCÈNE VII.

LES PRÉCÉDENS; DEUX ESCLAVES, RICA.

RICA, rentrant, bas à Usbeck.

Voici ce jeune Français; je lui ai ouvert la porte du parc; mais il suit mes pas, car il prétend qu'Irma lui a donné rendez-vous dans la grotte du jardin.

USBECK, à Roger et Baptiste.

Sortez...

ROGER.

Il se pourrait! on va nous ramener chez nous?

USBECK.

Non; mais, dans un instant, vous achèverez votre ouvrage.

ROGER.

Comment, morbleu!... encore attendre?

USBECK, aux esclaves, montrant Roger.

Reconduisez-le dans la salle basse. (Les deux esclaves et Rica emmènent Roger par le fond, et tournent à gauche en dehors. — Usbeck montrant Baptiste.) Quant à celui-ci, qui a l'air plus docile, je m'en charge. (A part.) Je vais lui donner pour prison le pavillon isolé qui donne sur la rue.

BAPTISTE.

Je vous ferai observer que je suis un homme établi; et que si je découche, ça peut me compromettre.

USBECK.

N'importe.

BAPTISTE.

Me compromettre de toutes les manières, car enfin, de laisser ma maison seule, et ma femme aussi...

USBECK.

Obéissez!

(Usbeck et Baptiste sortent par la porte à droite.)

SCÈNE VIII.

RICA, *puis* LÉON, *entrant par le fond*.

RICA.

Entrez, entrez, seigneur français, personne ne peut vous voir.

LÉON, entrant par le fond, mais venant de la droite.

Merci, mon ami. Tiens, prends cette bourse. Eh quoi! tu me refuses?

RICA, troublé.

Oui, oui, seigneur. Je ne l'ai pas méritée. Vous n'êtes pas encore hors de danger.

LÉON, le forçant d'accepter.

Si ce n'est que cela, ne crains rien. Il ne reste ici, dit-on, que deux ou trois esclaves; et je suis armé... D'ailleurs tu serais là, tu me défendrais.

RICA, avec émotion.

Moi!...

LÉON.

Oui. Tu m'as l'air d'un honnête homme, et tu ne voudrais pas nous trahir. Va prévenir ta maîtresse.

RICA, troublé.

Oui, oui; j'y vais... (à voix basse.) Mais ne restez pas en ces lieux, et fuyez au plus vite.

SCÈNE IX.

LÉON, *seul.*

ROMANCE.

Elle va venir !
J'en conçois la douce espérance.
Ce trouble qui vient me saisir,
Et mon cœur qui bat de plaisir,
Tout dans ces lieux me dit d'avance :
　Elle va venir !

DEUXIÈME COUPLET.

Elle va venir !
Et si le sort l'avait trahie...
Mais que dis-je, et pourquoi frémir ?
Pourquoi voir un sombre avenir ?
Peines, dangers, que tout s'oublie :
　Elle va venir !

SCÈNE X.

LÉON, *puis* IRMA, *habillée à la française.*

LÉON, courant à elle.

Irma ! je te revois !

IRMA.

J'ai cru que tu ne viendrais jamais.

LÉON.

Depuis long-temps j'étais au rendez-vous, lorsqu'un esclave est venu m'ouvrir. Irma, es-tu bien sûre de cet esclave ? ne crains-tu pas de lui quelque trahison ?

IRMA.

Pourquoi ?...

LÉON.

Il avait l'air troublé, embarrassé. Il voulait et n'osait me parler.

IRMA.

Ne crains rien. C'est Rica, un de mes compatriotes, un Grec comme moi; il nous est dévoué. Mais tu le vois, d'après tes ordres, et pour n'être pas remarqués dans notre fuite, je me suis mise à la française; je suis mieux ainsi, n'est-il pas vrai?

LÉON.

Tous les jours tu me sembles plus jolie; mais viens, partons.

DUO.

Loin de ce lieu terrible
Je guiderai tes pas.
O ciel, est-il possible?
Tu ne me réponds pas?
Quand mon bras te délivre,
D'où vient cette terreur?
Crains-tu donc de me suivre?

IRMA.

Non, si j'en crois mon cœur;
Mais ce cœur qui t'adore
Ne connaît pas vos lois;
Et peut, en écoutant ta voix,
Blesser des devoirs qu'il ignore.

LÉON, lui prenant la main.

Par le ciel que j'implore
Et qui veille sur nous,
Je te le jure encore,
Je serai ton époux.

ACTE II, SCÈNE X.

IRMA.

Par le ciel que j'implore,
Par le dieu des chrétiens,
C'est toi seul que j'adore,
A toi seul j'appartiens.

LÉON.

ENSEMBLE.
O toi, Dieu redoutable,
Qui punis le coupable!
Du ciel où tu m'entends,
Viens bénir nos sermens.

IRMA.

O toi, Dieu redoutable,
Qui punis le coupable!
Du ciel où tu m'entends,
Viens bénir nos sermens.

IRMA.

C'est à celui que j'aime
Que j'engage ma foi :
Je me donne moi-même :
(S'inclinant devant lui.)
Ton esclave est à toi !

LÉON.

ENSEMBLE.
Dieu tout-puissant!

IRMA.

Dieu des chrétiens!
O toi, Dieu redoutable,
Qui punis le coupable!
Du ciel où tu m'entends,
Viens bénir nos sermens.

LÉON.

Partons, partons! je guiderai tes pas!

(Ils vont pour sortir par la porte du fond; Rica, pâle et tremblant, se présente devant eux.)

SCÈNE XI.

Les précédens; RICA.

RICA.

Malheureux! arrêtez! vous courez au trépa.

IRMA.

O ciel!

LÉON.

Il se pourrait!

RICA.

Silence! parlez bas!
Il y va de mes jours, mais la pitié l'emporte:
Abdalla savait tout; on vous aura trahis;
Tantôt votre billet en ses mains fut remis;
Et du piége fatal où vous fûtes conduits,
Vous ne sortirez plus.

(Montrant la porte du fond.)

Là, près de cette porte,
Vingt esclaves au moins vous attendent.

LÉON.

N'importe!
Je suis armé, marchons!

RICA, l'arrêtant.

Vous nous perdez tous trois;
Mais un autre moyen peut vous sauver, je crois.

(Montrant la porte à droite.)

Dans le jardin, en suivant cette issue,
Est un pavillon isolé;
La porte en donne sur la rue;
Partez vite, en voici la clé.

LÉON ET IRMA.

O toi, notre sauveur, que ma reconnaissance...

RICA.

Vous n'avez qu'un instant pour tromper sa vengeance;
Partez, fuyez ces lieux.

(Ils sortent.)

ACTE II, SCÈNE XII.   383

O Mahomet! pardonne:
Je brave, je le sais, les ordres qu'on me donne;
Mais peut-on offenser les dieux
En secourant des malheureux?

SCÈNE XII.

RICA, *à gauche sur le devant du théâtre;* USBECK, PLUSIEURS ESCLAVES ET ROGER *entrent par le fond.*

USBECK, regardant autour de lui.

Où sont-ils?

RICA, parlant.

Chez Irma.

USBECK, à Roger.

Maintenant achève ton ouvrage.

ROGER.

Dépêchons-nous, c'est le plus sage...
J'espère au moins qu'après cela
Au logis on me renverra.

(Il travaille au fond, mais il est caché par le groupe des esclaves.)

USBECK, rassemblant autour de lui les esclaves et leur parlant à voix basse sur le devant du théâtre.)

Vous, d'un maître irrité pour servir la colère,
Emparez-vous du téméraire
(Montrant à gauche l'appartement d'Irma.)
Que vous trouverez près d'Irma.
(Ils font un geste pour partir, et Usbeck les retient.)
Mais observant toujours les lois qu'on nous dicta.

ENSEMBLE.

USBECK.

Soyez inexorables,
Faites votre devoir;
Punissons les coupables:
Oui, pour eux plus d'espoir.

CHOEUR.

Soyons inexorables,
Faisons notre devoir, etc.

USBECK, aux esclaves.

Allez! amenez-les... Mais d'où provient ce bruit?

SCÈNE XIII.

LES PRÉCÉDENS; BAPTISTE, *accourant tout effaré par la porte à droite.*

BAPTISTE.
Au secours! au secours!... Dieux! où m'a-t-on conduit?

USBECK, à Baptiste.
Malheureux, veux-tu bien te taire?

BAPTISTE.
C'est fait de moi!
Je meurs d'effroi!

USBECK.
Réponds, ou bien crains ma colère.

BAPTISTE.
J'étais tout triste et désolé,
Dans ce pavillon isolé
Où vous m'enfermâtes sous clé,
Lorsque j'entends avec fracas
S'ouvrir la porte... et puis, hélas!
Paraît un grand fantôme blanc.
Hors de moi-même et tout tremblant,
A Dieu recommandant mes jours,
Je crie au secours! au secours!...
Soudain, ô mortelles alarmes!
On accourt; j'entends l' bruit des armes!

RICA, à part.
Malheureux! il les a perdus!

BAPTISTE.
Entendez-vous ces cris confus?

USBECK.
Oui, l'on accourt...

RICA, à part.
Il n'est plus d'espérance!

SCÈNE XIV.

Les précédens; LÉON, *que poursuivent plusieurs esclaves, et qui tient dans ses bras Irma évanouie.*

Laissez-moi! laissez-moi!

(Ils entrent par la porte à droite; et Léon, en entrant, jette une poignée d'épée brisée.)

LÉON, à ceux qui le poursuivent.

Mon glaive en se brisant a trahi ma vaillance;
Deux de vos compagnons sont tombés sous mes coups.
Frappez! pourquoi m'épargnez-vous?

(Épuisé d'efforts et de fatigue, il tombe dans les bras des esclaves qui l'entraînent. Pendant ce temps, une partie des esclaves prépare, à gauche, les chaînes qui vont attacher Léon au pilier; et les autres entourent, à droite, Irma évanouie sur le banc de gazon, et lui mettent des chaînes.)

LÉON, au milieu du théâtre et soutenu par deux esclaves.

C'en est fait! pour nous plus d'espoir!

ROGER, travaillant dans le fond, et l'apercevant.

Ciel! que viens-je de voir?

(Chantant à haute voix.)

Du courage!
Du courage!
Les amis sont toujours là!

(Aux premières mesures de ce refrain, Léon qui, presque anéanti, était tombé un genou en terre, se ranime, se relève et aperçoit Roger qu'il reconnaît.)

USBECK, allant à Roger.

Silence! ou bien mon bras te punira!

(Il fait signe aux esclaves qui entraînent Léon vers le pilier où on l'attache.)

ROGER, à Usbeck.

Arrangez-vous, c'est mon usage,

Je ne travaille qu'en chantant.
Du courage!
Du courage!

USBECK, allant près de Rica.

Pour toi, tu sais le destin qui t'attend.

(Rica pousse un cri d'effroi, et est entraîné par les esclaves.)

USBECK, aux autres esclaves.

Sortez! sortez à l'instant!

LÉON.

Barbares! arrêtez! le ciel nous vengera!

(Usbeck fait sortir tout le monde par la porte à droite, qui est à l'instant fermée par la grande pierre qu'on entend sceller en dehors. Quant au mur du fond, il est presque achevé : Roger vient de placer la dernière pierre. Une obscurité totale couvre la scène. Irma pousse un cri et tombe de nouveau évanouie; et l'on entend en dehors)

ROGER, qui chante encore,

Les amis sont toujours là!

FIN DU DEUXIÈME ACTE.

ACTE TROISIÈME.

Le théâtre représente une cour et un jardin de la maison de Roger ; au fond, la rue, et à gauche du spectateur, la porte de la maison.

SCÈNE PREMIÈRE.

HENRIETTE, *en habit de la semaine.*

Il est grand jour ! neuf heures viennent de sonner à Saint-Paul, et Roger n'est pas encore rentré ! Hier ils sont venus en grande pompe me conduire jusqu'ici, en me disant que le marié allait arriver. Aussi j'étais inquiète et tremblante ; au moindre bruit, je craignais que ce fût lui... Ah, bien oui ! d'abord j'avais peur ; et puis après, je ne sais comment cela s'est fait, à force de s'effrayer pour rien, on s'impatiente ; et j'étais d'une humeur, d'une colère... Je l'ai ainsi attendu depuis hier soir, et sans oser fermer l'œil ; la belle nuit que j'ai passée !

Air

(Pleurant de temps en temps.)

Sur notre hymen... ah ! ah !
Moi je tremble d'avance !
Hélas ! qui me dira
Comment ça finira?
Puisque déjà... ah ! ah !
Voilà... ah ! ah !
Comment cela commence.

Hier il me disait j'*t'adore,
Et puis il ajoutait aussi :
Va, ce sera bien mieux encore
Lorsque je serai ton mari !
Brûlant d'une flamme nouvelle,
Je te serai toujours fidèle.
Mais...

(Pleurant.)

Sur ses sermens, ah! ah!
Moi je tremble d'avance!
Hélas! qui me dira
Comment ça finira ?
Puisque déja, ah! ah!
Voilà, ah! ah!
Comment cela commence.

Hier il m'disait encore :
Il est, par un heureux destin,
Bien des chos's que ton cœur ignore,
Et que tu connaîtras demain.
Ce s'cret dont il faisait merveille
Est un mensonge, car enfin,
Je suis hélas! au lendemain,
Et j' n'en sais pas plus que la veille.
Pour ce secret,
Moi je tremble d'avance!

Qui me dira, etc.

Ah, mon Dieu! qui vient là? ce sont toutes nos voisines, les commères du quartier, qui viennent me féliciter, il n'y a pas de quoi.

SCÈNE II.

HENRIETTE, *puis* Mme BERTRAND, *qui n'entre que la dernière;* CHOEUR DE VOISINES.

CHOEUR.

Au lever d' la mariée
Nous venons de grand matin.
Pour qu' la fêt' soit égayée,
Faut encore un lendemain.

PREMIÈRE VOISINE.

Nous v'nons, à l'amitié fidèles.

HENRIETTE.

Vous êtes bien bonnes, vraiment.

SECONDE VOISINE.

Eh bien! ma chèr', quelles nouvelles?

TOUTES.

Recevez notre compliment.

HENRIETTE, *apercevant Mme Bertrand.*

Allons, encor madam' Bertrand!
Que j' la déteste! ah! quel tourment!

CHOEUR.

Au lever d' la mariée
Nous venons de grand matin.
Pour qu' la fêt' soit égayée,
Faut encore un lendemain.

DUO.

Mme BERTRAND.

Peut-on vous d'mander, ma voisine,
Comment se port' votre mari?

HENRIETTE.

Mon mari?

Mais pour affaire, j'imagine,
Dès le matin il est sorti.

Mᵐᵉ BERTRAND.

Il est sorti?
Voyez pourtant la médisance :
Des personnes m'ont assuré
Qu'hier il n'était pas rentré.

HENRIETTE.

Que dites-vous?

Mᵐᵉ BERTRAND.

Quelle imprudence!
Pardon, car je crois voir
Qu' j'offens' madam' sans le vouloir :
Me taire alors est un devoir.
Pardon, car je le voi,
J'offense madam' malgré moi;
C'est indiscret à moi.

HENRIETTE.

Du tout, car on peut voir
Que madam' se fait un devoir
D'obliger du matin au soir.
Qui? moi m' fâcher, pourquoi?
C' que dit madam' est, je le voi,
Par intérêt pour moi.

Mᵐᵉ BERTRAND.

ENSEMBLE.

Voyez c' que c'est que d'obliger les gens;
Comme on répond à mes soins obligeans!

HENRIETTE.

Ell' ne se plaît qu'à désoler les gens.

Mᵐᵉ BERTRAND.

C'est donc, ma chère, une querelle?
Cela se voit souvent, ma belle.

HENRIETTE.

Ça n'est pas chez nous, dieu merci!

Mᵐᵉ BERTRAND.

Je l' crois bien, du moins jusqu'ici.

HENRIETTE.
Dieu! que j'ai peine à me contraindre!
Mᵐᵉ BERTRAND.
On n' peut pas souvent, c'est à craindre,
Trouver un mari de son goût.
HENRIETTE.
Je sais des gens bien plus à plaindre
Qui n'en peuv'nt pas trouver du tout.
Mᵐᵉ BERTRAND.
Que dites-vous? quelle insolence!
HENRIETTE ET Mᵐᵉ BERTRAND.
Pardon, car je crois voir, etc.
LES VOISINES.
Eh! mesdames, que faites-vous?
HENRIETTE.
Grand merci, mes chères amies;
Vous êt's trop bonnes, trop polies;
Mais de grace retirez-vous.
CHOEUR.
S'il est ainsi, rentrons chez nous.

Au lever d' la mariée, etc.

(Les voisines sortent toutes par la porte qui donne sur la rue.)

SCÈNE III.

HENRIETTE, Mᵐᵉ BERTRAND.

HENRIETTE.
Dieu merci! elles me laissent seule!... (Se retournant et apercevant madame Bertrand.) Comment, madame, vous voilà encore!
Mᵐᵉ BERTRAND.
Oui, sans doute; nous venons de nous fâcher pour rien, et nous avions tort, car les femmes doivent s'en-

tendre entr'elles, et se prêter secours et protection contre l'ennemi commun, c'est-à-dire contre les maris, et j'en ai appris sur le vôtre.

HENRIETTE.

Il se pourrait!

Mme BERTRAND.

Oui, ma chère voisine. J'attendais qu'elles fussent sorties pour vous parler, parce que vous savez bien qu'elles sont si bavardes, qu'il n'y a pas moyen devant elles de leur rien confier : avec elles, un secret fait l'effet d'une proclamation; on aurait du profit à le faire tambouriner.

HENRIETTE.

Quoi! vous croyez que mon mari...

Mme BERTRAND.

C'est une horreur, ma chère! et ça n'est pas pardonnable! Après quelques années de mariage, je ne dis pas, on peut avoir des sujets de plaintes. Le chapitre des consolations, ou celui de représailles, c'est possible! Mais le jour même de ses noces, c'est une indignité!

HENRIETTE.

N'est-ce pas, madame? Ah çà, vous savez donc...

Mme BERTRAND.

Est-ce que je ne sais pas tout? Mais j'entends du bruit, peut-être encore quelque commère qui vient nous déranger. Venez chez moi, nous serons plus en sûreté pour causer, et je vous conterai tout. N'être pas rentré à une pareille heure! un lendemain de noces!... ah! quelle horreur d'homme! Venez, ma

ACTE III, SCÈNE IV.

chère; passons par la petite ruelle, nous serons plus tôt chez moi. En vérité, voilà une pauvre petite femme qui est bien à plaindre!

(Elle entre avec Henriette dans la maison, à gauche du spectateur.)

SCÈNE IV.

ROGER, *seul, entrant par la porte qui donne sur la rue.*

(Il est plongé dans ses réflexions, il entre en marchant rapidement, s'arrête au bord du théâtre, et se promène lentement.)

Je m'y perds; je me suis retrouvé ce matin près de la barrière, à la place où l'on m'avait pris hier soir... (Regardant autour de lui et reconnaissant sa maison.) Ah! Et Henriette! ma pauvre femme! Quelle doit être son inquiétude! (Allant à la porte à gauche et frappant plusieurs fois.) Henriette! Henriette! Allons, elle est déja sortie. Je suis seul, tout m'abandonne. Comment les délivrer? comment parvenir jusqu'à eux! J'ai couru chez Baptiste, qui à l'instant venait d'arriver. Mêmes soins, mêmes précautions avaient été employés pour le ramener chez lui. Je l'ai envoyé chez les magistrats faire sa déposition, et j'ai été faire la mienne au lieutenant civil, qui m'a dit de rentrer chez moi et d'y attendre ses ordres. Mais quand il m'interrogera, que lui apprendre? quels indices lui donner? J'ai beau chercher et rappeler mes souvenirs. Ah! Baptiste, te voilà?

SCÈNE V.

ROGER, BAPTISTE.

BAPTISTE, encore pâle et défait.

Oui, beau frère; et c'est pour toi que je sors; car je ne me sens pas bien.

ROGER.

Qu'as-tu donc?

BAPTISTE.

J'ai, depuis hier, un frisson et des tremblemens.

ROGER.

C'est la peur qui t'a donné la fièvre.

BAPTISTE.

C'est peut-être ça; mais, depuis hier, cette fièvre-là ne m'a pas quitté.

ROGER.

Tu viens de chez le lieutenant de police? que t'a-t-il dit?

BAPTISTE.

Rien, je ne l'ai pas vu.

ROGER.

Il se pourrait! N'étions nous pas convenus que tu courrais chez lui?

BAPTISTE.

Oui, sans doute. Aussi j'ai été jusque dans la rue; mais là il m'est arrivé...

ROGER.

Quelques événemens? quelques nouvelles?

BAPTISTE.

Non, des réflexions; des réflexions que j'ai faites...

ACTE III, SCÈNE V.

Vois-tu, Roger; ces superbes voitures qui nous ont conduits, ces deux bourses pleines d'or qu'on nous a données, ces nombreux domestiques qui nous entouraient et qui étaient si insolens, tout cela prouve...

ROGER.

Eh bien!

BAPTISTE.

Tout cela prouve qu'ils appartiennent à quelque grand seigneur; nous autres gens du peuple n'avons pas besoin de nous mêler de tout cela.

ROGER.

Y penses-tu?

BAPTISTE.

Oui, sans doute. Il vaut mieux rester chez soi et ne pas se compromettre pour les autres. Raisonne un peu, et tu verras qu'un homme riche a toujours raison.

ROGER.

Eh pourquoi? morbleu!...

BAPTISTE.

Pourquoi! pourquoi! D'abord il a raison d'être riche, et toi, c'est un tort que tu as de n'être qu'un imbécille, qui veux te mêler de ce qui ne te regarde pas.

ROGER.

Tu veux donc que j'abandonne ce malheureux jeune homme?

BAPTISTE.

Sois donc tranquille; je ne suis pas inquiet sur son compte. Autant que j'ai pu voir, c'est quelqu'un de distingué. Nous autres, quand nous sommes dans le danger, nous y restons; mais les gens comme il faut s'en tirent toujours.

ROGER.

Et comment veux-tu qu'il se tire de là?

BAPTISTE.

Bah! avec des protections... Et puis, apprends que ce matin, avant que j'ôtasse mon bandeau, l'un d'eux m'a dit à l'oreille : « Garde le silence, ou nous te retrouverons. »

ROGER.

Et à moi aussi on m'en a dit autant, et ça m'est égal.

BAPTISTE.

Mais écoute donc. Tout à l'heure, au moment où j'allais entrer chez M. le lieutenant de police, j'ai cru, dans la rue, en reconnaître un qui me suivait.

ROGER.

Et tu ne lui as pas sauté au collet! tu ne l'as pas arrêté!

BAPTISTE.

Au contraire, c'est ce qui m'a fait sauver.

ROGER.

Dieu! si j'avais été là! Vois-tu, Baptiste, je ne peux pas vivre comme ça. Arrivera ce qu'il pourra, à moi ou aux miens, mais je le sauverai.

BAPTISTE.

Est-il possible d'être égoïste à ce point-là?

ROGER.

Je ne te compromettrai pas, je te le jure : mais cherche dans ta mémoire, cherche bien. N'aurais-tu pas vu ou entendu quelque chose qui pourrait nous mettre sur la voie?

ACTE III, SCÈNE V.

BAPTISTE.

Dans le trajet, j'avais comme toi les yeux bandés, et dans cette grotte, lorsque ce diable d'homme nous parlait, j'avais tellement peur que je ne l'entendais pas; mais cependant si j'étais bien sûr de ta discrétion, je pourrais te communiquer une découverte.

ROGER, lui sautant au cou.

Ah, mon ami! mon sauveur! parle vite.

BAPTISTE.

En dehors de cette grotte, où c'était deux fois plus obscur depuis que nous avions muré toutes les portes, j'ai manqué de me laisser choir; et en me relevant à tâtons, j'ai senti sous ma main une espèce de poignard qui appartenait sans doute aux gens de la maison.

ROGER.

Aux gens de la maison!

BAPTISTE.

Je l'ai glissé sous ma veste, (à voix basse) et je l'ai là.

ROGER.

Donne vite. (Regardant.) C'est la poignée d'une épée. A quoi peut servir un pareil indice? Que vois-je! un écusson! des armoiries! Je respire. Voici donc une lueur d'espérance.

BAPTISTE.

Est-ce que tu saurais quelque chose?

ROGER, sortant.

Pas encore, mais je vais sur-le-champ...

BAPTISTE, l'arrêtant.

Et M. le lieutenant civil, dont tu dois ici attendre les ordres?

ROGER.

C'est vrai. Eh bien! va toi-même, va vite chez un de nos voisins, un graveur qui demeure au coin du faubourg; il saura peut-être à quelle famille, à quel seigneur ces armoiries peuvent appartenir; et en se rendant chez lui, en le faisant arrêter sur-le-champ...

BAPTISTE.

Le faire arrêter! y penses-tu!

ROGER.

Je m'en charge. Rends-toi seulement chez le graveur, c'est tout ce que je te demande; ça ne peut pas te compromettre.

BAPTISTE.

Jusqu'à un certain point; aussi je ne lui dirai pas mon nom.

ROGER, le poussant.

Fais comme tu voudras, mais va vite et reviens.

(Baptiste sort par la porte du fond.)

SCÈNE VI.

ROGER, seul.

RÉCITATIF.

Oui, ma tête est brûlante et ma raison s'égare!
Tout me dit qu'ici près ils gémissent tous deux!
Mais quelle enceinte ou quel mur nous sépare?
Comment parvenir auprès d'eux?

AIR

Dieu de bonté! Dieu tutélaire!
Dévoile à mes regards ce secret plein d'horreur!
Si je t'adresse ma prière,
C'est pour des malheureux! c'est pour mon bienfaiteur!

En moi seul est son espérance !
Hélas ! il m'invoque, il m'attend !
Chaque minute, chaque instant
Peut terminer son existence.
Demain ! ce soir ! ô comble de tourmens !
Ce soir, peut-être, il ne sera plus temps ?

Dieu de bonté ! Dieu tutélaire !
Dévoile à mes regards ce secret plein d'horreur !
Si je t'adresse ma prière,
C'est pour des malheureux ! c'est pour mon bienfaiteur !

SCÈNE VII.

ROGER, Mme BERTRAND.

Mme BERTRAND, *sortant de la porte de la maison à gauche.*

Pauvre petite femme ! sa situation et sa conduite seront appréciées par toutes les ames sensibles. Je l'ai laissée chez moi, et je venais... (*Apercevant Roger qui est plongé dans ses réflexions.*) Ah ! vous voilà, mon voisin ! Vous rentrez, à ce qu'il paraît ?

ROGER.

Oui, à l'instant. Qui vous amène de si bonne heure ?

Mme BERTRAND.

De si bonne heure ! c'est selon comme on l'entend ; car, pour rentrer chez soi, il y a des gens qui trouvent que c'est un peu tard ; et si je n'avais pas fait entendre raison à votre femme...

ROGER, *vivement.*

Ma femme !

Mme BERTRAND.

Elle ne voulait plus vous voir, ni rentrer chez vous; mais je me suis chargée de vous réconcilier.

ROGER.

Quoi! c'est vous qui vous êtes mêlée... C'est fini, nous voilà brouillés! Et où est-elle en ce moment?

Mme BERTRAND.

Chez moi, où je m'efforçais de la consoler.

ROGER.

Chez vous? Courons vite.

(Il va pour sortir par la porte du fond et rencontre Baptiste.)

SCÈNE VIII.

Les précédens; BAPTISTE, *accourant tout essoufflé.*

ROGER.

Eh bien! quelle nouvelle?

BAPTISTE.

De fameuses; et cette fois, je n'ai pas couru pour rien.

ROGER.

Dieu soit loué!... Parle.

Mme BERTRAND.

Eh oui, sans doute, expliquez-nous vite.

BAPTISTE.

J'ai été chez le graveur.

Mme BERTRAND.

Le graveur!

BAPTISTE.

Oui, au coin du faubourg; un homme de talent qui demeure au cinquième, un savant distingué qui connaît les armoiries de tous les nobles anciens et nouveaux, attendu qu'il en fait tous les jours; et il m'a dit que les nôtres, celles en question, appartenaient à la famille de Mérinville, dont l'hôtel est près de l'Arsenal.

Mme BERTRAND.

Un hôtel magnifique, des gens immensément riches.

ROGER.

C'est cela même; il faut y courir.

BAPTISTE.

C'est ce que j'ai fait, mais avec prudence et sans danger; car il y avait tant de monde dans la cour, qu'on n'a pas fait attention à moi. Tous les gens de l'hôtel allaient et venaient; ils parlaient tous de M. le duc Léon de Mérinville, un jeune colonel, riche, généreux, bienfaisant, enfin un maître comme on n'en voit pas, car ses domestiques même en disaient du bien; et tout le monde était dans la désolation, attendu que depuis hier il n'a pas reparu à l'hôtel, et qu'on ne sait pas ce qu'il est devenu.

ROGER.

Grands dieux! c'était lui!...

BAPTISTE.

C'est ce que je me suis dit. J'ai pensé que l'objet dont il s'agit appartenait à la personne en question; et sans en parler à qui que ce soit, je suis venu te faire part de cette découverte.

ROGER.

Malheureux! la belle avance! Nous connaissons le nom de la victime; mais celui de son ennemi, mais les lieux où il est retenu, tout est encore un mystère. Cependant, en combinant tous ces renseignemens...

Mᵐᵉ BERTRAND.

Oui, sans doute ; et si vous me disiez...

ROGER, se promenant à grands pas.

Laissez-moi, laissez-moi ; il s'agit bien de cela !

Mᵐᵉ BERTRAND.

Mais vous, du moins, monsieur Baptiste, expliquez-moi un peu...

BAPTISTE.

Comment, est-ce que vous n'êtes pas au fait ? Je croyais que vous saviez...

Mᵐᵉ BERTRAND.

Eh non, sans doute.

BAPTISTE.

Eh bien ! s'il n'y a que moi qui vous l'apprends... Dis-moi donc, Roger...

ROGER.

Laisse-moi, te dis-je ! Partez tous deux.

Mᵐᵉ BERTRAND.

Mais, monsieur Baptiste, mais, mon voisin, qu'avez-vous donc ?

ROGER.

Rien ! rien ! mais allez-vous-en. Laissez-moi seul !

Mᵐᵉ BERTRAND.

Ils ont tous deux perdu la tête ; mais je vais chez madame Baptiste, chez sa femme : je la connais ; et pour peu qu'elle sache quelque chose, je devinerai le reste.

(Elle sort avec Baptiste.)

SCÈNE IX.

ROGER, *seul, marchant à grands pas.*

Que faire? que devenir? Qui vient là encore? c'est Henriette! c'est ma femme!

SCÈNE X.

ROGER, HENRIETTE, *sortant par la porte de la maison à gauche.*

HENRIETTE, froidement.

Vous voilà, monsieur! Je me doutais bien que la honte, le remords, vous empêcheraient de vous présenter devant moi! Aussi, vous le voyez, je viens vous trouver.

ROGER.

Que dis-tu?

HENRIETTE.

Vous vous attendez peut-être à des plaintes, à des reproches; je ne vous en ferai aucuns. On n'est jaloux que des gens que l'on aime; et je viens seulement vous prévenir d'une découverte que j'ai faite: c'est que je ne vous aime plus.

ROGER.

Et pour quelle raison?

HENRIETTE.

Pour quelle raison! vous osez me le demander? (En pleurant.) Rappelez-vous seulement ce que vous avez fait cette nuit.

ROGER.

Henriette, je peux t'assurer...

HENRIETTE.

Oui, vous allez mentir, mais c'est inutile, car on m'a tout raconté. Apprenez, monsieur, que le petit Félix, le garçon du traiteur, vous a vu passer hier soir avec deux autres messieurs; et où alliez-vous comme cela, s'il vous plaît, avec un air de mystère?

ROGER.

Où j'allais! apprends que je n'en sais rien.

HENRIETTE.

Oh, vous n'en savez rien! Eh bien, moi, monsieur, je le sais!

ROGER, avec joie.

Il serait possible!

HENRIETTE.

Oui, certainement; madame Bertrand m'a tout raconté. C'est une femme bien estimable, qui me plaint, qui m'aime; car si vous ne m'aimez pas, il ne faut pas croire que tout le monde soit comme vous. Le petit Félix, qui est venu retrouver la noce, lui a raconté ce qu'il avait vu, et que vous alliez sans doute à quelque rendez-vous, à quelque aventure mystérieuse; et cette pauvre femme, en rentrant chez elle, en était tellement occupée qu'elle ne pouvait pas dormir, lorsque, près d'une heure après, elle entend dans la rue le roulement d'une voiture, et alors... (Fondant en larmes.) Mais c'est plus fort que moi, et je ne pourrai jamais achever.

ROGER.

O ciel! Henriette, je t'en prie, je t'en supplie,

ACTE III, SCÈNE X.

continue : il y va de mes jours, il y va de mon bonheur.

HENRIETTE.

De votre bonheur!... Eh bien, perfide! puisque vous m'y forcez, c'est vous-même qu'elle a vu descendre de cette voiture; vous étiez avec les mêmes personnes, et vous êtes entré dans ce grand et superbe hôtel, qui est habité par des étrangers.

ROGER.

Qu'entends-je?

HENRIETTE.

L'hôtel de ce seigneur turc.

ROGER, se jetant à genoux.

O mon Dieu! je te bénis.

HENRIETTE.

Oui, monsieur, demandez-moi pardon, vous avez raison.

ROGER, se relevant.

Ma femme, ma chère amie, si tu savais quel bonheur!... Mais je n'ai pas le temps... Je t'aime, je t'adore; je m'en vas. (Rencontrant madame Bertrand, qui entre par le fond.) Ma voisine, vous voilà; restez avec ma femme, consolez-la, parlez-lui; je reviens dans l'instant.

(Il sort par le fond, en courant.)

SCÈNE XI.

HENRIETTE, Mme BERTRAND, *qui est entrée sur les derniers mots de la scène précédente.*

Mme BERTRAND.

A qui en a-t-il donc? et qu'est-ce que cela veut dire?

HENRIETTE, pleurant.

Ah! ma pauvre madame Bertrand, je suis bien malheureuse! Mon mari a perdu la tête. Voilà sa raison qui a déménagé.

Mme BERTRAND.

Écoutez donc, ma chère, c'est peut-être votre faute; cela exigeait des ménagemens, et vous lui aurez reproché avec trop de dureté... lui qui est nouvellement en ménage, et qui n'a pas encore l'habitude des scènes.

HENRIETTE.

Moi, lui faire une scène! au contraire, j'ai été trop bonne : aussi j'en aurai justice. Je m'en vais chez mon frère; je vais tout lui raconter.

Mme BERTRAND.

Votre frère! ah bien oui! c'est bien pire encore; et celui-là en a fait bien d'autres !

HENRIETTE.

Que dites-vous?

Mme BERTRAND.

Je me doutais bien qu'il y avait quelque chose, et que ce n'était pas naturel. Je viens de chez lui, et sa femme est dans la désolation. Apprenez que monsieur Baptiste, votre frère, a passé la nuit hors de sa maison.

HENRIETTE.

Comment! et lui aussi!

Mme BERTRAND.

Et lui aussi! les deux beaux-frères! Quelle famille! et quel exemple pour le faubourg! Car enfin, jusqu'ici les maris étaient sédentaires, du moins la nuit.

HENRIETTE.

Je vais parler à mon frère.

Mme BERTRAND.

Vous avez raison, il faut vous plaindre à lui, à toute la famille; je vous soutiendrai. C'est une affaire qui nous regarde toutes.

HENRIETTE.

Mais puisque vous êtes veuve.

Mme BERTRAND.

C'est égal : on ne sait pas ce qui peut arriver. (Montrant la rue.) Mais regardez donc; où va tout ce monde qui court ainsi dans le faubourg?

FINAL.

(On aperçoit dans la rue qui est au fond tout le peuple qui traverse le théâtre en courant.)

SCÈNE XII.

Les précédens ; BAPTISTE, *pâle et défait.*

BAPTISTE.

Dans le quartier quelle rumeur!

HENRIETTE ET Mme BERTRAND.

Qu'est-ce donc?

LE MAÇON.

BAPTISTE.

Je n'ai rien vu, mais je tremble de peur.
Chez toi j' viens me cacher, ma sœur.

Mme BERTRAND, regardant à gauche.

La maison est cernée!

HENRIETTE.

La peur commence à me saisir!

BAPTISTE.

Aucun moyen de fuir!
Dieu! quelle destinée,
Nous allons tous périr!

(Tous les trois se cachent la tête dans leurs mains. On entend de grands cris. Le peuple se précipite dans la rue. On voit paraître Léon et Irma que précède Roger la pioche à la main. Ils entrent dans le jardin de Roger, et une partie du peuple entre après eux; d'autres montent sur la balustrade en dehors et agitent leurs chapeaux.

SCÈNE XIII.

LES PRÉCÉDENS; LÉON, IRMA, ROGER, FOULE DE PEUPLE, OUVRIERS *tenant des pioches à la main.*

FINAL.

CHOEUR.

ENSEMBLE.

Les voilà, les voilà, ce sont eux!
Le ciel comble notre espérance;
Ils sont rendus à l'existence;
Ah! quel jour à jamais heureux!

LÉON ET IRMA, à Roger.

Oui, c'est à tes soins généreux
Que je dois notre délivrance;
Par toi notre bonheur commence,
Tu nous rends à jamais heureux.

ACTE III, SCÈNE XIII.

ROGER.

Oui, le ciel a comblé mes vœux.

BAPTISTE.

Moi qui croyais déja qu'on venait de la sorte
L'arrêter.

LÉON, montrant Roger.

L'arrêter! lui, mon libérateur.

ROGER.

Il était temps. Suivis d'une nombreuse escorte
Nous pénétrons dans ces lieux pleins d'horreur.
L'hôtel était désert; ce matin, en silence,
Tous les gens de l'ambassadeur
Sont sortis de Paris, et bientôt de la France.

LÉON, à Irma.

Ainsi donc d'Abdalla nous bravons la fureur.
Tandis qu'il croit jouir de sa vengeance,
Jouissons de notre bonheur.

IRMA.

Mais qui donc a pu vous instruire?

ROGER, montrant Henriette.

C'est ma femme.

HENRIETTE.

Non, pas du tout;
C'est ma voisin' qu'est venue m' dire...

Mme BERTRAND.

C'est vrai! c'est pourtant moi qui suis cause de tout.

ROGER, à Henriette.

C'te nuit, de mon absenc' tu m'en voulais beaucoup.
Pour faire leur bonheur j'ai négligé le nôtre.

LÉON.

C'est à nous maintenant à nous charger du vôtre.

IRMA.

Tu vivras près de nous.

LÉON.

Ma main t'enrichira.

LÉON, IRMA, HENRIETTE, ROGER.

Ainsi de l'amitié notre sort est l'ouvrage.

ROGER.

Et désormais mon cœur croira
A ce refrain d'heureux présage :
Du courage, du courage,
Les amis sont toujours là.

FIN DU MAÇON.

LA VIEILLE,

OPÉRA COMIQUE EN UN ACTE,

Représenté pour la première fois, à Paris, sur le théâtre royal de l'Opéra-Comique, le 14 mars 1826.

EN SOCIÉTÉ AVEC M. G. DELAVIGNE.

Musique de M. Fétis.

PERSONNAGES.

LA COMTESSE DE XÉNIA.
ÉMILE DE VERCIGNY, jeune officier.
LÉONARD, artiste.
PÉTÉROFF, régisseur.

La scène se passe aux environs de Wilna.

Le théâtre représente un salon élégant; porte au fond, deux latérales. A droite, une table; à gauche, une psyché, une toilette, etc.

ÉMILE,

EN CROIRAIS-JE MES YEUX?

(La Vieille. Sc. XV.)

LA VIEILLE.

SCÈNE PREMIÈRE.

INTRODUCTION.

(Pétéroff est assis devant une table, et écrit ; plusieurs esclaves et paysans russes arrivent par groupes. Ils se consultent entre eux, puis vont s'adresser à Pétéroff qu'ils entourent.)

CHOEUR.

Voici l'heure de l'ouvrage :
Nous venons, suivant l'usage,
Nous venons prendre humblement
Les ordres de l'intendant.
Parlez, parlez, monsieur l'intendant.

PÉTÉROFF.

Silence ! et qu'on me laisse.

CHOEUR.

Taisons-nous, de peur
De fâcher monseigneur,
Monseigneur le régisseur.

UN DES PAYSANS, s'approchant.

C'est que madame la comtesse
Nous avait dit...

PÉTÉROFF.

Elle est notre maîtresse,
J'en veux bien convenir ; mais vu ses soixante ans,
Elle me fait ici la grace
De se fier en tout à mes soins prévoyans.
Je me commande alors ce qu'il faut que je fasse,
Et tout n'en va que mieux ; car mon raisonnement
Est qu'il faut unité dans le gouvernement.

SCÈNE II.

Les précédens ; UN DOMESTIQUE *en livree*.

PÉTÉROFF.

Eh mais, qui vient encore?

LE DOMESTIQUE.

Un Français qui demande
Le prisonnier blessé, l'officier étranger
Qui demeure en ces lieux.

PÉTÉROFF.

Au jardin qu'il attende:
Il dort encore, et rien ne doit le déranger.

(Aux autres esclaves.) (Le domestique sort.)

Partez tous, j'irai moi-même
Vous porter mon ordre suprême.

CHOEUR.

Voici l'heure de l'ouvrage:
Nous allons, suivant l'usage,
Attendre bien humblement
Les ordres de l'intendant.
Honneur, honneur à monsieur l'intendant.

(Ils sortent.)

SCÈNE III.

PÉTÉROFF *seul*, *puis* ÉMILE.

PÉTÉROFF.

Ah bien oui! réveiller notre jeune officier; ma maîtresse gronderait joliment! un prisonnier blessé, que nous avons reçu avec les égards dus au courage malheureux, parce que le malheur et le courage ont toujours été accueillis dans notre château. Ah! voici monsieur Émile. Bonjour, mon officier; comment vous va ce matin?

ÉMILE.

A merveille! je te remercie; ma blessure est presque guérie, et je crois qu'aujourd'hui je pourrai commencer à sortir.

PÉTÉROFF.

Et comment avez-vous dormi?

ÉMILE.

Fort bien : madame la comtesse avait reçu hier une lettre de l'armée qui m'a fait passer une excellente nuit.

PÉTÉROFF.

Il y a donc de bonnes nouvelles?

ÉMILE.

Oui, il paraît qu'on a frotté vos cosaques; ça m'a fait plaisir.

PÉTÉROFF.

Mais pas à eux; et vous m'annoncez cela avec une joie...

ÉMILE.

Écoute donc : parce que je suis prisonnier en Russie, crois-tu que je sois devenu Russe? Du reste, tout fait croire à une paix prochaine, et j'en suis enchanté.

PÉTÉROFF.

Moi aussi, attendu que les Français n'ont qu'à reprendre Wilna, voilà notre château qui est exposé.

ÉMILE.

Ne crains rien, c'est moi qui à mon tour vous protégerai; et plût au ciel que j'en trouvasse jamais l'occasion, car ta maîtresse est si bonne, si généreuse, je dois tant à ses bienfaits!

PÉTÉROFF.

Ah, mon Dieu! j'oubliais de vous dire qu'il y a en bas un Français qui demande à vous parler.

ÉMILE.

Et l'on ne m'a pas prévenu!

PÉTÉROFF.

Ne voulant pas vous réveiller, j'ai pris sur moi de le faire attendre dans le jardin.

ÉMILE.

Quelle manie as-tu donc de toujours prendre sur toi...? Va vite le prévenir.

PÉTÉROFF.

Mais, monsieur, s'il a eu froid, il sera entré dans les appartemens.

ÉMILE.

Eh! va donc.

PÉTÉROFF.

Entrez, entrez, monsieur, on peut vous recevoir.

(Il sort.)

SCÈNE IV.

Les précédens; LÉONARD.

ÉMILE.

Que vois-je? mon cher Léonard!

LÉONARD.

Mon cher Émile!

(Ils courent dans les bras l'un de l'autre.)

DUO.

ÉMILE et LÉONARD.

ENSEMBLE.

Doux souvenir de la patrie,
Que ton pouvoir est séduisant!
Oui, tous mes maux je les oublie,
Je les oublie en ce moment.

SCÈNE IV.

LÉONARD.

Dieu! quel bonheur j'éprouve,
Nous voilà réunis!

ÉMILE.

C'est toi que je retrouve
Aussi loin de Paris!

LÉONARD.

Au collége et dès notre aurore
Nous étions déja bons amis.

ÉMILE.

Tiens, tiens, de grace, embrassons-nous encore :
Je te revois, je revois mon pays.

ÉMILE ET LÉONARD.

ENSEMBLE.

Doux souvenir de la patrie,
Que ton pouvoir est séduisant !
Oui, tous mes maux je les oublie,
Je les oublie en ce moment.

ÉMILE.

Quel destin, quel Dieu tutélaire,
Ici t'envoie à mon secours?

LÉONARD.

Comment aux périls de la guerre
As-tu donc dérobé tes jours?

ÉMILE ET LÉONARD.

ENSEMBLE.

Doux souvenir de la patrie,
Que ton pouvoir est séduisant !
Oui, tous mes maux je les oublie,
Je les oublie en te voyant.

ÉMILE.

Comment, tu es encore en Russie?

LÉONARD.

J'y étais, tu le sais, bien long-temps avant la guerre, comme artiste. En France nous avons trop de grands hommes; voilà pourquoi les talens meurent de faim : aussi c'est pour éviter la foule que je suis venu chercher fortune à Saint-Pétersbourg.

ÉMILE.

Et tu as trouvé là un peu de différence?

LÉONARD.

Pas tant que tu crois. Sais-tu que Saint-Pétersbourg est une colonie parisienne? on n'y parle que français; on n'y adopte que les modes de France; on y joue toutes les pièces françaises, drames, opéras comiques et vaudevilles. Les élégans n'y sont pas plus ridicules, les maris n'y sont pas plus sévères, les femmes n'y sont pas plus froides; on intrigue, on se trompe, on s'amuse tout comme à Paris; on y dîne aussi bien, et les glaces de la Néva valent celles de Tortoni.

ÉMILE.

C'est fini, tu n'as plus d'esprit national; tu n'es plus qu'un bourgeois russe et un badaud de Saint-Pétersbourg.

LÉONARD.

Tu es dans l'erreur; dans quelques années je compte bien retourner en France; je me ferai annoncer comme premier peintre de l'empereur de Russie: mes compatriotes me prendront pour un étranger, et ma fortune est faite.

ÉMILE.

Mais, en attendant, l'as-tu un peu commencée?

LÉONARD.

Oui, vraiment, le portrait donne beaucoup, et c'est ce qui rapporte le plus. J'ai peint des grands-ducs, des princes, des chambellans, et surtout beaucoup de jolies femmes ; aussi je suis à la mode dans la capitale : mais je n'aurais jamais cru que ma renommée s'étendît jusque dans les provinces de l'empire russe, lorsqu'il y a trois semaines un banquier se présente chez moi : « N'êtes-vous pas monsieur Léonard, un peintre français, qui avez fait vos classes à Paris, au lycée Charlemagne? — Oui, monsieur. »

ÉMILE, à part.

Ah, mon Dieu !

LÉONARD.

« Eh bien ! continue le banquier, si vous voulez vous rendre sur-le-champ par delà Smolensk et Witepsk, au château de la comtesse de Xénia, pour faire son portrait, voici d'avance quatre mille roubles. »

ÉMILE.

J'y suis : c'est moi qui t'ai valu cette bonne aubaine.

LÉONARD.

Que dis-tu ?

ÉMILE.

C'est encore une galanterie de ma vieille comtesse. Je ne peux pas former un souhait que sur-le-champ il ne se trouve réalisé. Il y a quelques jours je lui parlais de toi, et je m'écriais que je donnerais tout au monde pour te revoir et l'embrasser, ce qu'hélas ! je croyais impossible ; mais, comme une fée bienfaisante, elle a donné un coup de baguette, et te voilà.

LÉONARD.

Et quelle est donc cette comtesse de Xénia ? Comment as-tu fait sa connaissance ?

ÉMILE.

De la façon la plus singulière. Lors de notre retraite, et dans un des derniers combats qu'il fallut livrer, nos soldats s'étaient emparés des bagages d'une division ennemie; dans un landau d'assez belle apparence, j'aperçois une femme infirme et âgée : je pensai à ma mère; et quand elle me cria en français, « Monsieur, protégez-moi, » je courus à elle, enchanté de rendre service à une compatriote : « Si c'est à ce titre, me dit-elle, je ne veux pas vous tromper, je suis la veuve d'un officier russe. » Tu devines ma réponse; je regarde alors ma nouvelle conquête. Elle n'était pas jeune, il s'en faut; elle n'était pas jolie, au contraire; et cependant il était facile de voir que jadis elle avait été fort bien. Des manières nobles et distinguées, une conversation charmante; enfin elle avait dû faire les beaux jours de la cour de Catherine II ou de Pierre III, et je me rappelai en effet avoir entendu parler d'une comtesse de Xénia qui avait été la Ninon de ce temps-là, aux mœurs près, s'entend; car la mienne a dû être la vertu et la sagesse même.

LÉONARD.

Ah! tu réponds même du passé?

ÉMILE.

Oui, sans doute; malgré ses soixante-dix ans, je suis son chevalier; et quand tu la connaîtras, tu verras qu'il est impossible de ne pas l'aimer. Cependant notre marche continuait; chaque instant voyait tomber un de nos soldats : nous n'étions plus qu'une douzaine autour de la voiture, lorsqu'un houra nous

SCÈNE IV.

apprit l'arrivée de l'ennemi : c'était de ces maraudeurs qui n'étaient ni russes, ni français, et qui suivaient les deux armées, non pour combattre, mais pour piller. « Fuyons, me criaient mes gens, fuyons, mon officier, ils sont vingt contre un ; laissez là cette femme. Mes amis, leur dis-je, je suis son chevalier, et je ne la quitterai pas ; vous autres, conservez-vous pour vos jeunes maîtresses, partez si vous voulez. »

LÉONARD.

Et ils t'ont laissé?

ÉMILE.

Me laisser! nos soldats ne laissent pas leurs officiers dans le danger, et en un instant je les vois tous debout rangés autour de moi. Leurs doigts engourdis ne pouvaient plus armer leurs fusils, et trois fois nous soutînmes à la baïonnette la charge de l'ennemi; mais enfin une balle m'atteignit, et je perdis connaissance. Je tombai sur cette terre étrangère en pensant à la France et à ma pauvre mère que je ne devais plus revoir!

LÉONARD.

Cher Émile!

ÉMILE.

Quand je revins à moi, me croyant mort, ils m'avaient tous abandonné, tous, excepté ma pauvre vieille qui ne me quitta pas d'un instant. Par ses soins, je fus amené dans ce château qu'elle venait d'acheter; et tu n'as jamais vu de garde-malade plus active, plus dévouée, plus intelligente : le jour, la nuit, elle était toujours là; et depuis que je suis entré en convalescence, tous les matins elle vient s'établir dans ma chambre, apporte sa tapisserie, cause avec moi ou me fait des lectures. Elle lit si bien ! sa voix est encore si douce et si touchante !

LÉONARD.

Ah çà, prends garde, tu vas en devenir amoureux.

ÉMILE.

Eh ! eh ! ne plaisante pas, cela m'arrive quelquefois quand je ferme les yeux.

LÉONARD.

Cela me rassure.

ÉMILE.

Il est de fait que si elle avait seulement quarante ans de moins, je ne répondrais de rien : souvent, quand elle n'était pas là, je me la figurais telle qu'elle devait être à dix-huit ans; je la revoyais jeune; et ravi du portrait que je venais de créer, je l'adorais d'imagination et de souvenir !

LÉONARD.

Tu plaisantes ?

ÉMILE.

Non, vraiment; par exemple, la vue de l'original me rappelait sur-le-champ à des sentimens modérés; mais, tiens, c'est elle, je l'entends; tu vas en juger par toi-même.

LÉONARD.

J'avoue que tu as piqué ma curiosité.

(Émile va au devant de la Comtesse et lui donne le bras.)

SCÈNE V.

LA COMTESSE, ÉMILE, LÉONARD.

TRIO.

LÉONARD, à part.

Oui, chez elle le poids des ans
A rendu ses pas chancelans ;
Mais on voit qu'elle fut jolie.

ÉMILE.

Laissez-moi vous servir d'appui,
Acceptez la main d'un ami.

LA COMTESSE.

Heureux qui, cherchant un appui,
Rencontre la main d'un ami.
(Apercevant Léonard.)
Un étranger ! C'est là, je le parie,
Votre ami Léonard, cet artiste fameux ?

ÉMILE.

Oui, comme par magie il arrive en ces lieux :
Les lois de la nature à vos lois sont soumises.

LA COMTESSE.

J'ai l'esprit romanesque et suis pour les surprises ?
De celle-ci que dites-vous ?

LÉONARD, ÉMILE.

De vos bienfaits c'est le plus doux.

COUPLETS.

LA COMTESSE.

Au beau pays de France,
Séjour charmant, par les arts embelli,
Tous deux jadis vous passiez votre enfance,
Et j'ai voulu, vous rendant un ami,
Pour un instant vous rendre encore ici
Ce beau pays de France.

DEUXIÈME COUPLET.

ÉMILE, à la Comtesse.

Au doux pays de France
Tout est soumis aux lois de la beauté ;
Mais dans ces lieux et malgré la distance,
Lorsque l'on voit tant d'esprit, de bonté,
Et tant de grace, on se croit transporté
Au doux pays de France.

LA COMTESSE.

Mais voyons ; que ferons-nous ce matin pour égayer le convalescent ? Je vous apportais là un cahier assez curieux ; ce sont des aventures et anecdotes sur la dernière campagne de Russie. Tous les événemens singuliers dont on m'a fait le récit ou dont j'ai été témoin je les ai consignés dans ce volume, et ce matin je comptais vous les lire.

ÉMILE.

Ah ! volontiers.

LA COMTESSE.

Oui, en tête-à-tête; mais puisque nous avons un ami...

ÉMILE.

Écoutez : Léonard était venu pour faire votre portrait.

LA COMTESSE.

Ce n'était là qu'un prétexte pour l'attirer auprès de nous.

ÉMILE.

Qu'il le commence dès aujourd'hui ; vous me le donnerez, et quand je ne serai plus prisonnier de guerre, quand je retournerai dans mon pays, vous serez encore avec moi, car votre portrait sera comme votre souvenir, il ne me quittera jamais.

SCÈNE V.

LA COMTESSE.

Si vous me donnez de pareilles raisons, je n'ai rien à répondre.

ÉMILE.

Allons, à l'ouvrage : asseyons-nous. (A Léonard.) Prends tes pinceaux. (A la comtesse.) Voici votre tapisserie.

LA COMTESSE.

Je pourrai travailler?

LÉONARD, s'asseyant près de la table à droite, et se disposant à peindre.)

Sans doute... (A Émile.) Et toi?

ÉMILE.

Moi, je vous regarderai et je ne ferai rien : c'est le privilége des convalescens.

LA COMTESSE.

A merveille! ce sera une matinée d'artistes.

ÉMILE.

Vous serez contente de mon ami Léonard; c'est un vrai talent; il fait surtout d'une ressemblance...

LA COMTESSE.

Tant pis. A vingt ans on aime qu'un portrait soit exact et fidèle; mais à mon âge on craint les miroirs. (A Émile.) Ce qui me rassure, c'est qu'en France, ce portrait-là n'excitera pas la jalousie de vos maîtresses.

ÉMILE.

Ce serait difficile, car je n'en ai pas.

LA COMTESSE.

Vraiment?

ÉMILE.

J'ai tout rompu, j'ai tout cédé à mes amis; quand on part pour la Russie, il faut faire son testament.

LA COMTESSE.

Quoi! vous n'avez jamais eu de passion véritable?

ÉMILE.

Ma foi, non; j'ai beau chercher... Dis donc, Léonard, te souviens-tu?...

LÉONARD.

Dam! vois tes notes, tu me parlais tout à l'heure d'un amour d'imagination.

ÉMILE, lui faisant signe.

Veux-tu te taire? Pardon, madame, celui-là ne compte pas.

LA COMTESSE.

Quoi! vraiment, jamais! S'il en est ainsi, mon ami, je vous plains; il faut avoir aimé une fois en sa vie, non pour le moment où l'on aime, car on n'éprouve alors que des tourmens, des regrets, de la jalousie; mais peu à peu ces tourmens-là deviennent des souvenirs qui charment notre arrière-saison. J'ai entendu des gens de mon âge dire, en se rappelant le passé : « Nous étions bien malheureux, c'était là le bon temps; » ces souvenirs-là influent plus qu'on ne croit sur le caractère et adoucissent notre humeur. Ils rendent l'âge mûr plus aimable, le nôtre plus indulgent; et quand vous verrez la vieillesse douce, facile et tolérante, vous pourrez dire comme Fontenelle votre compatriote : « L'amour a passé par là. »

LÉONARD.

Prenez garde, madame, car vous êtes si bonne et si aimable, que, d'après votre système, nous allons penser...

SCÈNE V.

ÉMILE.

Voyez-vous ces artistes, ils ont sur-le-champ des idées... Apprenez, monsieur, que la comtesse de Xénia a toujours été la femme de la cour la plus sage et la plus raisonnable.

LA COMTESSE, souriant.

Il y a à la cour bien des réputations usurpées, non pas que je ne mérite la mienne; mais souvent cela dépend de si peu de chose qu'il n'y a pas de quoi s'en vanter. Songez donc que, veuve à dix-huit ans, j'étais maîtresse de ma main et d'une fortune immense, lorsque je rencontrai dans le monde un beau jeune homme...

ÉMILE, vivement.

Qui vous aima?

LA COMTESSE.

Non, au contraire, c'était moi; car lui ne s'en doutait seulement pas?

ÉMILE.

Ce n'est pas possible; contez-nous donc cela.

LA COMTESSE.

Cela peut-il vous distraire un instant? Aussi bien cela vous tiendra lieu de notre lecture.

ÉMILE, approchant son fauteuil.

A merveille! Toi surtout, Léonard, ne fais pas de bruit.

LA COMTESSE.

Écoutez-moi bien.

SCÈNE VI.

Les précédens; PÉTÉROFF.

QUATUOR.

PÉTÉROFF.

Je viens, madame, avec prudence,
Et surtout dans l'intérêt...

ÉMILE.

C'est encor lui; j'aurais d'avance
Gagé qu'il nous interromprait.

PÉTÉROFF.

Je vous annonce en confidence...

ÉMILE.

Quelque malheur?

PÉTÉROFF.

   Un des plus grands.

ÉMILE.

C'est toujours l'homme aux accidens;
Mais le plus grand, tu peux m'en croire,
C'est d'interrompre ainsi les gens
Lorsqu'ils vont entendre une histoire :
Ainsi, va-t'en.

PÉTÉROFF.

  Ce serait mal,
Car c'est pour vous.

LÉONARD, LA COMTESSE.

   O ciel!

ÉMILE.

    Ça m'est égal.

LA COMTESSE.

Pour nous ce ne l'est pas.
  (A Pétéroff.)
   Parle vite et sur l'heure.

SCÈNE VI.

PÉTÉROFF.

Dans tous les environs et dans cette demeure
On vient de publier un ordre impérial
Pour faire sur-le-champ sortir de la Russie
  Tous les prisonniers français,
  Lesquels devront, et sans délais,
  Être conduits en Sibérie.

ÉMILE, ÉDOUARD, LA COMTESSE.

O ciel! en Sibérie!

LA COMTESSE, regardant Émile.

Faible et souffrant encor, c'en est fait de sa vie!

ENSEMBLE.

LÉONARD, LA COMTESSE.

A cet ordre sévère
Rien ne peut le soustraire;
La crainte et la douleur
S'emparent de mon cœur.

ÉMILE.

A cet ordre sévère
Rien ne peut me soustraire;
Mais c'est votre douleur
Qui déchire mon cœur.

PÉTÉROFF.

A cet ordre sévère
Rien ne peut le soustraire;
Non, rien du gouverneur
Ne fléchit la rigueur.

ÉMILE.

Allons, mes amis, du courage;
Puisque le sort le veut ainsi,
Je partirai, mais c'est dommage,
Car on était si bien ici!

LA COMTESSE.

Et ce départ?

PÉTÉROFF.

C'est aujourd'hui;

Et le gouverneur militaire,
Pour faire exécuter cet ordre si sévère,
A l'instant même arrive ici.

LA COMTESSE.

Je le connais, et son cœur inflexible
N'écoutera que la voix du devoir.

LÉONARD.

Eh quoi! vos pleurs ne pourront l'émouvoir?

LA COMTESSE.

N'y comptez pas; mais il serait possible
De le tromper.
(A Émile.)
Venez, j'ai bon espoir.
(A Pétéroff.)
Vous, suivez-moi.
(A Léonard.)
Bientôt nous allons vous revoir.

LÉONARD.

A cet ordre sévère
Rien ne peut le soustraire;
La crainte et la douleur
S'emparent de mon cœur.

LA COMTESSE.

ENSEMBLE.

Tout nous sera prospère;
L'amitié tutélaire
De ce fier gouverneur
Trompera la rigueur.

PÉTÉROFF.

A cet ordre sévère
Rien ne peut le soustraire;
Non, rien du gouverneur
Ne fléchit la rigueur.

(La Comtesse sort appuyée sur le bras d'Émile, et Pétéroff les suit à quelque distance.)

SCÈNE VII.

LÉONARD, *seul*.

Que va-t-elle faire? je l'ignore; mais le gouverneur lui-même, quand il le voudrait, n'est pas le maître d'éluder les ordres qu'il a reçus; et quand je pense que ce pauvre Émile, à peine remis de ses blessures, serait entraîné en Sibérie, seul et à pied; seul, non pas! si je ne puis racheter sa liberté, je partagerai son esclavage, et nous ferons la route ensemble. Je ne le quitterai pas, je le soignerai; un peintre a partout de quoi vivre, partout il trouve des sujets de tableaux : je ferai en Sibérie des effets de neige, et ça deviendra un voyage d'utilité et d'agrément.

ROMANCE.

Oui, de cette terre sauvage
Je peindrai les affreux déserts :
On aime à retracer l'image
Des malheurs que l'on a soufferts;
Et nous prêtant un mutuel courage,
Nous redirons pendant ce long voyage :
Point de malheur qui ne soit oublié
Avec les arts et l'amitié.

DEUXIÈME COUPLET.

L'artiste se rit des promesses
Que font les amours et Plutus :
Inconstantes sont les richesses,
Les amours le sont encor plus.
Trahi par eux, je reviens avec zèle
A mon pinceau qui m'est resté fidèle.
Point de malheur qui ne soit oublié
Avec les arts et l'amitié.

SCÈNE VIII.

LÉONARD, PÉTÉROFF.

PÉTÉROFF, à la cantonade.

C'est bien, je me charge de tout, je prends tout sur moi.

LÉONARD.

Eh! mon Dieu! qu'y a-t-il donc?

PÉTÉROFF.

Ce qu'il y a, monsieur, ce qu'il y a? l'événement le plus inconcevable, le plus inouï, le plus extraordinaire, et cependant le plus naturel (retournant à la cantonade.) Vous disposerez tout dans l'oratoire de madame, car c'est en secret, en petit comité, entendez-vous bien?

LÉONARD.

A qui en avez-vous?

PÉTÉROFF.

A qui? à tout le monde! car je suis chargé de tout, et une cérémonie comme celle-là, sur-le-champ, à l'improviste, en une heure; je sais bien qu'il n'y a pas de temps à perdre, mais il faut ma tête, ma capacité (se retournant vers deux domestiques qui entrent.) Ah! vous autres, montez à cheval sur-le-champ, et portez ces invitations à toute la noblesse, à tous les seigneurs des environs. Il n'est pas nécessaire qu'ils assistent à la cérémonie, mais il faut qu'ils soient au repas, entendez-vous? ce sont mes ordres et ceux de madame. Partez.

SCÈNE IX.

LÉONARD.

Ah! çà, m'expliquerez-vous enfin...

PÉTÉROFF.

Oui, monsieur; oui, je suis à vous, car vous entendez bien (regardant un papier qu'il tient à la main.) Ah! mon Dieu! cet acte que vient de me remettre madame, ça ne peut pas aller ainsi; mais elle s'avise d'arranger cela elle-même, et sans me consulter; Dieu! si je n'étais pas là pour tout réparer. Pardon, monsieur, je cours chez notre homme de loi et je reviens dans l'instant.

(Il sort.)

SCÈNE IX.

LÉONARD; ÉMILE, *en grand uniforme.*

LÉONARD.

Eh bien! il s'en va, est-ce qu'ils ont tous perdu la tête?

ÉMILE.

A qui en as-tu donc?

LÉONARD, apercevant Émile.

Ah! te voilà superbe; toi, du moins, tu m'expliqueras ce qui se passe dans ce château?

ÉMILE.

Comment, on ne te l'a pas dit? tu ne le sais pas encore, toi, mon meilleur ami?

LÉONARD.

Et qui diable veux-tu qui me l'apprenne?

ÉMILE.

C'est vrai, ce pauvre Léonard! Eh bien! mon ami, nous avons réfléchi avec la comtesse, et nous avons vu que ce qui m'envoyait en Sibérie c'était mon titre de prisonnier français; mais qu'en devenant Russe...

LÉONARD.

Comment, devenir Russe?

ÉMILE.

Eh! oui, par alliance. En épousant quelqu'un du pays, c'est le moyen d'y rester.

LÉONARD.

Sans contredit; mais où trouver une femme qui veuille passer pour la tienne?

ÉMILE.

C'était là le difficile ; mais mon choix est fait et je deviens seigneur moscovite, c'est un état comme un autre.

LÉONARD.

Il serait vrai?

ÉMILE.

Certainement; j'étais officier français, je me fais prince russe; moi, je n'ai pas d'ambition. J'épouse pendant trois mois quatre cent mille livres de rente, un château magnifique. Tu peux en juger par toi-même.

LÉONARD.

Comment! la comtesse de Xénia...

ÉMILE.

Oui, mon ami; cette Russe pouvait seule empêcher mon départ, et jamais je ne pourrai m'acquitter envers cette excellente, cette adorable femme. Voyez, m'a-t-elle dit, si vous aurez le courage de passer pendant quelques jours pour le mari d'une douairière. On va vous accabler de quolibets et de mauvaises plaisanteries, ça n'est pas gai, mais cela vaut peut-être mieux que d'aller en Sibérie.

LÉONARD.

Je suis de son avis; mais ce stratagème ne peut-il pas la compromettre? et comment faire accroire au gouverneur, par exemple, que ce prétendu mariage est véritable?

ÉMILE.

Rien de plus simple pour ceux qui connaissent les mœurs et les usages de la Pologne russe où nous sommes en ce moment. La comtesse vient de m'expliquer tout cela. Nous croyons, nous autres Français, être la nation la plus inconstante de l'Europe : gloire usurpée! les Polonais l'emportent encore sur nous. Chez eux, le divorce n'est pas permis, ce qui les désespère; mais pour remédier à cet inconvénient, ils ont toujours soin dans tous les actes de mariage de glisser exprès, et du consentement des parties, deux ou trois nullités.

LÉONARD.

Je crois avoir lu cela dans Rulhière.

ÉMILE.

C'est original, n'est-il pas vrai? et puis, c'est commode. Je suis étonné qu'en France on n'y ait pas encore pensé. En attendant, mon excellente comtesse s'est chargée de tout, et dans l'acte de mariage que nous venons de rédiger, elle a placé plusieurs bonnes nullités que j'ai surveillées moi-même, de sorte que dans deux ou trois mois, m'a-t-elle dit, quand la guerre sera terminée, nous romprons cet hymen de circonstance; vous retournerez dans votre pays vous marier réellement. J'aurai été votre femme pour vous sauver la vie, et je cesserai de l'être pour vous rendre au bonheur.

LÉONARD.

Tu as raison, c'est bien la plus aimable femme qui existe.

ÉMILE.

N'est-ce pas? on dit qu'elle est vieille; je ne sais pas pourquoi, elle n'a jamais eu d'hiver ni d'automne; elle a soixante-dix printemps, et voilà tout; aussi dans mon mariage provisoire je vais être plus heureux qu'une foule de maris perpétuels; j'ai le bonheur en attendant, et le divorce en perspective, mais tais-toi, car cette supercherie est un secret pour tout le monde, même pour monsieur l'intendant.

SCÈNE X.

Les précédens; PÉTÉROFF.

PÉTÉROFF.

Quand monseigneur voudra, madame l'attend chez elle.

ÉMILE.

C'est bien. (A Léonard.) Nous devions d'abord te prendre pour témoin; mais nous avons réfléchi qu'il valait mieux choisir des gens du pays. (A Pétéroff.) Est-ce que tout est disposé?

PÉTÉROFF.

Non, monsieur; mais j'ai pris sur moi...

ÉMILE.

En voilà un qui, malgré son zèle, n'aurait jamais été soldat.

SCÈNE XI.

LÉONARD.

Et pourquoi?

ÉMILE.

C'est qu'il fait toujours feu avant le commandement.

PÉTÉROFF.

C'est-à-dire, j'ai pris sur moi de venir le premier vous féliciter sur un mariage aussi convenable qu'extraordinaire, et qui prouve du reste à tous les yeux le mérite de monseigneur.

ÉMILE, à Léonard.

Adieu, mon ami, dans l'instant je reviens te prendre et je te présenterai à ma femme, à mes vassaux, à tout le monde; il faut que tu m'aides à supporter mon bonheur.

(Il sort.)

SCÈNE XI.

LÉONARD, PÉTÉROFF.

LÉONARD.

Je n'ai jamais vu de marié plus joyeux que celui-là.

PÉTÉROFF.

Vous croyez alors que tantôt monseigneur sera disposé à accueillir nos petites réclamations?

LÉONARD.

Je vois que tu as quelque chose à lui demander.

PÉTÉROFF.

Monsieur sait bien que ces jours-là on demande toujours... D'abord je suis serf et vassal de madame la comtesse, et je tiendrais à être libre, non pas que je ne fasse ici tout ce que je veux; mais c'est égal...

LÉONARD.

Je comprends, tu as de la fierté.

PÉTÉROFF.

Oui, monsieur, je suis fier.

LÉONARD.

Et tu voudrais quitter le service?

PÉTÉROFF.

Non pas, car j'y fais de bons profits, et je compte bien rester toujours domestique. On porte la serviette et on est aux ordres des maîtres, mais enfin on se dit : Je suis libre... et cela suffit. Je voulais ensuite parler de la petite gratification d'usage; deux ou trois mille roubles : croyez-vous que je pourrai les demander ce soir à monseigneur?

LÉONARD.

Les demander, tu le peux; mais s'il les donne, ça m'étonnera.

PÉTÉROFF.

Non, monsieur, il n'hésitera pas; surtout quand il saura l'important service que je viens de lui rendre, le voilà dans l'instant seigneur de ce beau domaine; le voilà avec un titre et une grande fortune. Eh bien! sans moi, il n'aurait rien de tout cela; sans moi, monsieur, il ne serait pas marié...

LÉONARD.

Que veux-tu dire?

PÉTÉROFF.

Que tantôt, et pour la première fois de sa vie, madame avait arrangé tout cela elle-même, et sans me consulter; aussi il fallait voir, pour vous en donner un exemple... : rien que l'acte de mariage contenait trois ou quatre nullités.

LÉONARD.

Hé bien?

PÉTÉROFF.

De sorte que demain, après-demain, quand on aurait voulu, on pouvait rompre le mariage; c'était un hymen de comédie.

LÉONARD, vivement.

Achève.

PÉTÉROFF.

Eh bien, monsieur, j'ai pris sur moi de porter cet acte à notre homme de loi, qui a tout rétabli dans l'ordre légal, et grace à mon zèle et à ma prévoyance, monsieur et madame vont être mariés indéfiniment.

LÉONARD.

Malheureux! qu'as-tu fait?

PÉTÉROFF.

Le devoir d'un fidèle serviteur.

LÉONARD, le prenant au collet.

Tu mériterais d'être assommé; mais courons, car, grace au ciel, il est temps encore de tout réparer. Dieu! qu'entends-je?

(On entend au dehors des acclamations et le bruit des boîtes et des pétards.)

SCÈNE XII.

Les précédens; ÉMILE.

ÉMILE, à la cantonade.

Merci, merci, mes amis, assez de complimens comme ça. J'ai cru que je n'en sortirais pas : mon ami, tu vois un nouveau marié.

LÉONARD, à part.

O ciel!

ÉMILE, à voix basse.

Il a bien fallu avancer la cérémonie : ce maudit gouverneur voulait, dit-on, l'honorer de sa présence; il nous en avait menacés.

LÉONARD.

Et tout est terminé?

ÉMILE.

En cinq minutes...; ça n'a pas été long : tu viens d'entendre les acclamations de mes vassaux; ils sont là dans la cour cinq à six cents paysans, et les cris de joie, les coups de fusil, les bouquets, les chapeaux en l'air, vive monseigneur! c'est un coup d'œil admirable.

LÉONARD, à part.

Pauvre garçon! il me fait mal.

ÉMILE.

Pétéroff, fais-leur distribuer des vivres, du vin, de l'hydromel..., ce qu'il y aura dans mon château; va, c'est de la part de leur nouveau seigneur, ou plutôt de la part de madame, (à part) car j'oublie toujours que je ne suis là que par intérim.

SCÈNE XII.

PÉTÉROFF.

Oui, monseigneur.

ÉMILE, le rappelant.

Ah! Pétéroff, je veux aussi des danses, de la musique; un jour de noce, ça ne fait pas mal, ça étourdit.

LÉONARD, à part.

Oui, il en aura besoin.

ÉMILE.

C'est agréable d'avoir des vassaux, vrai; on s'y habituerait. (Pétéroff sort.) Ah, mon Dieu! et ma femme; j'oubliais... (A Léonard.) Mon ami, je cours la rejoindre.

LÉONARD, le retenant.

Et pourquoi donc?

ÉMILE.

Parce que toute la noblesse des environs vient d'arriver, et ma femme doit être au milieu des complimens et des félicitations; je vais à son secours.

LÉONARD, le retenant toujours.

Elle peut bien les recevoir toute seule.

ÉMILE.

Non, mon ami, ce ne serait pas juste; tout doit être commun dans un bon ménage, même l'ennui.

LÉONARD.

J'ai à te parler.

ÉMILE.

C'est différent, j'écoute; voyons, parle vite.

LÉONARD.

Je ne sais trop comment te le dire, car c'est une chose qui va vous surprendre tous les deux.

ÉMILE.

Une surprise, tant mieux; quelque chose de ta composition?

LÉONARD.

Non, mon ami.

ÉMILE.

Eh bien! tu m'y fais penser. Si nous lui faisions des couplets, ça lui fera plaisir; des couplets où je lui parlerai de ma reconnaissance, de mon attachement, car plus je connais cette excellente femme et plus je l'aime, et tu vas peut-être te moquer de moi; mais, vois-tu, ce prétendu mariage serait véritable, que maintenant ça me serait égal.

LÉONARD.

Vraiment?

ÉMILE.

Je crois même que ça me ferait plaisir.

LÉONARD.

Parbleu, ça ne pouvait pas mieux se trouver, moi qui cherchais quelque transition pour arriver à ma nouvelle.

ÉMILE, fronçant le sourcil.

Hein! que veux-tu dire?

LÉONARD.

Que tu n'as rien à désirer, et que tous tes vœux sont comblés.

ÉMILE.

Qu'est-ce que c'est? pas de mauvaises plaisanteries.

LÉONARD.

Plût au ciel que c'en fût une! mais il n'est que trop vrai. Tu as contracté un mariage que rien ne peut rompre.

SCÈNE XII.

ÉMILE.

O ciel! tu te trompes; ça n'est pas possible.

LÉONARD.

Et si vraiment, par l'ineptie de cet imbécille d'intendant, qui avant la célébration a porté le contrat à un homme de loi pour en effacer les nullités que la comtesse y avait mises à dessein.

ÉMILE, accablé.

C'en est fait de moi! je sens une sueur froide qui me saisit; mon ami, soutiens-moi.

LÉONARD.

Hé bien! qu'as-tu donc?

ÉMILE.

Je n'en sais rien; mais je n'y survivrai pas.

LÉONARD.

Y penses-tu? je te croyais plus de courage, plus de philosophie.

ÉMILE.

Et où diable veux-tu qu'on en ait contre des coups pareils? Épouser un siècle!

LÉONARD.

Et ce que tu me disais tout à l'heure?

ÉMILE.

Ah, bien oui! on dit cela quand on croit que ça n'arrivera pas; mais que pensera-t-on de moi en France?

LÉONARD.

Et que pourra-t-on en penser, quand je publierai la vérité, quand on saura que c'est malgré toi, que c'est à ton insu..? De ce côté-là je suis tranquille, l'honneur est intact.

ÉMILE, vivement.

Oui, mais les railleries, les plaisanteries... (Comme par réflexion.) Je sais bien que provisoirement je peux toujours assommer ce coquin d'intendant, et lui rompre les os.

LÉONARD, froidement.

Ça ne rompra pas ton mariage.

ÉMILE.

C'est vrai, et dans mon malheur je ne sais à qui m'en prendre. Dieu! c'est la comtesse! pauvre femme! Ce n'est pas sa faute; modérons-nous, si je le peux, pour ne pas l'affliger.

SCÈNE XIII.

LES PRÉCÉDENS; LA COMTESSE.

LA COMTESSE, un peu agitée.

Monsieur Léonard, je vous en prie, laissez-nous... (Léonard sort.) (A Émile.) Monsieur, vous me voyez désolée, et quand vous saurez ce que mon intendant vient de m'apprendre.

ÉMILE.

Je le sais, madame.

LA COMTESSE.

O ciel!

ÉMILE.

Je sais que c'est lui seul qui, malgré vos ordres, et sans vous en prévenir...

LA COMTESSE.

N'importe, je ne me le pardonnerai jamais. Le ciel en est témoin, je ne voulais que vous rendre à la li-

SCÈNE XIII.

berté, à vos amis, à votre patrie, et j'ai enchaîné votre sort au mien : j'ai disposé de votre avenir.

ÉMILE.

Madame! pouvez-vous penser...

LA COMTESSE.

Non, vous ne m'accuserez pas, je le sais; mais, si vous me connaissiez bien, si vous pouviez lire au fond de mon cœur, vous verriez que cet événement renverse tous mes projets, toutes mes espérances, et me rend la plus malheureuse des femmes.

ÉMILE à part.

Vous allez voir que c'est moi qui serai obligé de la consoler.

LA COMTESSE.

Si je n'ai pu ni prévoir ni empêcher un hasard aussi fatal, je veux du moins le réparer autant qu'il est en mon pouvoir, et c'est pour cela que je vous prie de m'écouter. Depuis le jour où je vous ai dû la vie, j'ai cherché les moyens de m'acquitter envers vous.

ÉMILE.

Et n'est-ce pas moi qui suis votre débiteur?

LA COMTESSE.

Ne m'interrompez pas. J'avais donc formé le dessein de vous assurer un jour une partie de ma fortune; mais je ne comptais pas vous la faire acheter aussi cher. Pour vous forcer à accepter, il fallait un prétexte, il fallait employer la ruse; maintenant je n'en ai plus besoin. A dater d'aujourd'hui, j'ai le droit de vous offrir, et vous n'avez plus celui de me refuser.

ÉMILE.

Madame...

LA COMTESSE.

Ne m'enviez pas cet avantage, c'est le seul de ma position. Vous avez une mère que vous chérissez, traitez-moi comme elle; cédez-moi une partie de ses droits, je le mérite peut-être par la tendresse que j'ai pour vous; et d'abord, permettez-moi une seule question. Étiez-vous libre?

ÉMILE.

Oui, madame.

LA COMTESSE.

Quoi! vous n'aviez aucune inclination?

ÉMILE.

Je vous l'ai déja dit, non madame.

LA COMTESSE.

Ah! tant mieux, je respire. Je n'aurai point à me reprocher le malheur d'une autre personne, et vous me pardonnerez plus aisément. Partez donc! le titre de mon époux vous fera obtenir facilement la permission de retourner à Paris. Avec cent ou deux cent mille livres de rente, on dit qu'on y est toujours heureux; vous les aurez, vous y vivrez libre, indépendant, presque garçon, car à six cents lieues de moi, c'est comme si vous n'étiez pas marié : seulement vous m'écrirez, vous me ferez part de vos plaisirs, de votre bonheur, de vos amours. Je n'en dirai rien à votre femme; elle ne sera point jalouse, elle ne l'est que de votre amitié.

ÉMILE.

A mesure qu'elle parle, mon illusion revient; l'on serait trop heureux de passer ses jours auprès d'une

SCÈNE XIII.

femme comme celle-là ! pourquoi ne suis-je pas arrivé quarante ans plus tôt ?

LA COMTESSE, souriant.

Ou moi, cinquante ans plus tard.

ÉMILE.

Dieu ! que je vous aurais aimée ! tout en vous m'aurait séduit ; et maintenant encore, je ne sais quel charme inconnu...

LA COMTESSE.

Oui, maintenant mon amitié peut vous suffire ; mais plus tard quand vous rencontrerez dans le monde une femme jeune, jolie, celle enfin que vous devez aimer, vous regretterez alors et votre liberté et l'hymen qui vous enchaîne ; mais ce qui me rassure, mon ami, c'est que, grace au ciel, je suis bien vieille.

ÉMILE.

Ah ! madame, quelle idée ! et que je suis coupable si j'ai pu vous faire penser que je désirais la perte de ma bienfaitrice : apprenez que votre présence, votre amitié, sont nécessaires à mon bonheur ; et quoi qu'il arrive, quoi qu'en puisse dire le monde, je ne veux rien, je ne désire rien que de ne pas vous quitter, de rester en ces lieux, comme votre ami et comme votre époux.

LA COMTESSE.

Il serait vrai ! c'est de vous, Émile, que j'entends un pareil aveu ; je ne l'oublierai jamais, et vous me rendez bien heureuse !

ÉMILE.

Eh bien, tant mieux ! c'est toujours une consolation... Mais qui vient là nous interrompre ?

SCÈNE XIV.

Les précédens; PÉTÉROFF, LÉONARD.

MORCEAU D'ENSEMBLE.

PÉTÉROFF.

Madame et monseigneur, toute la compagnie
Vient pour prendre congé de vous;
Et faire ses adieux aux deux nouveaux époux.

ÉMILE.

Encore une cérémonie :
Eh morbleu! qu'ils s'en aillent tous

CHOEUR.

Dans l'ombre et le mystère,
Restez, heureux époux.
Silence! il faut nous taire,
Amis, éloignons-nous.
Que chacun dans sa demeure
Se retire sans bruit :
Voici l'heure,
Voici minuit.

PÉTÉROFF, bas aux conviés.

C'est bien, c'est bien, quittez ces lieux.

ÉMILE, bas à Léonard, montrant Pétéroff.

Je sens en le voyant paraître
Comme un besoin impérieux
De le jeter par la fenêtre.

LÉONARD, bas.

Quelle idée as-tu là?
Un homme marié!

ÉMILE.

C'est justement pour ça.

SCÈNE XIV.

PÉTÉROFF.

Les femmes de madame
Peuvent-elles entrer?

LA COMTESSE.

Eh! oui.

PÉTÉROFF, à Émile.

Si monseigneur
Veut accepter les soins que ce grand jour réclame,
Comme valet de chambre ici j'aurai l'honneur...

ÉMILE.

C'est bon; laissez-moi.

PÉTÉROFF.

Très bien : je conçoi.

CHOEUR.

Dans l'ombre et le mystère,
Restez, heureux époux.
Amis, il faut nous taire,
Silence! éloignons-nous.
Que chacun dans sa demeure
Se retire sans bruit.
Voici l'heure,
Voici minuit.

(Ils sortent tous.)

LÉONARD, restant le dernier, revient sur ses pas, et donnant une poignée de main à Émile.

Adieu, mon pauvre ami! adieu, du courage!

(Il sort; on ferme toutes les portes.)

SCÈNE XV.

LA COMTESSE, *près d'une toilette, à gauche du théâtre, et avec deux femmes de chambre;* ÉMILE, *à droite.*

ÉMILE, regardant Léonard qui s'en va.

Oui, du courage; je voudrais bien le voir à ma place; je suis sûr qu'il rit en lui-même.

LA COMTESSE.

Eh bien! monsieur Léonard nous laisse?

ÉMILE.

Oui, madame, il s'en va. (A part.) Voilà les amis! ils s'en vont toujours au moment du danger.

LA COMTESSE, se levant de la toilette, et allant près d'Emile, à voix basse.

Je n'ai pas besoin de vous dire, monsieur, (montrant l'appartement à gauche) que voilà votre appartement, (montrant celui à droite) et voici le mien.

ÉMILE, s'inclinant respectueusement.

Oui, madame. (A part.) Allons, décidément, ma femme est une femme charmante.

(Il prend sur la table à droite une bougie, et va pour sortir.)

LA COMTESSE, souriant.

Eh bien! où allez-vous? vous pouvez rester encore.

ÉMILE, à part, et posant sa bougie sur la table.

C'est juste, devant ses femmes, ça n'était pas convenable. (Haut.) Vous me permettrez donc d'assister à votre toilette?

SCÈNE XV.

LA COMTESSE.

Je pense que vous en avez le droit. (Lui montrant la table à droite.) Tenez, vous avez là des livres.

ÉMILE.

Oui, madame, je vois ce cahier dont vous me parliez ce matin, ces anecdotes sur la campagne de Russie recueillies par vous et écrites de votre main.

(La comtesse est à gauche à la toilette; Émile est près de la table à droite.)

ÉMILE, lisant.

« On amena à l'hetman Platoff une jeune vivan-
« dière que ses cosaques avaient faite prisonnière. » Je connais celle-là. (Tournant le feuillet.) Ah! ah! anecdote intéressante! voyons celle-ci : « Une jeune orpheline
« avait épousé à dix-huit ans un vieux général russe,
« le comte de X (trois étoiles), qui avait une fortune
« immense. Quand la guerre fut déclarée, le général
« obtint un commandement; mais sa jeune épouse,
« qui ne voulait point le quitter, partit avec lui, par-
« tagea toutes les fatigues de cette campagne et tous
« les périls de la guerre. » (S'interrompant.) C'était bien à elle, n'est-ce pas, madame?

LA COMTESSE, toujours à sa toilette.

Elle n'est pas la seule.

ÉMILE, continuant.

« A un combat sanglant où son corps d'armée
« avait été mis en déroute, le vieux général russe fut
« blessé à mort, sa femme resta auprès de lui, et re-
« cueillit son dernier soupir. Mais alors elle se trouva
« seule dans un pays immense occupé par l'ennemi;
« elle avait trois cents lieues à faire pour regagner le

« château de son mari. Elle était jeune, elle était
« jolie, et dans ce long trajet elle avait tout à crain-
« dre. Que faire alors? et quel parti prendre? »
(S'interrompant.) Ça devient intéressant, n'est-il pas
vrai?

LA COMTESSE, toujours à sa toilette.

Oui, sans doute; continuez.

ÉMILE.

« Elle pensa alors à la grand'mère de son mari,
« femme très aimable et très respectable, qui portait
« le même nom qu'elle, et son plan fut exécuté à
« l'instant. Elle courba sa taille, rida ses traits, et se
« donna toute l'apparence d'une octogénaire, persua-
« dée que son aspect seul la défendrait mieux que les
« lances de cent chevaliers polonais. »

Ma foi, le moyen n'était pas mauvais; car il est
sûr que rien n'effraie un soldat entreprenant comme
la vue d'une vieille fem..... (Regardant la comtesse.) Pardon, je ne sais pas ce que je dis. (A part.) Où diable
vais-je m'aviser de faire des réflexions, aujourd'hui
surtout que j'ai du malheur!

LA COMTESSE.

Eh bien! monsieur, vous n'achevez pas?

EMILE.

Si vraiment. (Regardant la comtesse, qui est toujours à sa toilette,
et qui lui tourne le dos.) C'est bien singulier, il me semble
que, pour son âge, ma femme se tient encore assez
droite. (Continuant.) « Tout alla bien pendant une grande
« partie de la route; mais forcée de voyager en tête-
« à-tête avec un jeune officier qui l'avait défendue

SCÈNE XV.

« sans la connaître, on jugera aisément de son em-
« barras; il fallait s'arrêter dans les mêmes auberges,
« souvent dans le même appartement. » Au fait, c'eût
été charmant si cet imbécille d'officier avait pu se
douter qu'il avait là auprès de lui... Dieu! si j'avais
été à sa place!

LA COMTESSE.

Eh bien! monsieur, vous ne lisez plus?

ÉMILE.

Si, madame; voyons le dénoûment.

(Prenant le livre et regardant la comtesse.)

DUO.

ÉMILE.

Mais que vois-je! d'ici, la chose est surprenante,
On dirait que ma femme a la taille élégante.
    Voyons, voyons cependant;
    Avançons un peu; mon trouble
    A chaque instant redouble.
    Car le plus étonnant,
C'est que ma femme a l'air d'avoir un bras charmant,
Autant qu'on peut juger d'aussi loin.

(S'approchant.)
    Du courage,
Avançons encore.

(Dans ce moment, les femmes qui entourent la comtesse ont achevé de lui ôter la robe et la coiffure de vieille qui la déguisaient; elle est en peignoir de mousseline et coiffée en cheveux.)

Ah, grands dieux!

LA COMTESSE, se retournant vers lui.)

Qu'avez-vous donc?

ÉMILE.

    En croirais-je mes yeux?
C'est la réalité de la charmante image
    Dont mon cœur était amoureux.

ENSEMBLE.

ÉMILE.
O surprise! ô prodige
D'amour et de bonheur!
Cet aimable prestige
Fait palpiter mon cœur.

LA COMTESSE.
Ce n'est point un prodige;
Mais je vois son bonheur,
Et ce nouveau prestige
Fait palpiter mon cœur.

ÉMILE.
Ah! je suis trop heureux; je devine sans peine
Ce que je lisais dans l'instant.

LA COMTESSE.
Et votre aventure et la mienne.
Mais maintenant, monsieur, que rien ne vous retienne,
(Montrant l'appartement à gauche.)
Voici votre appartement.

ÉMILE.
Non pas, vraiment.
(Prenant une sonnette qui est sur la table.)
Mes amis, Léonard!
Ah! pour moi quelle ivresse!
Venez partager mon bonheur.

SCÈNE XVI.

Les précédens; LÉONARD, PÉTÉROFF, les gens
de la maison.

PÉTÉROFF.
Eh mais! d'où vient cette rumeur?
Qu'arrive-t-il à monseigneur?

ÉMILE.
Mes chers amis, voici madame la comtesse
Qu'ici je vous présente.

SCÈNE XVI.

LÉONARD, PÉTÉROFF.

En croirais-je mes yeux ?
Et comment se fait-il ?

ÉMILE.

Vous le saurez tous deux.
(En riant.)
C'est un retour de jeunesse.

LA COMTESSE.

Et moi je n'oublierai jamais que dans ce jour,
Malgré mes soixante ans...

ÉMILE.

Je vous aimais d'amour.

LA COMTESSE.

Pour l'avenir, voilà qui me rassure ;
Et puisque la vieillesse a pour vous des appas,
Je pourrai donc vieillir sans crainte.

ÉMILE.

Oui, je le jure ;
Mais pourtant ne vous pressez pas.

CHOEUR.

L'amitié, la tendresse
Nous rendent nos beaux jours ;
Pour rajeunir sans cesse,
Il faut s'aimer toujours.

FIN DE LA VIEILLE.

TABLE

DES PIÈCES CONTENUES DANS CE VOLUME.

	Pages.
La Chambre à coucher.	1
La Neige.	45
Le Concert à la cour.	133
Léocadie.	179
La Dame blanche.	249
Le Maçon.	333
La Vieille.	413

FIN DE LA TABLE.

www.ingramcontent.com/pod-product-compliance
Lightning Source LLC
Chambersburg PA
CBHW071724230426
43670CB00008B/1118